딥러닝 머신러닝을 위한

파이썬 넘파이

딥러닝 머신러닝을 위한
파이썬 넘파이

2022년 5월 10일 1판 3쇄 발행

저   자 문용준, 문성혁
발 행 자 정지숙
마 케 팅 김용환
일러스트 오예린

발 행 처 (주)잇플ITPLE
주   소 서울 동대문구 답십리로 264 성신빌딩 2층
전   화 0502.600.4925
팩   스 0502.600.4924
홈페이지 www.itpleinfo.com
이 메 일 itpleinfo@naver.com
카   페 http://cafe.naver.com/arduinofun

소스코드 깃허브 주소 : https://github.com/zerosum99/numpy_itple

ISBN   979-11-90283-87-8   13000

이 도서의 국립중앙도서관 출판예정도서목록(CIP)은 서지정보유통지원시스템 홈페이지(http://seoji.nl.go.kr)와
국가자료종합목록 구축시스템(http://kolis-net.nl.go.kr)에서 이용하실 수 있습니다.(CIP제어번호 : CIP2020023063)

딥러닝
머신러닝을
위한

파이썬

넘파이

머 리 말

수학능력 평가에서 기하와 벡터가 빠졌다고 인공지능 시대에 뒤쳐진다고 합니다. 그러면 이 왜 기하와 벡터를 꼭 알아야 할까요?

구글이 만든 텐서플로우(Tensorflow), 페이스북이 만든 파이토치(Pytorch) 등 많은 머신러닝과 딥러닝은 기하와 벡터를 기본으로 사용합니다. 보통 이런 수학은 대학에 입학하면 선형대수로 배우고 파이썬은 복잡한 수식을 쉽게 사용할 수 있도록 Numpy 모듈을 제공합니다.

선형대수는 벡터와 행렬을 주로 사용하지만 머신러닝과 딥러닝은 이를 확장한 텐서(tensor)를 주로 사용합니다. 다차원 데이터를 분석하려면 숫자를 관리하는 배열 형태의 자료구조를 알아야 합니다.

우리는 넘파이 모듈의 배열 개념을 이해하고, 배열 내의 원소를 계산하는 선형대수 처리 방식, 수치해석을 위한 미분, 적분 등 다양한 수학을 처리는 방식을 알아 볼 것입니다.

이런 방식을 이해하려면 다양한 함수, 클래스의 사용법을 알아야합니다. 이 책은 머신러닝과 딥러닝에서 사용할 수 있는 개념을 설명합니다. 사용법을 나중에 활용하려면 수학책과 같이 공부하면 좋습니다.

넘파이 모듈은 4차 산업혁명에서 매우 중요한 위치를 차지하는 인공지능의 기초입니다. 이 책을 공부해서 기초를 튼튼히 하면 좋은 결과를 낼 수 있습니다.

시중에 넘파이 모듈을 설명한 책들이 많지만 넘파이 모듈 한 가지 주제로 출판된 책은 많지 않습니다. 책을 쓸 수 있도록 협조해주신 출판사 대표님 그리고 항상 나를 응원해주는 가족들에게 감사 말씀을 전합니다.

베타리더의 평가

풍부한 예제 덕분에 수학적인 지식이 부족하거나 파이썬에 대해서 초보자라도 쉽고 재미있게 따라 하면서 배울 수 있는 좋은 책입니다.
numpy에서 기초부터 고급 기능까지 배우고 싶은 분들께 추천해 드립니다.

- 이종우 CTO, UVAPER KOREA

머신러닝에 필수적인 수학/선형대수/통계 등에 대한 내용을 요약한 책으로, 수식으로만 배웠던 내용을, 개념과 Python 예제 코드를 통해 실제로 어떻게 구현 되는지 설명되어 있습니다.
용준님의 다양한 Python 시리즈 중에서 머신러닝 입문을 위한 수학과 Python에 대한 핵심 노하우가 녹아 있는 책입니다.
책을 보면서 코드를 한 줄 한 줄 따라 하다 보면, 어느새 머신러닝에서 필요한 기초수학에 대한 큰 틀을 잡아가는데 도움이 될 것입니다.

- 신성진 NAVER Clova Chatbot Model

예제를 통해서 사용법만 보고 이용했던 넘파이 패키지 파이썬으로 수치해석, 통계를 해야 한다면 필수가 된 넘파이의 제대로 된 사용법을 익히도록 도와준다.

- 황후순 (현) 리비 인공지능솔루션팀장/ 지아에이치알 기술고문

파이썬으로 분석 및 머신러닝에 사용하기 위해서는 반드시 한번은 읽고 가야 하는 책입니다. 이 책의 함수를 한 번씩 다 사용해 봤다면, scikit-learn과 tensorflow의 코드 읽기가 어렵지 않을 것입니다.

- 서찬웅 디비디스커버 코리아

머리말

베타리더의 평가

Chapter 5. 다차원 배열의 구조 변경하기

Chapter 6. 넘파이 모듈의 자료형 이해하기

Chapter 7. 시각화와 수학 함수 알아보기

Chapter 8. 수학 함수 알아보기

Chapter 9. 확률, 통계 함수 알아보기

알아두기

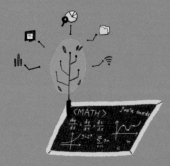

CHAPTER **01**

파이썬과 넘파이 모듈 차이점 이해하기

파이썬은 다양한 곳에서 사용하는 언어입니다. 파이썬에서 사용하는 모듈 중 넘파이(Numpy) 모듈은 데이터 분석 등에 사용하는 특정한 파이썬 모듈로 데이터 분석을 위한 방식을 수용해서 일반적인 파이썬 과의 차이점이 발생합니다.

먼저 넘파이 특징을 알아보고 파이썬 기본 문법과의 연계하는 처리방식을 확인합니다.

- 배열(Array) 구조 이해하기
- 넘파이 모듈의 함수 특징
- 배열 할당과 검색

01 배열(Array) 구조 이해하기

소프트웨어에서 배열은 하나의 자료형으로 된 원소를 순서에 맞춰 나열하는 자료구조입니다.

파이썬에서도 순차적으로 원소를 나열하는 배열 형태의 리스트(list)를 제공합니다. 일반적인 배열과 리스트의 차이는 리스트는 다양한 자료형인 클래스의 객체를 원소로 받는 것입니다.

다치원 배열은 배열의 기본 특징에 따라 모든 원소가 하나의 자료형입니다.

파이썬 리스트 구조 이해하기

파이썬에서 제공하는 리스트(list)는 파이썬으로 만들어지는 모든 클래스의 객체를 원소로 받을 수가 있습니다. 이런 이유는 리스트의 하나의 자료형은 파이썬에서 제공하는 최상위 클래스인 **object**이기 때문입니다. 그래서 리스트 객체가 만들어질 때 특정 자료형을 지정하지 않고 모든 객체를 받아서 처리합니다.

배열 구조에서 순차적으로 원소를 관리하는 것은 아주 중요합니다. 이 원소를 저장하는 순서를 인덱스(Index)라고 합니다. 내부의 원소를 검색할 때 인덱스 정보를 가지고 검색을 수행합니다. 리스트의 부분을 추출해 리스트를 뽑아낼 때는 슬라이스(slice) 검색의 시작과 종료점에 인덱스 정보를 넣어 처리합니다.

파이썬 리스트의 구조

파이썬에서 리스트를 만들면 저장되는 원소는 실제 값이 아닌 객체 레퍼런스입니다. 이 객체들은 순서를 지정하는 인덱스에 매칭되어 관리됩니다. 리스트의 원소를 반복해서 꺼내려면 순환문에 색인연산을 사용하면 됩니다.

리스트를 생성해서 각 원소에 접근

리스트가 어떻게 구성되는지 알아봅니다.

그림 **1-1**은 파이썬 리스트의 구조입니다. 리스트는 실제 원소의 객체를 저장하는 것이 아니라 이 객체의 레퍼런스를 관리합니다. 인덱스를 사용해서 검색하면 객체의 레퍼런스를 사용해서 객체 정보를 반환합니다.

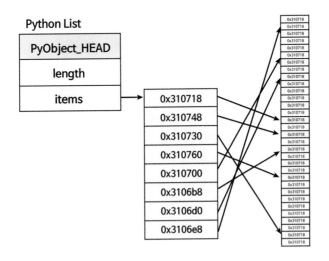

그림 1-1 파이썬 리스트의 구조

예제1 리스트 구조

파이썬 리스트를 쉽게 작성할 수 있는 리터럴 표기법을 제공합니다. 이때 기호는 대괄호를 사용해서 내부에 원소를 작성합니다.

리스트 내부의 원소를 리스트를 넣어서 만들고 이를 변수에 할당합니다. 이 변수에 할당된 객체가 어떤 클래스로 만들어 졌는지 **type** 클래스로 확인하면 **list** 클래스를 반환합니다.

```
l = [[1,2,3],[4,5,6]]
```

```
type(l)
```
```
list
```

리스트를 조회하려면 색인검색을 사용합니다. 이때도 연산기호도 대괄호를 사용합니다. 색인검색에는 인덱스를 숫자로 지정합니다. 첫 번째 원소는 0을 넣어서 조회합니다. 두 번째 원소는 인덱스 1을 지정해서 검색합니다. 파이썬은 인덱스 번호를 0번부터 시작하므로 첫 번째 원소는 항상 인덱스가 0입니다.

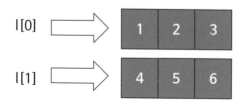

그림 1-2 리스트 인덱스별 데이터

그림 1-2처럼 실제 리스트의 원소를 순차적으로 검색하면 인덱스 번호 0은 첫 번째 원소를 조회합니다. 인덱스 1이면 두 번째 원소를 조회합니다.

```
l[0]
```

[1, 2, 3]

```
l[1]
```

[4, 5, 6]

이 리스트 객체의 모든 원소를 검색할 때는 순환문을 사용해서 내부를 색인연산으로 조회합니다.

그림 1-3 실제 리스트 내부 원소의 인덱스 구조

그림 1-3은 내포된 리스트 내의 원소를 검색할 때를 나타냅니다. 이때, 대괄호 표기법을 두 번 연속해서 사용합니다. 인덱스 정보는 리스트와 내포된 리스트의 원소의 개수에 맞춰 0부터 정수로 만들어집니다.

실제 내포된 리스트를 원소까지 검색하면 리스트 내에 원소로 리스트를 가지고 있어서 두 개의 순환문을 사용합니다. 리스트의 인덱스와 원소를 가져오려면 enumerate 클래스를 사용합니다.

두 개의 순환문을 작성하는 이유는 내포된 리스트의 원소까지 순환하면서 가져오기 때문입니다.

```
for i,a in enumerate(l) :
    for j,b in enumerate(a) :
        print(l[i][j])
```

1
2
3
4
5
6

1.2

다차원 배열의 구조 이해하기

넘파이 모듈의 기본 배열은 다차원 배열인 ndarray 클래스의 객체입니다. 이 배열은 하나의 자료형으로 만들어진 원소들을 보관하는 컨테이너입니다.

다차원 배열의 객체가 만들어지면 데이터는 메모리에 넣고 이 데이터에 대한 다양한 메타 정보는 이 객체의 속성으로 관리합니다.

다차원 배열 알아보기

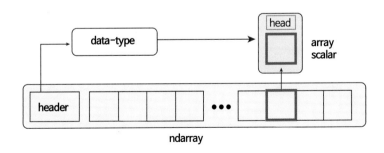

ndarray

그림 1-4 넘파이 배열 구조

다차원 배열의 데이터는 그림 **1-4**처럼 일렬로 원소를 관리합니다. 각 인덱스의 정보는 동일한 크기의 원소들이므로 순차적으로 증가합니다.

예제 1 넘파이 배열 구조

넘파이 모듈은 파이썬 코어(Python Core)에서 제공하는 기본 모듈이 아닙니다. 이 모듈을 사용하려면 반드시 모듈을 import 해야 합니다.

먼저 import 다음에 numpy를 작성합니다. 이 모듈의 별칭은 as 예약어 다음에 np라는 약어를 사용합니다. 이 책에서는 넘파이 모듈을 사용할 때는 항상 이 약어인 np를 사용합니다.

넘파이 모듈은 자주 변경됩니다. 그래서 이 책에서 사용하는 현재 버전을 확인할 필요가 있습니다. 대부분의 모듈에는 __version__ 변수가 있습니다. 이를 빈 셀에 작성하고 실행하면 현재 버전의 정보를 알려줍니다. 이 책의 넘파이 모듈의 버전은 **1.18.2** 사용합니다.

이 책은 아나콘다(anaconda)를 설치해서 사용합니다. 혹시 설치가 안 되었으면 아나콘다부터 설치하기 바랍니다.

```
import numpy as np
```

```
np.__version__
```
```
'1.18.2'
```

넘파이 모듈의 별칭과 ndarray 이름을 print 함수에 인자로 전달하면 클래스라는 것을 알 수 있습니다. 이 클래스의 이름의 뜻은 n-dimension array이며 다차원 배열을 만들 수 있습니다.

또한 파이썬 클래스에는 클래스의 이름을 가지고 있습니다. 클래스 이름을 조회하려면 클래스 이름 다음에 __name__ 속성을 작성해서 실행합니다. 이름은 문자열 ndarray를 표시합니다.

```
print(np.ndarray)
```

```
<class 'numpy.ndarray'>
```

```
np.ndarray.__name__
```

```
'ndarray'
```

파이썬에서 클래스를 작성하면 속성과 메소드를 관리하는 이름공간(namespace)이 만들어집니다. 간단하게 다차원 배열 ndarray 클래스의 이름공간에 있는 **var**를 확인해 봅니다. 이 **var**가 어떤 클래스로 만들어졌는지 확인하려면 파이썬에서 제공하는 **type** 클래스에 인자로 전달합니다. 출력된 결과를 확인하면 **method_descriptor**입니다. C언어로 만들어진 **method_descriptor**클래스의 객체를 **var**라는 이름에 저장한 것을 알 수 있습니다.

이 **var** 메소드는 파이썬 내부에서 작성된 디스크립터(descriptor)의 클래스의 객체입니다. 디스크립터 클래스를 작성하고 이 객체를 사용자 정의 클래스 내부에 객체를 만들어서 관리하는 방식은 파이썬 문법책에서 확인해 보시기 바랍니다.

```
type(np.ndarray.var)
```

```
method_descriptor
```

다차원 배열 클래스에 정의된 속성이나 메소드를 확인하기 위해 이름공간(namespace)을 확인해봅니다.

먼저 파이썬에서 제공하는 **dir** 함수에 클래스를 인자로 전달하면 이름공간 내의 속성과 메소드의 이름을 문자열로 원소로 가진 리스트를 반환합니다. 파이썬 클래스는 연산자나 특별한 목적에 사용하는 스페셜 속성과 스페셜 메소드의 이름은 앞과 뒤에 밑줄(_)이 두개씩 붙습니다. 이 스페셜 속성과 메소드를 제외하기 위해 문자열에서 제공하는 메소드인 **startswith**를 사용해서 이름의 첫 번째가 밑줄('_')인 것을 확인할 수 있습니다. 이 이름을 제외시키기 위해 **if** 문을 사용합니다.

내부의 **if** 문을 사용해서 ndarray 클래스의 이름공간인 **__dict__**에 문자열을 색인검색으로 객체를 가져와서 **var**와 동일하지 않는 객체만을 추출합니다. 추출된 결과는 **ndarray** 클래스에서 관리하는 속성만 출력됩니다.

```
for i in dir(np.ndarray) :
    if not i.startswith("_") :
        if type(np.ndarray.__dict__[i]) != type(np.ndarray.var):
            print(i)
```

```
T
base
ctypes
data
dtype
flags
flat
imag
itemsize
nbytes
ndim
real
shape
size
strides
```

다차원 배열을 생성하기

다차원 배열은 ndarray 클래스 생성자로 직접 배열을 만들지 않습니다. 배열을 만드는 다양한 함수를 제공합니다.

어떤 함수를 사용해서 다차원 배열 객체를 만드는지 알아봅니다.

예제 2 넘파이 배열 생성하기

4개의 원소를 가진 파이썬 리스트를 만듭니다. 다차원 배열을 만드는 **array** 함수에 인자로 전달합니다. 다차원 배열의 객체가 만들어지면 변수 a에 할당합니다. 이 변수 a를 빈 셀에 넣어서 참조하면 저장된 배열을 보여줍니다. 다시 빈 셀에 **type** 클래스를 사용해서 이 객체의 클래스를 확인합니다.

```
l = [1,2,3,4]
```

```
a = np.array(l)
```

```
a
```

```
array([1, 2, 3, 4])
```

```
type(a)
```

```
numpy.ndarray
```

파이썬 튜플을 **array** 함수에 전달해서 다차원 배열을 만듭니다.

```
t = (1,2,3,4)
```

```
b = np.array(t)
```

```
type(b)
```

```
numpy.ndarray
```

다차원 배열은 실제 데이터를 관리하는 속성과 이 데이터의 정보를 관리하는 메타속성을 구분해서 관리합니다. 먼저 데이터를 관리하는 속성은 **data**을 조회하면 메모리에 저장된 레퍼런스를 출력합니다.

이 데이터를 **obj**로 참조하면 다차원 배열의 값을 보여줍니다. 이 데이터의 자료형을 확인하면 다차원 배열입니다.

```
a.data
```

```
<memory at 0x0000000008502708>
```

```
a.data.obj
```

```
array([1, 2, 3, 4])
```

```
type(a.data.obj)
```

```
numpy.ndarray
```

다른 변수에 할당하면 다차원 배열을 관리하는 별칭(alias)가 더 만들어집니다. 속성 **base**는 다차원 배열의 메모리를 공유할 때 원본 레퍼런스를 저장합니다. 별칭을 사용하는 것은 동일한 다차원 배열을 공유하는 구조라서 **base**에는 아무것도 없습니다.

```
c = b
```

```
c.base is b.base
```
True

새로운 변수 c에 저장된 첫 번째 원소를 변경하면 내부에 저장된 원본 배열을 변경합니다. 모든 변수를 조회하면 다차원 배열의 변경된 것을 볼 수 있습니다.

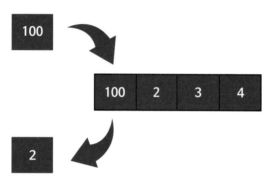

그림 1-5 다차원 배열의 원소 갱신

```
c[0] = 100
```

```
c
```
array([100,   2,   3,   4])

```
b
```
array([100,   2,   3,   4])

이번에는 다차원 배열을 복사해서 새로운 배열을 만듭니다. 다차원 배열의 객체를 array 함수에 넣어서 다른 다차원 배열을 만들면 동일한 값을 가진 새로운 배열을 만듭니다.

이 내부에 있는 첫 번째 원소를 변경합니다. 복사된 배열은 변경되지만 원본은 변경되지 않습니다.

```
d = np.array(b)
```

```
d[0] = 99
```

```
d
```

```
array([99,  2,  3,  4])
```

```
b
```

```
array([100,   2,   3,   4])
```

배열은 하나의 자료형을 가진다고 했지만 앞에서는 다차원 배열을 만들 때는 자료형을 지정하지 않았습니다. 다차원 배열을 생성할 때 자료형을 지정하지 않으면 내부의 원소를 보고 자동으로 추론해서 만들어집니다.

이번에는 array 함수의 dtype 매개변수에 특정 자료형인 float을 지정해서 다차원 배열을 만듭니다. 다차원 배열 내의 속성 dtype으로 내부에 만들어진 원소들의 대표 속성을 확인할 수 있습니다.

```
e = np.array(1,dtype=np.float)
```

```
e
```

```
array([1., 2., 3., 4.])
```

```
e.dtype
```

```
dtype('float64')
```

2차원 배열이라는 것은 행과 열 2개의 축을 가지는 배열을 말합니다. 두 개의 1차원 배열인 벡터가 쌓여서 하나의 2차원 배열인 행렬이 만들어지는 것입니다.

리스트 내에 리스트를 내포해서 array 함수에 전달해서 다차원 배열을 만듭니다. 이 다차원 배열은 2개의 축을 가진 2차원 배열이 만들어집니다. 2차원 배열은 두 개의 축(axis)을 가집니다. 행(row)을 표시하는 축과 열(column)을 표시하는 축으로 이루어져 있습니다. 이 두 개의 축의 원소의 개수는 다차원 배열의 shape 속성으로 조회합니다. 두 개의 축을 가지므로 두 개의 원소를 가진 파이썬 튜플로 반환합니다. 이 튜플에 첫 번째 원소는 행을 표

시하고 두 번째 원소는 열을 표시합니다. 또한 축의 개수는 ndim속성으로 조회합니다. 결과가 2라는 것은 2차원이며 두 개의 축을 가졌다는 의미를 말합니다.

배열은 하나의 클래스의 객체로만 구성됩니다. 이를 확인하려면 dtype 속성을 조회합니다. 결과를 확인하면 dtype 클래스의 객체이고 원소의 자료형은 문자열 int32를 의미합니다. 상세한 내용은6장 넘파이 모듈의 자료형 이해하기에서 자세히 알아봅니다.

```
a2 = np.array([[1,2,3],[4,5,6]])
```

```
a2.shape
```
```
(2, 3)
```

```
a2.ndim
```
```
2
```

```
a2.dtype
```
```
dtype('int32')
```
    ** os 별로 타입 표시가 차이가 발생할 수 있음

다차원 배열을 모든 원소는 동일한 길이로 구성됩니다. 자료가 저장될 때 바이트(byte) 단위로 구성합니다. 1 바이트(byte)는 8비트(bit)입니다. 이 배열의 itemsize 속성을 조회하면 4입니다. 이 뜻은 4바이트이고 비트로 계산하면 32입니다. 위에서 int32라는 자료형이므로 하나의 원소는 정수 32비트로 구성된 원소라는 것을 알 수 있습니다.

모든 원소의 개수는 size 속성으로 확인이 가능합니다. 이 배열의 형상인 shape 속성에 있는 튜플의 두 원소를 곱한 결과와 같습니다.

넘파이 모듈의 2차원 배열은 행을 기준으로 내부의 1차원 배열을 원소로 관리합니다. 이 배열을 확장하려면 하나의 1차원 배열이 구성된 바이트를 알아야합니다. 이 기준 정보를 관리하는 strides속성을 확인하면 두 개의 원소를 가진 튜플입니다. 첫 번째 원소는 하나의 행의 원소가 3개이므로 4바이트로 곱해서 12입니다. 두 번째 원소는 하나의 원소를 관리하는 바이트입니다. 첫 번째는 하나의 행의 전체 길이를, 두 번째는 1차원 배열의 원소 하나의 길이를 알려줍니다. 이 배열을 확장할 때는 12 바이트 단위로 원소가 추가되는 것을 알 수 있습니다.

```
a2.itemsize
```
4

```
a2.size
```
6

```
a2.strides
```
(12, 4)

다차원 배열은 데이터를 저장할 때 내부에서는 1차원으로 구성해서 관리합니다. 위의 다차원 배열은 2차원 배열인 행렬을 만들었지만 내부의 데이터 관리는 1차원입니다. 이 다차원 배열을 두 개의 **flatten**과 **ravel** 메소드를 사용해서 1차원 배열로 조회할 수 있습니다. 하지만 이 두 메소드를 실행하면 반환되는 결과가 다릅니다. 어떤 차이가 있는지 알아봅니다.

행렬을 **flatten** 메소드로 실행하고 그 다음에 **ravel** 메소드로 실행해서 동일한 1차원 배열을 출력합니다. 두 메소드의 실행결과 중에 **ravel** 메소드는 내부 데이터를 그대로 반환하는 뷰(view)입니다. 이는 원본 배열과 동일한 정보로 처리한다는 뜻입니다. 그래서 원소를 변경하면 원본 배열의 원소도 같이 변경됩니다.

원소를 변경할 때는 **flatten** 메소드를 사용해서 다른 다차원 배열을 만들어서 사용하는 것이 좋습니다.

```
a2.flatten()
```
array([1, 2, 3, 4, 5, 6])

```
a2.ravel()
```
array([1, 2, 3, 4, 5, 6])

배열의 원소 조회 방법 알아보기

파이썬 리스트나 넘파이 다차원 배열은 전부 배열입니다. 그래서 배열의 원소를 하나 검색할 때는 인덱스인 정수를 사용해서 색인검색을 할 수 있습니다. 다차원 배열은 3차원, 4차원 등 더 다양한 차원의 배열을 쉽게 만들 수 있어서 색인검색 방식도 추가됩니다. 원소를 검색하는 기능에 대해서 알아봅니다.

▶ 예제 3 넘파이 배열 원소 조회하기

새롭게 리스트와 다차원 배열을 새롭게 만들지 않고 앞의 예제에서 만들어진 다차원 배열과 리스트를 조회합니다.

```
a
```
```
array([1, 2, 3, 4])
```

```
l
```
```
[1, 2, 3, 4]
```

하나의 원소를 검색하기 위해 색인연산자인 대괄호([])에 정수 0을 전달해서 하나의 원소를 검색합니다. 둘 다 1차원이라서 첫 번째 원소를 반환합니다.

```
a[0]
```
```
1
```

```
l[0]
```
```
1
```

2차원 리스트를 만들어서 변수에 할당합니다. 2차원 배열은 앞의 예제에서 만든 것을 조회합니다. 다차원 배열은 array 내에 2차원 리스트가 들어가 있는 표기법을 사용합니다.

```
l2 = [[1,2,3],[4,5,6]]
```

```
l2
```
```
[[1, 2, 3], [4, 5, 6]]
```

```
a2
```
```
array([[1, 2, 3],
       [4, 5, 6]])
```

다차원 배열은 색인연산자인 대괄호 안에 행과 열의 인덱스 정보를 튜플로 넣어서 하나의
원소를 조회할 수 있습니다. 그러나 파이썬 리스트에 이 방식을 사용하면 예외를 발생시킵
니다. 파이썬 리스트는 색인연산에 정수만을 넣어서 조회할 수 있습니다. 그래서 리스트
내에 있는 리스트의 원소를 조회할 때는 색인연산을 두 번 사용해서 조회해야 합니다.

```
try :
    l2[0,1]
except Exception as e :
    print(e)
```
```
list indices must be integers or slices, not tuple
```

```
l2[0][1]
```
```
2
```

하지만 다차원 배열은 2차원 배열일 경우 행과 열의 인덱스 정보를 튜플로 전달해서 바로
내부의 원소를 조회할 수 있습니다. 대괄호 안에 0과 1을 쉼표로 분리해서 표시했지만 중
괄호 표시가 없어 튜플이 아니라고 생각할 수 있지만 파이썬 튜플은 기본으로 쉼표로 구분
한 것을 의미합니다.

실제 튜플을 만들고 대괄호에 인자로 전달해서 조회하면 중괄호가 없는 방식과 같은 것을
알 수 있습니다. 쉼표로 구분한 것이 튜플이라는 것을 알 수 있습니다.

```
a2[0,1]
```
```
2
```

2차원 배열에 색인연산에 행과 열의 인덱스를 넣어서 조회한 값에 대해서 **type**으로 자료형을 확인하면 **int32**라는 정수입니다. 이 객체의 **item** 메소드로 조회하면 값인 **2**를 보여줍니다. 이 값에 대한 자료형을 확인하면 파이썬 **int** 클래스입니다. 넘파이 모듈의 정수클래스와 파이썬 정수 클래스는 다른 클래스인 것을 알 수 있습니다.

```
type(a2[0,1])
```
```
numpy.int32
```

```
a2[0,1].item()
```
```
2
```

```
type(a2[0,1].item())
```
```
int
```

다차원 배열의 원소를 다양한 숫자 자료형으로 표시할 수 있습니다. 그래서 복소수(complex)로 원소를 구성할 수 있습니다. 실수까지 숫자를 관리하는 **real**속성과 복소수일 경우 허수를 관리하는 **imag**속성이 있습니다. 실수일 경우는 **imag**에 정보는 **0**을 보관합니다.

```
a2[0,1].real
```
```
2
```

```
a2[0,1].imag
```
```
0
```

다차원 배열 클래스의 자료구조

앞에서 다차원 배열 ndarray 클래스의 객체를 만들어서 속성들을 조회했습니다. 이 클래스의 자료구조를 자세히 알아봅니다.

배열에 대한 세부 구조를 확인

다차원 배열 클래스인 ndarray로 객체를 만들면 메모리에 모든 원소를 보관합니다. 이 원소들의 정보는 data 속성으로 조회할 수 있습니다. 이 속성에 할당된 데이터의 구조를 메모리 블록(memory block)이라고 부릅니다.

다차원 배열의 메모리 블록은 1차원으로 관리합니다. 여러 차원의 배열을 만들어도 메모리에는 1차원 배열로 관리합니다. 2차원 배열을 만들면 이 정보를 별도로 관리합니다. 이런 정보를 메타 정보(meta information)라고 합니다. 이 메타 정보들을 클래스의 속성으로 보관해서 배열을 표시할 때 사용합니다.

이 메타 정보에는 하나의 자료형(dtype), 배열의 차원(ndim), 배열의 형상 정보(shape), 여러 차원의 배열 정보를 표시하는 정보(strides) 등이 있습니다.

NDArray Data Structure

dtype	•	
dim count	2	
dimensions	3	3
strides	12	4
data	•	

float32

The float32 data type describes the array data elements

12 bytes

4 bytes

| 0 | 1 | 2 | 3 | 4 | 5 | 6 | 7 | 8 |

Memory block

그림 1-6 넘파이 모듈의 다차원 배열 구조

예제 1 넘파이 모듈의 배열 내부구조 확인

리스트를 내포해서 3차원으로 만듭니다. 이를 **array** 함수의 인자로 전달해서 배열을 만들고 변수에 할당합니다. 만들어진 배열도 3차원 배열입니다.

```
na = np.array([[[1,2,3,],[4,5,6]],[[1,2,3,],[4,5,6]]])
```

```
na
```
```
array([[[1, 2, 3],
        [4, 5, 6]],

       [[1, 2, 3],
        [4, 5, 6]]])
```

배열의 차원 정보를 **ndim** 속성을 확인하면 3입니다. 3개의 축을 가지므로 **shape**속성을 확인하면 3개의 원소를 가진 튜플을 반환합니다.

```
na.ndim
```
```
3
```

```
na.shape
```
```
(2, 2, 3)
```

3차원 배열을 자세히 보면 2차원 배열을 2개 쌓은 구조입니다. 그래서 대괄호에 **0**을 전달하면 첫 번째 원소인 2차원 배열을 반환합니다.

```
na[0]
```
```
array([[1, 2, 3],
       [4, 5, 6]])
```

```
na[0].shape
```
```
(2, 3)
```

여러 개의 메타 정보를 관리하는 속성을 한꺼번에 조회할 때는 **__array_interface__**

스페셜 속성을 사용합니다. 위에서 살펴본 대부분의 속성을 딕셔너리(dict) 객체로 반환합니다.

3차원 배열의 하나의 원소에 대한 정보를 바이트 단위로 관리하는 **strides** 속성의 정보를 확인해보면 3개의 원소를 가진 튜플입니다. 첫 번째는 2차원 배열을 구성하는 총 바이트의 수입니다. 두 번째는 2차원 배열의 원소인 1차원 배열의 바이트 수입니다. 세 번째 원소는 1차원 배열 내의 한 원소에 대한 바이트 수입니다.

그래서 하나의 원소는 4이고 1차원 배열은 3개의 원소를 가지므로 12 바이트이고 2차원 배열은 6개의 원소를 가지므로 24 바이트입니다.

```
na.__array_interface__
```

```
{'data': (2547517101184, False),
 'strides': None,
 'descr': [('', '<i4')],
 'typestr': '<i4',
 'shape': (2, 2, 3),
 'version': 3}
```

```
na.strides
```

```
(24, 12, 4)
```

__array_interface__ 스페셜 속성을 조회하면 하나의 딕셔너리(dict)로 반환합니다. 내부의 원소를 검색할 때는 대괄호에 키를 문자열로 전달합니다. 그 중에 **data**로 조회한 결과는 하나의 튜플이므로 그 중에 첫 번째 원소를 검색하기 위해 대괄호에 **0**을 전달해서 검색합니다.

실제 이 배열의 데이터를 관리하는 **data**속성에 데이터를 **tobytes** 메소드로 확인할 수 있습니다. 이 바이트로 변환된 길이만을 확인하기 위해 내장함수 **len**으로 바이트의 길이를 확인하면 24바이트 2차원 행렬 두 개가 들어가 있어 총 길이가 48 바이트입니다.

다차원 배열은 파이썬 리스트로 바로 변환이 가능합니다. 이때는 **tolist** 메소드를 사용합니다.

```
na.__array_interface__['data'][0]
```

```
2547517101184
```

```
len(na.data.tobytes())
```

```
48
```

```
na.data.tolist()
```

```
[[[1, 2, 3], [4, 5, 6]], [[1, 2, 3], [4, 5, 6]]]
```

예제 2 data 속성 관리 기준

다차원 배열의 **data** 속성을 관리하는 방식을 자세히 알아봅니다. 먼저 **4**개의 원소를 가진 **1**차원 배열을 하나 만듭니다.

이 다차원 배열의 **data** 속성을 확인하면 메모리에 저장된 객체 정보를 보여줍니다. 보통 파이썬에서 메모리에 로딩 하는 것은 **memoryview** 클래스로 만든 객체입니다.

```
a = np.array([1,2,3,4])
```

```
a
```

```
array([1, 2, 3, 4])
```

```
a.data
```

```
<memory at 0x0000000007A4FF48>
```

파이썬 **memoryview** 클래스에 **1**차원 배열을 인자로 전달해서 메모리의 로딩 하는 객체를 만들고 변수에 할당합니다. 결과를 확인하면 위의 배열에 있는 **data** 속성과 유사하게 메모리에 올라간 객체를 표시합니다.

```
mem = memoryview(a)
```

```
mem
```

```
<memory at 0x0000022BB0052288>
```

이제 **data** 속성에 저장된 정보를 색인연산으로 원소를 조회해봅니다. 먼저 **0**을 대괄호에 넣어서 첫 번째 원소를 조회합니다. 또한 **data** 속성 내의 모든 정보를 확인하려면 **obj** 속성을 사용합니다. 이 **obj** 속성에 색인연산으로 조회한 결과는 **data** 속성에서 직접 색인연산으로 조회한 것과 같습니다.

```
a.data[0]
```
```
1
```

```
a.data.obj
```
```
array([1, 2, 3, 4])
```

```
a.data.obj[0]
```
```
1
```

내부에 저장된 자료형은 **int32**입니다. 이는 하나의 원소가 4바이트 단위로 정수를 표현합니다. 하나의 원소의 길이는 **itemsize** 속성으로 확인해도 4바이트입니다. 실제 **data** 속성에 있는 배열의 원소들을 전부 **16**진수로 변환할 때는 hex 메소드를 사용합니다. 변환된 결과는 16진수를 표시한 문자열입니다.

보통 **16**진수는 4비트 단위로 숫자를 표시하므로 두 개의 16진수가 하나의 바이트입니다. 그래서 문자열을 보고 두 문자별로 묶어서 확인하면 8개 문자가 4 바이트입니다. 그래서 4개의 원소에 8을 곱해서 32개의 문자로 구성한 문자열입니다.

```
a.dtype
```
```
dtype('int32')
```

```
a.itemsize
```
```
4
```

```
a.data.hex()
```
```
'01000000020000000300000004000000'
```

실제 더 큰 수를 가진 리스트를 array 함수에 인자로 전달해서 배열을 만듭니다. 이 배열

의 data 속성 내의 값을 16진수로 표시하고 슬라이스검색을 통해 8개의 문자를 출력합니다.

```
b = np.array([999,9999,99999,999999])
```

```
b.data.hex()[:8]
```
'e7030000'

파이썬 hex 함수에 999를 인자로 전달하면 16진수 표기인 0x와 숫자인 3e7을 표시합니다. 넘파이 모듈의 hex 메소드의 결과와 숫자 표시가 반대인 것을 알 수 있습니다.

```
hex(999)
```
'0x3e7'

```
int('0x3e7' , 16)
```
999

16진수로 표시할 때는 몫과 나머지를 같이 구하는 divmod 함수를 사용합니다. 첫 번째 16으로 나머지가 7 입니다. 다시 16으로 나누면 나머지가 14입니다. 다시 실행하면 나머지가 3 이므로 16진수 표시하면 7e3 입니다. 숫자를 표기하는 방식에 따라 e703으로 표시할 수도 있습니다. 앞의 방식은 파이썬에서 사용하지만 뒤에 표기방식은 넘파이에서 사용합니다.

```
divmod(999 , 16)
```
(62,7)

```
divmod(62,16)
```
(3, 14)

```
divmod(3, 16)
```
(0, 3)

다차원 배열의 전체 크기 즉 원소의 개수는 **size** 속성으로 확인할 수 있습니다. 순환문을 사용해서 다차원 배열의 원소를 하나씩 출력해 봅니다. 이때는 **range** 클래스의 인자로 **size** 속성을 전달해서 4개의 원소를 하나씩 출력할 수 있습니다.

```
a.size
```

4

```
for i in range(a.size) :
    print(a[i])
```

1
2
3
4

조금 더 편하게 모든 원소를 순환할 수 있는 방식도 있습니다. 이때는 **flat** 속성을 사용하면 하나의 반복자를 제공합니다. 이를 순환문에 작성해서 원소를 하나씩 조회합니다.

```
a.flat
```

```
<numpy.flatiter at 0x6cbdb40>
```

```
for i in a.flat :
    print(i)
```

1
2
3
4

다차원 배열을 복사하지 않고 공유할 수도 있습니다. 이때는 frombuffer 함수에 배열을 인자로 전달해서 동일한 배열을 공유해서 사용합니다.

정수를 원소로 가진 리스트를 인자로 전달하지만 자료형은 **float_**인 실수입니다. 만들어진 배열의 원소를 확인하면 숫자 뒤에 점이 붙어서 실수를 표현합니다. 이 배열을 frombuffer 함수로 공유해서 새로운 변수에 할당합니다.

```
c = np.array([1,2,3,4],dtype=np.float_)
```

```
c
```
```
array([1., 2., 3., 4.])
```

```
x = np.frombuffer(c)
```

```
x
```
```
array([1., 2., 3., 4.])
```

이 배열의 자료형을 확인하면 **float64**입니다. 하나의 원소는 **8** 바이트 단위로 관리합니다. 첫 번째 원소를 조회해서 출력하면 **1.0**입니다.

이 배열의 정보들을 관리하는 정보인 **flags**속성을 확인합니다. 이 배열에 데이터를 C언어(C_CONTIGUOUS)나 Fortran 언어(F_CONTIGUOUS)로 표시할 수 있는 지에 대한 정보가 **True**입니다. 또한 원본 배열여부인 OWNDATA가 **False**입니다. 새로운 다차원 배열이 아닌 뷰가 만들어진 것을 알 수 있습니다.

```
x.dtype
```
```
dtype('float64')
```

```
x[0]
```
```
1.0
```

```
x.flags
```
```
  C_CONTIGUOUS : True
  F_CONTIGUOUS : True
  OWNDATA : False
  WRITEABLE : True
  ALIGNED : True
  WRITEBACKIFCOPY : False
  UPDATEIFCOPY : False
```

뷰 여부는 다른 속성인 base로도 확인할 수 있습니다. 뷰가 만들어지면 원본 배열의 정보가 **base** 속성에 들어갑니다. 그래서 x 변수의 **base**와 원본 배열의 레퍼런스를 **is** 예약어로 확인하면 동일한 레퍼런스라 **True**를 표시합니다.

원본 배열이 저장된 변수 **c**의 **flags** 속성을 확인합니다. 원본 정보인 OWNDATA를 확인하면 변수 **x**와 달리 **True**인 것을 알 수 있습니다.

```
x.base is c
```

```
True
```

```
c.flags
```

```
  C_CONTIGUOUS : True
  F_CONTIGUOUS : True
  OWNDATA : True
  WRITEABLE : True
  ALIGNED : True
  WRITEBACKIFCOPY : False
  UPDATEIFCOPY : False
```

1.4

다차원 배열의 두 클래스 비교

넘파이 모듈에는 다차원 배열을 만드는 두 개의 클래스 **ndarray**와 **matrix** 제공합니다. 행렬만을 처리하는 **matrix** 클래스와 다양한 차원의 배열을 처리하는 **ndarray**로 구분합니다. 이 두 클래스의 특징을 비교하면 **matrix** 클래스의 행렬곱 연산이 다른 것을 알 수 있습니다.

구 분	ndarray	matrix
차원	다차원 가능	2차원
곱셈(*)연산자	요소간 곱	행렬곱
곱셈함수 multiply	요소간 일반 곱셈	요소간 일반 곱셈
내적힘수 dot()	행렬곱	행렬곱

예제 1 두 클래스 비교

파이썬에서 상속관계는 **__bases__** 속성에 있습니다. 다차원 배열은 **object** 클래스만 상속했습니다. **matrix** 클래스는 **ndarray** 클래스를 상속해서 구현한 것을 알 수 있습니다.

상속관계가 중요한 것은 상위 클래스의 특징들을 하위 클래스에서 반영해서 구현합니다. 그래서 상위 클래스의 특징을 하면 하위 클래스에서 구현한 기능들을 예측할 수 있습니다.

여러 차원을 처리하는 **ndarray**을 상속을 받아서 **matrix** 클래스를 정의한 것은 다양한 차원에서 2차원으로 한정해서 처리하는 것을 알 수 있습니다.

```
np.ndarray.__bases__
```

```
(object,)
```

```
np.matrix.__bases__
```

```
(numpy.ndarray,)
```

이제 두 클래스로 배열을 만들어서 차이점을 알아봅니다. 동일한 리스트를 인자로 전달해서 **array** 함수로 다차원 배열의 객체, **matrix** 클래스로 행렬의 객체를 만듭니다.

만들어진 두 객체의 형상을 확인하면 다차원 배열은 1차원이지만 **matrix** 클래스의 객체는 항상 2차원입니다. 2차원 배열로만 처리되는 것을 알 수 있습니다.

```
l1 = np.array([1,2,3,4,5,6,7,8])
```

```
l1.shape
```

```
(8,)
```

```
m1 = np.matrix([1,2,3,4,5,6,7,8])
```

```
m1.shape
```

```
(1, 8)
```

두 배열의 형상을 수정합니다. 형상을 수정할 때도 전체 원소의 개수는 동일하게 변환해야 합니다. 총 8개의 원소를 가져서 reshape 메소드에 2행 4열로 인자를 전달해서 변경합니다. 두 배열의 형상 속성을 확인하면 동일합니다.

```
l2 = l1.reshape(2,4)
```

```
l2.shape
```

```
(2, 4)
```

```
m2 = m1.reshape(2,4)
```

```
m2.shape
```

```
(2, 4)
```

배열의 형상을 3차원으로 변경을 해봅니다. 다차원 배열은 형상을 변경할 수 있지만 2차원만 처리하는 matrix 클래스는 예외를 발생시킵니다. 이 클래스는 2차원인 행렬만 처리할 수 있습니다.

```
l3 = l2.reshape(2,2,2)
```

```
try :
    m3 = m2.reshape(2,2,2)
except Exception as e :
    print(" 예외 ",e)
```

```
 예외   shape too large to be a matrix.
```

다차원 배열을 matrix 클래스의 객체로 변환이 가능합니다. 이때는 asmatrix함수에 다차원 배열을 인자로 전달합니다. 원소의 개수가 동일할 때는 reshape 메소드로 형상을 변경할 수 있습니다.

```
m2_1 = np.asmatrix(l1).reshape(2,4)
```

```
m2_1
```

```
matrix([[1, 2, 3, 4],
        [5, 6, 7, 8]])
```

일반적인 곱셈을 처리하는 차이점을 알아봅니다. 먼저 다차원 배열로 만든 배열을 가지고 배열 간의 곱셈을 처리하면 배열 내의 같은 인덱스를 가진 원소들끼리 곱한 결과를 만들어 냅니다.

두 **matrix** 객체의 곱셈은 행렬곱(matrix product)을 수행해서 예외를 발생합니다. 행렬곱이 실행되려면 두 배열을 구성한 원소를 확인합니다. 먼저 앞의 행렬의 열의 개수와 뒤에 행렬의 행의 개수가 같은지 확인합니다. 같으면 행렬곱을 해서 새로운 행렬을 만들고 만들어진 행렬은 앞의 행렬의 행의 개수와 뒤의 행렬의 열의 개수가 형상을 가집니다.

```
12 * 12
```

```
array([[ 1,  4,  9, 16],
       [25, 36, 49, 64]])
```

```
try :
    m2 * m2
except Exception as e :
    print(e)
```

```
shapes (2,4) and (2,4) not aligned: 4 (dim 1) != 2 (dim 0)
```

위의 예외를 해결하려면 **matrix** 객체의 곱셈은 **multiply** 함수를 사용합니다.

```
np.multiply(m2,m2)
```

```
matrix([[ 1,  4,  9, 16],
        [25, 36, 49, 64]])
```

예제 2 두 클래스 차이점 확인

다차원 배열을 상속한 **matrix** 클래스에 어떤 속성과 메소드가 추가되었는지 알아봅니다.

클래스에 관리하는 속성과 메소드 등은 이름공간(namespace) 내부에 관리합니다. 이 정보를 **dir** 함수로 문자열 원소의 리스트로 변환이 가능합니다. 이 변환된 결과를 집합(set) 객체로 변환합니다.

집합 연산의 차집합을 가지고 **matrix** 클래스에만 있는 속성과 메소드를 확인하면 행렬을 처리하는 특화된 속성과 메소드가 있는 것을 알 수 있습니다.

```
nd_ = set(dir(np.ndarray))
```

```
md_ = set(dir(np.matrix))
```

```
md_ - nd_
```
```
{'A',
 'A1',
 'H',
 'I',
 '__dict__',
 '__module__',
 '_align',
 '_collapse',
 'getA',
 'getA1',
 'getH',
 'getI',
 'getT'}
```

이 속성과 메소드들을 확인하기 위해 **matrix** 배열을 만드는 **mat** 함수를 사용합니다. 문자열로 데이터를 받아서 행렬을 만들 때는 행의 원소들을 세미콜론으로 구분해서 지정합니다. 만들어진 행렬을 보면 **2**행 **2**열입니다.

A 속성과 **getA** 메소드를 조회하면 현재 상태를 그대로 보여줍니다.

```
m4 = np.mat('1 2; 3 4')
```

```
m4
```
```
matrix([[1, 2],
        [3, 4]])
```

```
m4.A
```
```
array([[1, 2],
       [3, 4]])
```

```
m4.getA()
```
```
array([[1, 2],
       [3, 4]])
```

H 속성으로 확인하면 전치행렬 즉 행과 열의 축을 변환해서 보여줍니다. 보통 속성 T로 전치행렬을 조회할 수 있습니다. 이 두 속성은 동일한 행렬을 보여줍니다.

```
m4.H
```

```
matrix([[1, 3],
        [2, 4]])
```

```
m4.T
```

```
matrix([[1, 3],
        [2, 4]])
```

이번에는 역행렬(Inverse Matrix)을 보여주는 I 속성을 알아봅니다. 넘파이 모듈에서 선형대수를 처리하려면 linalg 모듈을 참조해야 합니다. 역행렬을 구하는 inv 함수를 사용해서 역행렬을 계산합니다. 행렬 객체에서는 단순하게 I 속성으로 확인할 수 있습니다.

```
from numpy import linalg
```

```
linalg.inv(m4)
```

```
matrix([[-2. ,  1. ],
        [ 1.5, -0.5]])
```

```
m4.I
```

```
matrix([[-2. ,  1. ],
        [ 1.5, -0.5]])
```

역행렬은 보통 정사각행렬 즉 행과 열의 개수가 동일할 때 행렬식이 0이 아닌 경우에 만들어집니다. 2행 4열의 행렬은 기본 적으로 역행렬이 만들어지지 않습니다.

하지만 matrix 클래스에는 I 속성에는 유사 역행렬을 보여줍니다.

```
m2
```

```
matrix([[1, 2, 3, 4],
        [5, 6, 7, 8]])
```

```
try :
    linalg.inv(m2)
except Exception as e :
    print(e)
```

```
Last 2 dimensions of the array must be square
```

```
m2.I
```

```
matrix([[-5.50000000e-01,  2.50000000e-01],
        [-2.25000000e-01,  1.25000000e-01],
        [ 1.00000000e-01, -6.24500451e-17],
        [ 4.25000000e-01, -1.25000000e-01]])
```

02 넘파이 모듈의 함수 특징

파이썬에서 함수는 하나의 객체입니다. 그래서 이 함수를 만드는 클래스를 제공합니다. 넘파이 모듈의 함수도 대부분 파이썬 함수처럼 만들어졌지만 선형대수 연산을 하는 경우에는 벡터화 연산이 필요해서 새로운 클래스를 만들어서 함수를 정의합니다. 이런 특별한 함수를 만들 수 있는 클래스가 유니버설 함수(Universal function)입니다. 이 특화된 함수가 일반적인 함수와 어떻게 다른지 알아봅니다.

동일한 이름의 함수와 메소드 지원

넘파이 모듈의 함수의 이름과 다차원 배열의 메소드 이름이 동일한 경우가 많습니다. 세부적인 처리규칙도 거의 같습니다. 함수나 메소드를 필요한 시점에 원하는 방식으로 사용해서 작성하라는 것 입니다.

파이썬에서 함수와 메소드 구조

파이썬에서 함수의 정의는 보통 모듈 내부에 def 예약어를 사용해서 작성합니다. 메소드는 클래스 내부에 정의되어야 합니다. 그래서 클래스 정의하는 class 예약어로 지정한 내부에 def 예약어로 정의합니다. 아래의 그림은 함수와 클래스를 정의한 모습입니다.

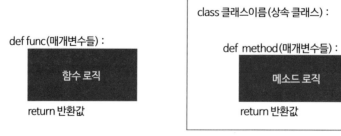

그림 1-7 파이썬 함수 및 메소드의 구조

예제 1 함수와 메소드 처리

모든 원소의 값이 **0**인 다차원 배열은 zeros 함수에 튜플로 형상을 지정해서 만듭니다. 튜플에 5를 두 번 넣으면 5행 5열의 다차원 배열이 만들어집니다. 만들어진 배열의 형상을 확인하면 인자로 전달한 튜플을 그대로 보관합니다.

변수에 할당된 배열을 확인하면 모든 원소가 **0**인 5행 5열의 배열을 표시합니다.

```
a = np.zeros((5,5), dtype=np.int_)
```

```
a.shape
```
```
(5, 5)
```

```
a
```
```
array([[0, 0, 0, 0, 0],
       [0, 0, 0, 0, 0],
       [0, 0, 0, 0, 0],
       [0, 0, 0, 0, 0],
       [0, 0, 0, 0, 0]])
```

선형대수에서는 스칼라 값인 숫자와 연산을 할 수 있습니다. 이 배열을 사용해서 **0**과 비교 연산을 실행합니다. 이런 조건을 모든 원소와 비교해서 각각의 원소의 위치에 논리값을 결과로 남깁니다.

반환되는 값을 보면 5행 5열의 논리값을 원소로 가지는 다차원 배열인 것을 알 수 있습니다.

```
a != 0
```
```
array([[False, False, False, False, False],
       [False, False, False, False, False],
       [False, False, False, False, False],
       [False, False, False, False, False],
       [False, False, False, False, False]])
```

논리값을 원소로 가진 다차원 배열을 하나의 논리값으로 판단할 때 any와 all 함수나 메소드를 사용합니다. 함수는 모듈에 정의되어 함수의 이름으로 호출해서 실행하고 메소드

는 객체 다음에 점연산자를 사용해서 호출해서 실행합니다.

파이썬에서 any 함수는 여러 개의 불리언 값을 판단해서 하나라도 True 가 있으면 반환값으로 True를 반환합니다. 넘파이 모듈은 다차원 배열의 원소의 불리언 값들을 판단해서 하나의 원소의 값이 True 가 있으면 True로 반환합니다.

먼저 메소드 any 가 파이썬 any 함수와 처리되는 결과가 동일한지 알아봅니다. 다차원 배열의 원소가 전부 0이 아니므로 내부의 원소가 전부 False 인 배열로 반환됩니다. 이 원소들을 전부 확인한 결과는 False 입니다. 함수 any로 확인할 때는 인자에 다차원 배열에 논리식을 처리한 결과를 전달합니다. 즉 논리값으로 판단된 다차원 배열을 인자로 전달합니다. 모든 원소가 False이므로 결과가 False 입니다.

```
(a != 0).any()
```

False

```
np.any(a !=0)
```

False

이제 메소드와 함수가 어떤 객체로 만들어져 있는지 알아봅니다. 함수나 메소드의 이름으로 접근하면 내부의 함수와 메소드 객체를 보여줍니다. 이를 확인하기 위해 메소드와 함수 이름만 사용해서 실행하면 결과를 반환합니다. 메소드 any를 확인하면 반환되는 객체가 function 클래스의 객체라고 반환합니다. 이 메소드가 저장된 곳은 ndarray 클래스입니다. 파이썬에서는 메소드를 정의한 후에 함수로 사용하는 방식인 정적 메소드(statcic method)를 사용해서 처리합니다. 세부적인 사항은 파이썬 문법에 나온 사용법을 참조하시기 바랍니다.

함수를 확인하면 function 클래스의 객체라는 것을 표시합니다. 이 함수가 저장된 곳이 numpy.core.fromnumeric 모듈이라는 것을 알 수 있습니다.

함수와 메소드를 비교하면 전혀 다른 객체이지만 처리된 결과는 동일한 것을 알 수 있습니다. 넘파이 모듈에는 메소드와 함수의 이름이 같은 경우에는 항상 같은 결과를 제공합니다.

```
(a != 0).any
```

```
<function ndarray.any>
```

```
np.any
```

```
<function numpy.any(a, axis=None, out=None, keepdims=<no value>)>
```

```
np.ndarray.any is np.core.fromnumeric.any
```

```
False
```

파이썬에서 함수나 클래스 등의 도움말을 확인하는 **help**가 있습니다. 이 **help**도 내부적으로는 클래스입니다. 전달된 인자를 확인해서 내부에 작성된 도움말을 반환합니다. 보통 도움말은 문자열 객체로 만듭니다.

첫 번째는 다차원 배열에 있는 **any** 메소드를 조회하고 그 다음에 넘파이 모듈에 있는 **any** 함수를 조회합니다. 도움말을 보면 메소드나 함수의 전달되는 인자와 반환되는 결과가 같은 것을 알 수 있습니다.

```
help(np.ndarray.any)
```

```
Help on method_descriptor:
any(...)
    a.any(axis=None, out=None, keepdims=False)
    Returns True if any of the elements of `a` evaluate to True.
    Refer to `numpy.any` for full documentation.
    See Also
    --------
    numpy.any : equivalent function
```

```
help(a.any)
```

```
Help on built-in function any:
any(...) method of numpy.ndarray instance
    a.any(axis=None, out=None, keepdims=False)
    Returns True if any of the elements of `a` evaluate to True.
    Refer to `numpy.any` for full documentation.
    See Also
    --------
    numpy.any : equivalent function
```

넘파이 모듈과 다차원 배열ndarray 클래스에 포함된 함수와 메소드 이름이 몇 개가 동일한지 알아봅시다.

모듈도 하나의 이름공간에 변수, 함수, 클래스 등을 관리합니다. 이를 **dir**함수로 처리한 후에 **set** 클래스의 객체로 변환합니다. 다차원 배열 클래스의 이름공간도 집합으로 변환합니다.

두 집합의 공통점을 교집합으로 계산해서 동일한 이름의 개수를 확인하면 **47**개나 있습니다.

```
np_ = set(dir(np))
```

```
nd_ = set(dir(np.ndarray))
```

```
npd_ = np_ & nd_
```

```
len(npd_)
```
47

동일한 이름을 가진 것을 출력합니다.

```
count = 0
for i in list(npd_) :
    count +=1
    print(i, end=" ")
    if count % 5 == 0 :
        print()
```

```
squeeze prod partition clip ravel
copy swapaxes cumprod trace cumsum
argmin real sort repeat argmax
argsort dtype ptp sum __doc__
min conj std nonzero nbytes
round mean searchsorted imag all
dot ndim compress argpartition any
conjugate size resize take shape
transpose max reshape choose var
put diagonal
```

2.2

유니버설 함수 제공

수학의 선형대수를 벡터와 행렬을 주로 계산합니다. 보통 벡터와 행렬의 연산은 구성하는 원소별로(element-wide) 처리합니다. 여러 원소를 가지고 있지만 자동으로 원소별 계산을 처리하는 것을 벡터화 연산이라고 합니다. 추가적인 순환문을 사용하지 않고도 모든 원소를 계산한다는 뜻입니다. 이런 연산을 지원하는 특별한 함수를 유니버설 함수(universal function)라고 합니다. 그래서 유니버설 함수를 지원하는 ufunc클래스가 넘파이 모듈에 만들어져 있습니다.

유니버설 함수의 클래스가 있듯이 파이썬에서 함수나 메소드의 클래스도 있습니다. 이 클래스를 관리하는 모듈이 types입니다. 이 모듈에 함수 클래스는 FunctionType입니다. 이제 파이썬의 일반 함수와 넘파이 모듈의 유니버설 함수이 다른 점을 알아봅니다.

📝 예제 1 유니버설 함수 알아보기

파이썬 dir 함수는 모듈이나 클래스의 이름공간을 확인해서 변수, 속성, 함수, 메소드 등의 정보를 확인합니다. 이 함수를 실행한 결과는 내부에 저장된 이름을 문자열로 변환해서 리스트를 만들어줍니다.

넘파이 모듈에 유니버설 함수가 있다면 이 함수들을 만드는 클래스가 있어야합니다. 넘파이 모듈에서 유니버설 함수의 클래스는 ufunc 입니다. 이 이름을 직접 셀에 넣어서 클래스 여부를 확인합니다.

```
a = dir(np)
```

```
np.ufunc
```

```
numpy.ufunc
```

파이썬은 다양한 모듈을 제공합니다. 이 모듈 내에 어떤 함수와 클래스 들을 제공하는지 확인할 필요가 있습니다. 그래서 dir 함수를 사용해서 넘파이 모듈에서 관리하는 모든 정보를 가져옵니다. 그 중에서 유니버설 함수만 참조하기 위해 type 클래스를 사용해서 유니버설 함수의 클래스만 추출합니다. 다양한 함수들이 유니버설 함수라는 것을 알 수 있습니다.

```
count = 0
for i in a :
    if i == "Tester" :
        continue
    if type(np.__dict__[i]) == np.ufunc :
        print(i, end=" ")
        count += 1
        if count % 5 == 0 :
            print()
```

```
abs absolute add arccos arccosh
arcsin arcsinh arctan
signb...      ...ing sqrt
square subtract tan tanh true_divide
trunc
```

넘파이 모듈에서 파이썬 일반 함수인 FunctionType 클래스로 작성된 함수도 있습니다. 이번에는 types 모듈을 import해서 일반적인 함수가 몇 개가 있는지 알아봅니다.

```
import types
```

```
count = 0
for i in a :
    if i == "Tester" :
        continue
    if type(np.__dict__[i]
        count += 1              ) == types.FunctionType :
print(count)
```

302

유니버셜 함수와 일반 함수의 차이점을 확인하기 위해 먼저 두 개의 함수인 add와 sort를 알아봅니다. 함수 add는 유니버셜 함수이고 sort함수는 파이썬 일반 함수입니다.

```
type(np.add)
```

```
numpy.ufunc
```

```
type(np.sort)
```

```
function
```

일반 함수와 유니버설 함수의 차이점은 두 클래스의 속성과 메소드에 차이점이 있습니다. 내장함수 **dir**을 사용해서 클래스의 이름공간을 리스트로 가져옵니다. 두 리스트를 비교하기 위해 파이썬에서 제공하는 집합 클래스인 **set**을 사용해서 집합 객체로 변환합니다. 유니버설 함수에만 있는 속성과 메소드를 알아보기 위해 차집합 연산(-)을 사용해서 일반함수에 있는 속성과 메소드를 제거하면 유니버설 함수에만 있는 속성과 메소드를 볼 수 있습니다.

```
set(dir(np.add)) - set(dir(np.sort))
```

```
{'accumulate',
 'at',
 'identity',
 'nargs',
 'nin',
 'nout',
 'ntypes',
 'outer',
 'reduce',
 'reduceat',
 'signature',
 'types'}
```

유니버설 함수에서 제공하는 메소드를 확인하기 위해 4개의 원소를 가지는 1차원 배열을 만듭니다. 단순하게 이 1차원 배열을 add 함수로 더하면 두 개의 1차원 배열의 동일한 인덱스에 있는 원소들을 합산한 1차원 배열을 반환합니다.

유니버설 함수 내의 **accumulate** 메소드에 1차원 배열을 인자로 전달해서 실행하면 1차원 배열의 원소를 누적한 1차원 배열을 반환합니다.

```
a = np.array([1,2,3,4])
```

```
np.add(a,a)
```
```
array([2, 4, 6, 8])
```

```
np.add.accumulate(a)
```
```
array([ 1,  3,  6, 10], dtype=int32)
```

벡터화 연산 이해하기

파이썬 리스트의 원소를 가지고 계산하려면 순환문을 사용해서 인덱스에 있는 원소를 검색해서 처리합니다. 넘파이 모듈의 차원이 많은 배열에 대한 계산이 필요합니다. 그래서 넘파이 모듈에서 제공하는 다차원 배열은 동일한 인덱스 위치를 인식해서 해당하는 원소끼리 계산을 자동으로 처리합니다. 이 방식을 벡터화 연산이라고 합니다. 유니버설 함수는 벡터화 연산을 처리할 수 있는 기능을 제공합니다.

✏️ 예제 1 벡터화 연산

벡터화 연산을 알아보기 위해 두 개의 다차원 배열을 만듭니다. 첫 번째 1차원 배열은 4개의 원소를 가지도록 arange 함수로 만듭니다. 이 함수에 인자는 6과 10을 전달하면 만들어진 원소의 값은 6부터 9까지의 4개 원소입니다. 이때 10으로 전달된 인자보다 하나 작은 값까지만 원소로 만들어집니다. 또 하나의 1차원 배열은 10과 14를 인자로 전달하면 10부터 13까지의 4개의 원소를 가진 다차원 배열을 만듭니다.

```
a = np.arange(6,10)
```

```
a
```

```
array([6, 7, 8, 9])
```

```
b = np.arange(10,14)
```

```
b
```

```
array([10, 11, 12, 13])
```

두개의 다차원 배열 원소끼리 곱셈을 수행하고 다른 변수에 할당합니다. 변수를 확인하면 동일한 인덱스의 원소끼리 곱셈한 결과인 1차원 배열인 것을 알 수 있습니다.

```
c = a * b
```

```
c
```
```
array([ 60,  77,  96, 117])
```

다차원 배열은 다양한 차원의 배열을 만들 수 있습니다. 기존에 만든 배열의 축을 변경해서 1차원 배열을 2차원 배열로 변환해봅니다.

차원을 추가하는 것은 실제 축을 하나 추가하는 것입니다. 색인연산에 첫 번째 인자에 모든 원소를 슬라이스로 넣고 두 번째 인자에 **newaxis**을 추가하면 축이 추가되어 2차원 배열을 만듭니다. 만들어진 배열을 보면 하나의 원소를 가지고 수직 축으로 4개의 행이 만들어집니다. 이 배열의 형상을 확인하면 4행이고 1열입니다. 이 뜻은 하나의 원소를 가지는 행의 4개가 있다는 의미입니다.

```
d = a[:, np.newaxis]
```

```
d
```
```
array([[6],
       [7],
       [8],
       [9]])
```

```
d.shape
```
```
(4, 1)
```

이번에는 수평축을 추가해봅니다. 색인연산에 첫 번째 인자에 **newaxis**을 추가해서 축을 추가하고 나머지 원소를 슬라이스로 지정합니다. 만들어진 배열을 보면 1행 4열로 2차원 배열입니다. 첫 번째 축은 1이므로 하나의 행만 만들어지고 두 번째 축은 4이므로 하나의 행에 4개의 원소를 가진 것을 알 수 있습니다.

```
e = b[np.newaxis,:]
```

```
e
```
```
array([[10, 11, 12, 13]])
```

```
e.shape
```
```
(1, 4)
```

2차원 배열로 바뀐 배열을 가지고 행렬곱을 @ 연산자(matmul 함수)와 **dot** 함수로 처리합니다. 행렬곱을 수행하면 첫 번째 행렬의 열의 원소 개수와 두 번째 행렬 내의 행의 개수가 같아야 합니다.

두 배열을 보면 첫 번째 행렬은 4행 1열의 배열이고 두 번째 행렬은 1열 4행의 배열입니다. 첫 번째 행렬의 열의 원소는 1개이고 두 번째 행렬의 열의 행의 개수가 1이라 동일한 것을 알 수 있습니다. 이제 행렬곱을 계산할 수 있습니다.

계산된 결과는 첫 번째 행렬의 행과 두 번째 행렬의 열을 합친 4행 4열이 만들어집니다. 행렬곱 연산에 대한 자세한 처리는 벡터의 내적과 행렬곱을 설명하는 곳에서 자세히 알아봅니다.

```
f = d @ e
```

```
f
```
```
array([[ 60,  66,  72,  78],
       [ 70,  77,  84,  91],
       [ 80,  88,  96, 104],
       [ 90,  99, 108, 117]])
```

```
d.dot(e)
```
```
array([[ 60,  66,  72,  78],
       [ 70,  77,  84,  91],
       [ 80,  88,  96, 104],
       [ 90,  99, 108, 117]])
```

축(axis) 계산이 필요한 이유

다차원 배열의 축은 항상 **0**번 축부터 시작합니다. 차원이 많아지면 축을 그 다음 숫자인 **1**, **2** 등으로 확대됩니다. 1차원 배열은 벡터이므로 하나의 축인 **0**번 축만 가집니다. 이를 기호로 표시하면 대괄호가 하나만 있습니다. 행렬은 2차원이므로 축이 **2**개입니다. 그래서 기호로 표시할 때 대괄호 내부에 대괄호를 사용합니다. 이런 방식으로 축을 추가해서 다양한 차원을 만들 수 있습니다.

예제 1 축에 따른 연산

원소가 **4**개인 1차원 배열을 하나 만듭니다. 축을 추가하기 위해 reshape 메소드를 사용합니다. 1차원 배열은 축이 1라서 형상도 하나의 값만 가지는 튜플입니다. 2차원 배열로 변경하려면 축이 **2**개여서 **2**개의 원소를 인자로 전달해야 합니다.

2차원 배열로 변경된 배열을 확인하면 대괄호 내에 대괄호가 표시되어 2차원으로 만든 것을 알 수 있습니다.

총 원소가 **4**개여서 **2**, **2**로 2차원 배열로 변환해서 하나의 행에 **2**개의 원소를 가진 **2**개의 행을 만듭니다. 이를 열로 표현하면 **2**개의 원소를 가진 열이 **2**개가 있다는 뜻입니다.

```
a2 = np.array([1,2,3,4])
```

```
a2
```
```
array([1, 2, 3, 4])
```

```
a2 = a2.reshape(2,2)
```

```
a2
```
```
array([[1, 2],
       [3, 4]])
```

축이 필요한 이유는 동일한 축에 있는 원소들을 계산할 수 있기 때문입니다. 먼저 sum 함수에 배열을 인자로 전달하면 모든 원소를 더해서 결과를 반환합니다.

축단위로 합을 구하려면 **axis** 매개변수에 배열의 차원 즉 축을 알려주면 정수를 지정해서 축에 해당하는 원소들만 합산할 수 있습니다. 먼저 **0** 축으로 합산하면 수직방향으로 연산을 수행해서 같은 열에 속한 원소만 합산합니다. 1축을 합산하면 수평방향인 같은 행에 속한 원소들만 합산합니다.

계산된 결과를 확인하면 2차원 배열에서 하나의 차원이 축소된 1차원 배열로 합산된 결과를 보여줍니다.

여기에서 축 난위로 언산을 할 때 주의힐 점을 다시 설명을 드립니다. 2차원 배열의 형상은 2개의 원소를 가진 튜플입니다. 이 튜플의 첫 번째 원소는 **0**번 축의 행의 개수입니다. 두 번째 원소는 1번 축의 열의 개수입니다. **0**번 축으로 계산을 하라는 것은 1번 축인 열에 속한 원소를 처리하라는 뜻입니다. 1번 축으로 계산하라는 것은 **0**번 축인 행에 속한 원소를 처리하라는 뜻입니다. 이는 연산을 하는 **axis** 매개변수는 단지 특정 방향을 알려주는 역할을 합니다.

```
np.sum(a2)
```
```
10
```

```
np.sum(a2, axis=0)
```
```
array([4, 6])
```

```
np.sum(a2, axis=1)
```
```
array([3, 7])
```

앞으로도 여러 번 1차원 배열을 만든 후에 다른 차원으로 변형하는 방식을 많이 사용할 것입니다. 다차원 배열의 구조를 익숙해지려면 1차원 배열을 가지고 다양하게 변환을 해봐야 합니다.

8개의 원소를 가진 1차원 배열을 만듭니다. 이 배열을 가지고 2차원 배열로 변경하려면 2행4열이나 4행 2열로 변환할 수 있습니다. 3차원으로 변형하려면 2, 2, 2로 변형해야 합니다. 3차원 배열은 축이 3개입니다.

3차원 배열은 0번 축이 2라는 뜻은 1번 축과 2번 축으로 구성된 배열 2개를 원소로 구성했다는 뜻입니다. 출력된 결과를 보면 대괄호 내에 2차원 배열이 2개 들어가 있습니다.

```
a3 = np.arange(1,9)
```

```
a3
```
```
array([1, 2, 3, 4, 5, 6, 7, 8])
```

```
a3 = a3.reshape(2,2,2)
```

```
a3
```
```
array([[[1, 2],
        [3, 4]],

       [[5, 6],
        [7, 8]]])
```

```
a3.shape
```
```
(2, 2, 2)
```

3차원 배열의 첫 번째 축은 깊이입니다. **0**을 입력해서 검색하면 하나의 행렬인 **2차원** 배열을 반환합니다. **1**을 입력해서 검색하면 또 다른 **2차원** 배열을 반환합니다. 곧 3차원 배열의 원소는 **2차원** 배열이 순서대로 쌓인 구조라는 것을 알 수 있습니다.

```
a3[0]
```
```
array([[1, 2],
       [3, 4]])
```

```
a3[1]
```
```
array([[5, 6],
       [7, 8]])
```

3차원 배열도 **sum** 함수로 합산을 하면 모든 원소를 그대로 합산을 한 결과를 반환합니다.

3차원 배열부터는 하나의 축이 추가되어서 **0**번 축을 기준으로 계산하면 두 개의 행렬의 동일한 인덱스의 원소를 합산한 **2차원** 배열을 반환합니다. 3차원은 **0**번 축은 내부에 2차원 배열을 쌓은 형태의 축입니다.

3차원 배열의 1번 축은 2차원 배열의 0번 축이므로 내부에 있는 2차원 배열의 열들의 합산을 표시합니다. 2번 축으로 합산을 하면 2차원 배열의 1번 축이므로 두 배열의 행의 원소를 합산한 결과를 반환합니다.

```
np.sum(a3)
```
```
36
```

```
np.sum(a3, axis=0)
```
```
array([[ 6,  8],
       [10, 12]])
```

```
np.sum(a3, axis=1)
```
```
array([[ 4,  6],
       [12, 14]])
```

```
np.sum(a3, axis=2)
```
```
array([[ 3,  7],
       [11, 15]])
```

2.5
계산할 때 원소의 개수 일치하기

수학 선형대수의 벡터와 행렬을 사칙연산을 처리할 때 벡터와 행렬의 원소의 개수가 같아야합니다. 이는 동일한 형상 즉 차원을 유지해야 한다는 뜻입니다.

1차원 배열인 벡터간의 계산을 하려면 동일한 원소의 개수를 가져야합니다. 원소끼리 계산을 수행하므로 길이가 다르면 계산할 수 없는 원소에 대해 처리할 수 없습니다.

행렬일 경우는 원소의 개수가 다른 경우에도 계산이 가능할 수 있습니다. 동일한 행렬로 변환이 가능할 때 두 행렬의 형상을 맞추는 기능인 브로드캐스팅(broadcasting)이 처리됩니다. 이 기능이 실행되지 않는 경우는 원소의 개수를 일치할 수 없습니다.

예제 1 원소별로 연산하기

원소의 개수가 다른 1차원 배열을 만들어서 두 배열의 원소의 개수가 다른 경우 어떤 예외를 발생시키는지 알아봅니다.

2개의 원소를 가진 1차원 배열과 3개의 원소를 가진 1차원 배열 2개를 만듭니다. 이 두 배열의 형상은 **shape** 속성으로 확인할 수 있습니다. 1차원 배열이라 형상의 결과는 하나의 원소를 가진 튜플(tuple)입니다.

```
a = np.array([4,5])
```

```
a.shape
```
```
(2,)
```

```
b = np.array([3,4,6])
```

```
b.shape
```
```
(3,)
```

원소가 다른 두 배열을 더 하면 계산이 되지 않고 예외가 발생하며 원소의 개수가 서로 다르다는 메시지를 제공합니다.

1차원 배열도 서로 원소의 개수가 같을 때만 원소 별로 계산이 가능하고 동일한 축을 가져서 브로드 캐스팅이 발생하지 않습니다.

```
try :
    a+b
except Exception as e :
    print(e)
```
```
operands could not be broadcast together with shapes (2,) (3,)
```

2개의 원소를 가진 1차원 배열에 1개의 원소를 **append** 함수로 추가합니다. 이제 두 1차원 배열의 원소의 개수가 같아졌습니다. 이는 형상이 같아진 것입니다. 두 1차원 배열을 더하면 동일한 형상 즉 3개의 원소를 가진 1차원 배열로 결과를 표시합니다.

```
a = np.append(a,[6])
```

```
a.shape
```
```
(3,)
```

```
a + b
```
```
array([ 7,  9, 12])
```

2행 3열의 2차원 배열과 2개의 원소를 가지는 1차원 배열을 만듭니다. 브로드 캐스팅은 일단 차원이 다른 경우에 동일한 차원으로 만드는 일을 합니다. 브로드 캐스팅을 처리할 수 있는 규칙이 있어 해당되는 조건을 만족할 때만 자동으로 차원을 맞춥니다.

두 배열을 더하면 예외가 발생합니다. 즉 차원을 맞출 수가 없습니다. 2차원 배열의 1번 축이 원소가 3이므로 1차원 배열도 원소가 3일 경우에 브로드 캐스팅이 가능합니다.

```
a2 = np.array([[1,2,3],[3,4,5]])
```

```
b2 = np.array([1,2])
```

```
try :
    a2 + b2
except Exception as e :
    print(e)
```
```
operands could not be broadcast together with shapes (2,3) (2,)
```

위의 예외를 해결하기 위해 1차원 배열의 원소를 하나 더 추가합니다. 이제 두 배열의 행의 원소의 개수가 같아졌습니다. 두 배열을 더하면 1차원 배열의 행의 하나 더 만들어져서 2차원 배열로 바뀐 후에 더한 결과를 볼 수 있습니다.

```
b2 = np.append(b2,[3])
```

```
b2.shape
```
```
(3,)
```

```
a2 + b2
```
```
array([[2, 4, 6],
       [4, 6, 8]])
```

03 배열 할당과 검색

다차원 배열은 여러 원소를 축에 따라 나열해서 구성합니다. 특정한 원소를 검색하려면 인덱스 정보를 지정해서 조회합니다. 또한 원소도 변경이 가능해서 해당하는 원소의 인덱스 정보를 지정해서 갱신할 수 있습니다.

또한 다차원 배열은 많은 원소를 가지고 있어서 함수나 메소드를 처리할 때 기본 원본을 사용할 수도 있고 다른 사본을 만들어서 반환할 수도 있습니다. 다차원 배열을 처리할 때 어떤 때에 원본을 사용하고 새로운 사본을 만드는지 알아봅니다.

3.1

복사(copy) 와 뷰(view) 이해하기

다차원 배열은 여러 차원의 데이터를 빠르게 연산할 수 있도록 처리됩니다. 이때 배열을 빨리 처리하기 위해 원본을 공유한 뷰나 새로운 사본이 만들어집니다. 보통 원본과 다른 배열을 추가적으로 만들 때에는 새롭게 생성하는 함수를 사용하고 별도로 사본을 만들 때는 **copy** 메소드를 사용해야 합니다.

▶ 예제 1 배열을 변수에 할당하기

2행 2열의 다차원 배열을 생성하고 변수에 할당합니다. 배열 객체를 계속 사용하려면 변수에 할당해서 사용해야합니다.

```
a = np.array([[1,2],[3,4]])
```

```
a
```
```
array([[1, 2],
       [3, 4]])
```

배열의 할당된 변수를 다른 변수에 할당할 수도 있습니다. 두 변수는 동일한 배열을 참조합니다. 이런 방식으로 처리하는 것은 별칭(alias)를 만드는 것입니다. 동일한 배열을 두 개의 변수에서 참조해서 사용한다는 뜻입니다.

```
b = a
```

```
b
```
```
array([[1, 2],
       [3, 4]])
```

두 변수에 동일한 배열이 들어있는지 확인할 때는 **is** 예약어를 사용합니다. 하나의 **1**차원 배열의 레퍼런스를 두 개의 변수에 할당해서 동일한 객체라는 것을 알 수 있습니다.

이번에는 실제 다른 다차원 배열 객체를 만들지만 사용하는 데이터는 공유하는 구조인 뷰(view)를 알아봅니다.

다차원 배열은 다양한 차원의 많은 데이터를 처리하도록 설계가 되어있어 함수나 메소드를 처리한 후에 새로운 객체를 반환할 때 기존 데이터를 동일하게 사용하는 구조입니다. 이렇게 구성하는 이유는 다차원 배열의 원소를 메모리에 올려서 계산해서 새롭게 만든 객체에 다시 메모리를 할당하는 것보다 뷰 즉 메모리를 공유하는 것이 더 성능에 유리합니다. 동일한 데이터를 공유하는 다차원 배열의 속성은 base입니다. 뷰로 사용하면 이 base 속성에 메모리의 정보가 보관합니다.

이제 별칭(alias)와 뷰(view)이 처리를 알아봅니다. 별칭을 사용하는 것은 변수 이름만 다르지 동일한 다차원 배열을 가집니다. 두 변수의 레퍼런스를 **is** 예약어로 비교하면 **True**입니다. 별칭에서는 뷰를 만들지 않아서 **base** 속성에는 아무것도 없습니다. 그래서 이 속성과 원본 다차원 배열이 저장된 변수와의 레퍼런스 비교를 하면 **False**입니다.

```
a is b
```
```
True
```

```
a is b.base
```
```
False
```

별칭은 원본과 동일하므로 변수 b에 첫 번째 인덱스의 원소를 갱신하면 원본 다차원 배열의 레퍼런스를 가지고 있어서 원본 다차원 배열을 갱신합니다.

```
b[0] = 999
```

```
a
```
```
array([[999, 999],
       [  3,   4]])
```

```
b
```
```
array([[999, 999],
       [  3,   4]])
```

예제 2 다차원 배열의 원본을 메모리에 공유하기

5개의 원소를 가진 1차원 배열을 만듭니다. 먼저 새로운 배열의 사본을 이copy 메소드로 만듭니다.

원본 배열을 가지고 새로운 사본 배열을 copy 메소드로 만들어서 새로운 변수 e에 할당합니다. 새로운 배열이 만들어지면 뷰가 만들어진 것이 아니라서 base 속성에는 아무것도 없습니다.

```
f = np.array([4,5,6,7,8])
```

```
e = f.copy()
```

```
e.base is None
```
```
True
```

다차원 배열에서 부분 배열을 슬라이스검색으로 만듭니다. 슬라이스검색으로 만들어진 부분 배열은 원본 배열의 하나의 뷰를 제공합니다. 이 슬라이스로 만들어진 부분 배열을 새로운 변수 g에 할당합니다. 이 변수 g에 저장된 배열은 뷰 이므로 원본 배열의 정보를 base 속성에 있어 이를 조회하면 원본 배열을 출력합니다.

이 base 속성에 있는 레퍼런스와 원본 배열이 저장된 변수 f의 레퍼런스를 is 예약어로 비교하면 동일한 레퍼런스라서 True를 표시합니다.

```
g = f[:]
```

```
g.base
```

array([4, 5, 6, 7, 8])

```
g.base is f
```

True

뷰를 확인하는 다른 방법은 실제 사용하는 메모리에 대한 정보를 함수로 확인하는 것입니다. 넘파이 모듈에는 공유 메모리를 점검할 수 있는 함수 **may_share_memory**를 제공합니다. 인자로 두 개의 변수를 전달하면 동일한 데이터를 공유하는지 알 수 있습니다. 위의 두 변수를 인자로 전달한 결과를 확인하면 **True**가 나와 메모리가 공유되는 것을 알 수 있습니다.

```
np.may_share_memory(g,f)
```

True

동일한 데이터를 공유해서 뷰로 만들어진 배열을 갱신하면 원본을 그대로 변경합니다.

```
g[1] = 99999
```

```
g
```

array([4, 99999,   6,   7,   8])

```
f
```

array([4, 99999,   6,   7,   8])

뷰 배열을 직접 만들 수 있습니다. 이때는 **view** 메소드를 사용합니다. 하나의 배열의 뷰를 만들어서 새로운 변수 h에 할당합니다. 메모리 공유를 확인하면 위에서 처리한 슬라이스검색과 동일한 결과가 나오는 것을 알 수 있습니다. 뷰가 만들어지면 메모리에 올라간 데이터를 공유하므로 실제 메모리 사용이 많지 않을 것을 알 수 있습니다. 새로운 배열을 만들지 않고 처리가 필요한 경우는 **view** 메소드를 사용해서 새로운 객체를 만들지만 데이터는 공유하는 방식을 적절하게 사용하면 좋습니다.

```
h = f.view()
```

```
h
```
```
array([    4, 99999,       6,       7,       8])
```

```
h.base is f
```
True

```
np.may_share_memory(h,f)
```
True

다차원 배열을 만들어서 처리할 때 내부의 원소 등을 많이 변경할 필요가 있습니다. 이때는 항상 새로운 배열을 만드는 것이 좋습니다.

새로운 배열을 만드는 가장 간단한 방식은 array 함수에 copy 매개변수에 True로 지정해서 사용하는 것입니다. 이는 copy 메소드를 사용하는 것과 동일하게 항상 새로운 배열을 만듭니다.

새로운 배열이 만들어지면 이 배열의 데이터는 항상 메모리에 올라갑니다. 기존배열의 뷰가 아니므로 base 속성에 아무것도 저장하지 않습니다.

```
a = np.array([1,3,5,7])
```

```
b = np.array(a,copy=True)
```

```
b.base is None
```
True

```
c = np.array(a)
```

```
c.base is None
```
True

3.2 새로운 배열의 생성 여부 확인

앞에서 다차원 배열의 별칭, 뷰, 새로운 배열 복사 등을 알아봤습니다. 어떤 함수나 메소드로 연산한 결과가 뷰나 새로운 배열을 복사한 것을 제공하는지 이해해야 합니다.

예제 1 배열 생성과 변경

보통 함수를 사용할 경우는 대부분 새로운 배열 객체를 반환합니다. 가끔 다른 경우도 있으니 확인해서 사용하는 것이 좋습니다.

7개의 원소를 가지는 1차원 배열을 만들어서 변수 **aa**에 할당합니다. 함수 **sort** 로 이 함수의 내부의 원소들을 정렬하고 새로운 변수 **aa_c**에 할당합니다. 두 개의 결과가 동일하지만 실제 새로운 배열 객체가 만들어져 변수에 저장했습니다. 이 객체가 기존 객체와 다른 객체인지 base 속성을 사용해서 확인합니다. None 객체가 들어가 있어 새롭게 만들어진 객체라는 것을 알 수 있습니다.

```
aa = np.array([1,2,3,4,5,6,7])
```

```
aa_c = np.sort(aa, axis=0)
```

```
aa_c
```
```
array([1, 2, 3, 4, 5, 6, 7])
```

```
aa_c.base is None
```
```
True
```

변수 **aa**에 저장된 배열의 원소를 수정합니다. 이번에는 메소드를 사용해서 정렬합니다. 메소드는 기본으로 내부의 원소를 변경하고 내부의 원소를 변경하는 메소드는 아무것도 반환하지 않습니다.

배열을 정렬하는 **sort** 메소드를 실행하면 배열의 원소의 순서를 변경한 것을 알 수 있습니다.

```
aa[6] = 0
```

```
aa.sort()
```

```
aa
```

```
array([0, 1, 2, 3, 4, 5, 6])
```

검색과 슬라이싱 확장

프로그램 언어는 자료구조를 클래스로 만들어서 제공하거나 별도의 모듈에 자료구조의 클래스를 제공합니다. 객체 지향의 구조는 특정 클래스를 만들고 이 클래스를 상속을 받아서 특정 기능을 동일한 방식으로 처리할 수 있는 패턴을 제공합니다.

파이썬은 Sequence 추상 클래스를 제공해서 색인연산과 슬라이스 연산을 처리하는 기본 규칙을 제공합니다. 이 추상 클래스에서 하나의 원소를 검색할 때 정수 즉 인덱스 정보를 하나를 전달해서 검색합니다. 부분 집합을 만들어서 검색할 때는 슬라이스(slice) 객체를 만들어서 전달합니다.

넘파이 모듈의 다차원 배열은 더 다양한 차원을 구성합니다. 더 다양한 검색을 위해서 넘파이 모듈은 배열을 인자로 전달하여 검색하는 팬시 검색과 논리식 검색을 제공합니다. 다차원 배열에서는 4 가지의 방식을 혼합해서 원소를 검색할 수 있습니다. 이제 이런 검색 방식을 알아봅니다.

예제 1 검색과 슬라이싱

색인연산에서 정수와 슬라이스로 검색하거나 배열을 인자로 전달하는 경우를 스페셜 메소드 __getitem__를 사용합니다.

먼저 9개의 원소를 가지는 리스트를 하나 만듭니다. __getitem__ 메소드에 1를 전달해서 두 번째 위치에 있는 원소를 검색합니다.

```
l = list(range(1,10))
```

```
l
```

```
[1, 2, 3, 4, 5, 6, 7, 8, 9]
```

```
index = 1
```

```
l.__getitem__(index)
```
2

슬라이스검색은 slice 클래스를의 객체를 만들어서 인자로 전달합니다. 먼저 slice 클래스로 객체를 만들고 리스트의 부분 집합은 1과 2의 인덱스로 지정했습니다. 스페셜 메소드 __getitem__에 슬라이스 객체를 인자로 전달하면 2개의 원소를 가진 리스트를 반환합니다.

```
index = slice(1,3)
```

```
l.__getitem__(index)
```
[2, 3]

7개의 원소를 가진 리스트를 array 함수에 전달해서 1차원 배열을 만듭니다. 다차원 배열도 리스트처럼 색인연산을 스페셜 메소드 __getitem__으로 사용합니다. 다차원 배열의 두 번째 위치의 원소를 검색하려면 1을 인자로 전달합니다.

```
a = np.array([1,2,3,4,5,6,7])
```

```
index = 1
```

```
a.__getitem__(index)
```
2

슬라이스 객체를 인자로 전달하면 리스트의 슬라이스검색과 같은 것을 알 수 있습니다.

```
index = slice(1,3)
```

```
a.__getitem__(index)
```
```
array([2, 3])
```

이번에는 다차원 배열에서 색인연산을 처리할 때 배열을 인자로 전달해서 검색하는 방식을 알아봅니다.

인덱스에 하나의 정수를 가진 리스트를 만들고 이 리스트를 __getitem__에 인자로 검색을 수행합니다. 인덱스를 정수로 전달해서 조회하면 원소만 반환하지만 리스트가 전달된 경우는 원소가 하나지만 다차원 배열을 유지합니다. 이처럼 배열을 전달해서 색인연산을 실행하면 기존 형상을 유지한 배열을 반환합니다.

```
index = 1
```

```
a.__getitem__(index)
```
```
2
```

```
index=[1]
```

```
a.__getitem__(index)
```
```
array([2])
```

논리식 검색도 하나의 배열을 전달합니다. 팬시검색과의 차이점은 배열의 원소의 값이 bool 클래스의 객체인 True나 False입니다.

논리식 검색은 논리나 비교 연산 등을 실행한 결과인 다차원 배열입니다.

먼저 변수 a에 저장된 다차원 배열이 4보다 작은지 비교하면 논리값을 가진 배열을 반환하는 것을 알 수 있습니다. 이 논리식 배열을 스페셜 메소드 __getitem__ 인자로 전달하면 True인 원소만을 추출합니다. 이는 특정 조건에 맞는 원소만 필터링하는 결과와 같습니다.

```
index = a < 4
```

```
index
```
array([True, True, True, False, False, False, False])

```
a.__getitem__(index)
```
array([1, 2, 3])

색인연산을 할당연산인 = 를 좌측에 넣고 원소를 갱신할 수 있습니다. 이런 처리를 하는 스페셜 메소드는 __setitem__ 입니다. 논리식 검색을 통해 원소들도 갱신할 수 있습니다. 이때는 __setitem__ 메소드에 두 개의 인자를 전달해야 합니다. 두 개의 인자는 필터링 처리하는 논리식 배열과 변경된 값입니다.

3보다 작은 원소를 필터링하고 그 원소를 9080으로 변경하면 3개의 원소가 변환된 것을 알 수 있습니다.

```
index = a < 3
```

```
a.__setitem__(index , 9080)
```

```
a
```
array([9080, 9080, 9080,   4,   5,   6,   7])

CHAPTER 02

선형대수 기본 알아보기

넘파이 모듈은 수학의 선형대수(linear algebra)를 기반으로 만든 파이썬 모듈입니다. 먼저 선형대수의 개념인 벡터(Vector)와 행렬(Matrix)을 알아보고 이를 다차원 배열에서 어떻게 처리하는지 알아봅니다.

또한 넘파이 모듈은 데이터 분석이 기반이 되는 모듈입니다. 다차원 배열이 어떻게 선형대수와 매칭되는지 하나씩 알아봅니다.

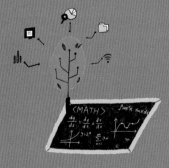

- 스칼라와 벡터 알아보기
- 행렬(Matrix)알아보기
- 행렬(Matrix)종류 알아보기

01 스칼라와 벡터 알아보기

벡터와 행렬은 특정 텐서(tensor)를 부르는 이름입니다. 텐서의 이름을 부여하는 원칙은 차원인 축 (axis)을 기준으로 지정한 것입니다. 그래서 텐서가 0 차원 즉 축이 없으면 스칼라(scalar), 1차원인 하나의 축을 가진 벡터(vector), 2차원인 2개의 축을 가진 행렬, 3차원인 3개의 차원을 가진 큐브 (cube) 또는 텐서 3차라고 부릅니다. 이보다 더 높은 차원은 별도의 이름이 없습니다. 차원이 높은 경우는 축의 개수인 차원을 기준으로 n 차원 텐서라고 부릅니다. 이런 텐서 기준의 차원과 명칭을 알아 두면 앞으로 머신러닝과 딥러닝 알고리즘을 공부할 때 이해가 쉽습니다.

다양한 차원으로 구성하는 텐서를 넘파이 모듈에서는 다차원 배열로 표시합니다. 이번 장에서는 텐서 0 차원인 스칼라와 텐서 1차원인 벡터에 대해 살펴봅니다.

1.1

스칼라(scalar) 이해하기

그동안 수학에서 배운 정수나 실수는 하나의 물리량인 크기를 표시합니다. 이 값을 스칼라 (scalar)라고 부릅니다. 스칼라의 값은 벡터, 텐서 등을 표시할 때 가장 기본적인 값으로 사용합니다.

파이썬이나 다차원 배열에서 스칼라를 표현할 때는 숫자형로만 표시해서 사용합니다.

예제1 스칼라 알아보기

넘파이 모듈에서 다차원 배열을 만드는 기본 함수는 **array**입니다. 이 함수에 숫자를 인자로 전달해서 스칼라를 만들 수 있습니다. 다차원 배열의 클래스를 확인하면 **ndarray** 클래스입니다.

다차원 배열에서 스칼라는 내부에 대괄호가 없이 숫자만 표시합니다. 대괄호는 차원에 맞춰서 추가되어 벡터 즉 **1차원 배열**부터 사용합니다.

```
a = np.array(43)
```

```
type(a)
```
numpy.ndarray

```
a
```
array(43)

다차원 배열의 차원(ndim)을 확인하면 **0**이고 형상(shape)을 확인하면 축(axis)가 없으므로 빈 튜플(tuple)입니다. 이는 스칼라가 차원과 형상이 없는 것을 의미합니다.

```
a.ndim
```
0

```
a.shape
```
()

모든 배열은 하나의 자료형으로 원소를 구성합니다. 스칼라를 다차원 배열로 만들어도 자료형(dtype)을 가집니다. **int32**인 정수입니다. 이 뜻은 **4**바이트 값으로 표시하는 정수를 의미합니다.

43이라는 정수와 같은 값인지 확인하면 동일한 정수이므로 True입니다.

```
a.dtype
```
dtype('int32')

```
a == 43
```
True

파이썬의 **int** 클래스로 정수 **43**을 인자로 넣어서 정수 객체를 만들어서 변수에 할당합니다. 이 클래스에 **ndim** 속성이 있는지 확인하면 예외를 발생합니다. 정수 클래스에는 차원을 나타내는 속성이 없습니다.

```
i = int(43)
```

```
try :
    i.ndim
except Exception as e :
    print(e)
```

'int' object has no attribute 'ndim'

1.2

벡터(Vector) 이해하기

우리가 다차원 배열을 공부하는 것은 수학의 선형대수를 넘파이 모듈의 다차원 배열로 표시하기 때문입니다. 파이썬에 리스트도 있지만 선형대수의 수치 계산을 위해서 별도의 모듈을 만들어서 제공하는 것입니다.

이제 벡터에 대해서 알아봅니다. 선형대수에서 벡터는 크기뿐만 아니라 방향까지 가진 하나의 수의 집합을 말합니다. 이를 넘파이 모듈의 다차원 배열에서는 1차원 배열로 만듭니다.

그림 2-1 벡터는 하나의 행을 가진 구조

그림 2-1을 보면 4개의 원소인 성분을 가집니다. 이 원소들이 위치를 표시하는 인덱스를 가집니다. 인덱스는 0부터 시작해서 3까지 지정합니다. 벡터는 1차원 배열로 표시하면 하나의 행으로만 구성됩니다.

예제 1 벡터 알아보기

간단하게 벡터를 알아보겠습니다. 넘파이 모듈의 **array** 함수에 **43**을 원소로 가진 리스트를 전달해서 1차원 배열을 만들어서 변수에 할당합니다. 이 변수에 있는 객체의 클래스를 **type**으로 확인하면 **ndarray** 클래스인 다차원 배열입니다.

이 변수를 확인하면 **array**안에 리스트로 **43** 정수를 가진 것을 확인할 수 있습니다.

```
v = np.array([43])
```

```
type(v)
```
numpy.ndarray

```
v
```
array([43])

1차원 배열인 벡터는 차원과 형상을 가집니다. 이 차원은 하나의 축(axis)입니다. 속성 **ndim**을 확인하면 **1**이라는 것을 표시합니다. 이는 형상인 **shape** 속성의 하나의 값을 가진 튜플이라는 것을 나타냅니다. 형상을 확인하기 위해 속성 **shape**을 조회하면 하나의 원소를 가진 튜플을 표시합니다. 실제 벡터를 만들 때는 두 개 이상의 원소를 가진 1차원 배열을 만듭니다. 보통 벡터는 평면의 좌표축에 **x**와 **y** 축을 가지는 점으로 표시하므로 **2**개의 원소가 필요합니다. 하지만 1차원 배열의 특징을 알아보기 위해 **1**개의 원소로 구성된 다차원 배열을 알아본 것입니다.

```
v.ndim
```
1

```
v.shape
```
(1,)

1.3

1차원 배열 전용 생성 함수

넘파이 모듈에 1차원 배열을 만드는 3개의 함수가 있습니다. 이를 가지고 벡터인 1차원 배열을 만들어봅니다.

예제 1 arange 함수로 벡터 생성하기

파이썬에서 범위를 표시하는 range 클래스가 있습니다. 이 클래스와 유사한 함수가 넘파이 모듈에서는 **arrange** 함수입니다.

이 함수도 3개의 인자를 받습니다. 시작점, 종료점, 간격을 인자로 전달할 수 있습니다. 종료점은 필수로 인자로 전달해야 1차원 배열을 만들 수 있습니다.

1차원 배열을 만들기 위해 10을 인자로 전달했습니다. 1차원 배열의 원소를 확인하면 **0**부터 시작해서 **9**까지 만들어집니다. 종료점 **10**은 포함되지 않습니다. 이 함수의 시작점이 초기 값은 **0**이고 간격은 **1**입니다. 그래서 **0**부터 **9**까지의 원소가 만들어진 것입니다. 하나의 배열은 동일 자료형을 가집니다. 원소를 만들 때 특별한 자료형을 지정하지 않으면 내부적으로 추론을 해서 **dtype** 속성을 만듭니다. 정수만 들어가서 내부에 **dtype(int32)**이나 **dtype(int64)**가 들어갑니다. 이런 자료형의 차이가 발생하는 이유는 **OS**기준으로 기본 자료형으로 추론하기 때문입니다.

```
v = np.arange(10)
```

```
v
```
```
array([0, 1, 2, 3, 4, 5, 6, 7, 8, 9])
```

```
v.dtype
```
```
dtype('int32')
```

이번에는 시작점, 종료점, 간격을 실수로 지정합니다. 종료점을 제외하고 **20**개의 원소가 만들어집니다. 실수로 들어가서 자료형은 **dtype(float64)**로 지정됩니다. 원소의 개수는 **size** 속성으로 확인합니다.

```
v1 = np.arange(10.5,20.5,0.5)
```

```
v1
```

```
array([10.5, 11. , 11.5, 12.,12.5, 13., 13.5, 14.,14.5, 15., 15.5,
       16. , 16.5, 17. , 17.5, 18. , 18.5, 19. , 19.5, 20.])
```

```
v1.dtype
```

```
dtype('float64')
```

```
v1.size
```

```
20
```

종료점에 **60**을 지정하면 **60** 개의 원소를 가진 **1**차원 배열이 만듭니다. 배열을 만들면서 바로 **reshape** 메소드로 **2**차원 배열로 형상을 변경할 수 있습니다. **2**차원 배열로 형상을 변경할 때도 **1**차원 배열의 원소의 개수가 동일해야 합니다.

형상의 숫자를 곱하면 전체 원소의 개수가 동일한 것을 알 수 있습니다.

```
v3 = np.arange(60).reshape(6,10)
```

```
v3.shape
```

```
(6, 10)
```

다시 **1**차원 배열을 만들어서 **reshape** 메소드에 **3**개의 정수 인자를 전달해서 **3**차원 배열로 변경합니다. 이 **shape** 속성을 확인해서 튜플이 원소를 곱하면 전체 원소의 개수와 동일합니다.

이처럼 다차원 배열을 만들어서 다양한 차원의 배열로 변경이 가능합니다. 항상 형상을 변경해도 전체의 원소는 동일한 상태를 유지합니다.

```
v4 = np.arange(60).reshape(3,4,5)
```

```
v4.shape
```

```
(3, 4, 5)
```

예제 2 linspace함수로 벡터 생성하기

범위를 가지고 1차원 배열을 만드는 **linspace** 함수가 있습니다. 앞에서 알아본 **arrange** 함수와 큰 차이점은 종료점도 포함해서 배열의 원소를 만듭니다. 또한 간격대신 원소의 개수를 세 번째 인자로 전달해야 합니다. 개수의 초기 값은 **50**이므로 지정하지 않으면 **50**개의 원소를 만듭니다.

위의 **arrange** 함수처럼 **10**개의 원소를 가진 1차원 배열을 만들려면 종료점을 포함해야 하므로 시작점을 1로 부여했습니다. 원소의 개수를 **10**으로 지정해서 1차원 배열을 만듭니다. 이 **linspace** 함수는 기본으로 실수를 가진 원소를 만들기 때문에 숫자 다음에 점을 표시해서 실수를 표시합니다. 이 배열의 자료형을 확인하면 **float64**입니다.

```
la = np.linspace(1,10,10)
```

```
la
```

```
array([ 1.,   2.,   3.,   4.,   5.,   6.,   7.,   8.,   9., 10.])
```

```
la.dtype
```

```
dtype('float64')
```

이 **linspace** 함수는 간격을 표시하는 증분(incremental)을 확인할 수 있는 매개변수 **retstep**가 있습니다. 이 매개변수에 **True**를 지정하면 1차원 배열과 증분을 표시하는 튜플로 반환합니다.

다차원 배열을 확인할 때는 튜플이 첫 번째 원소에 검색한 후에 **size** 속성으로 원소의 개수를 확인합니다.

```
la2 = np.linspace(1,2,10,retstep=True)
```

```
la2
```

```
(array([1. , 1.11111111, 1.22222222, 1.33333333, 1.44444444,
        1.55555556, 1.66666667, 1.77777778, 1.88888889, 2.]),
 0.1111111111111111)
```

```
la2[0].size
```

```
10
```

또한 종로 값을 제외하려면 매개변수 endpoint를 False 로 지정해서 제외시킬 수 있습니다. 원소의 개수가 10개이므로 1부터 9.1까지 10개의 원소를 가진 1차원 배열을 만듭니다. 원소들이 간격은 증분이 0.9라는 것을 알 수 있습니다.

```
la1 = np.linspace(1,10,10,endpoint=False, retstep=True)
```

```
la1
```

```
(array([1., 1.9, 2.8, 3.7, 4.6, 5.5, 6.4, 7.3, 8.2, 9.1]), 0.9)
```

예제 3 logspace함수로 벡터 생성하기

또 다른 1차원 배열을 생성하는 함수는 수학의 로그를 이용해서 배열의 원소를 만듭니다. 이 로그의 밑(base)은 보통 10입니다.

이 logspace 함수에 인자로 0 과 2를 넣고 원소의 개수를 4로 지정하면 log에 진수의 값을 원소로 하는 1차원 배열을 만듭니다. 지수 0을 표시하는 log의 진수는 1입니다. 지수 2을 표시하는 진수는 100입니다.

```
lo = np.logspace(0,2,4)
```

```
lo
```

```
array([  1.,   4.64158883,   21.5443469 ,   100. ])
```

이 logspace 함수로 만든 진수의 값이 맞는지 확인하기 위해 linspace 함수로 지수의 값을 배열로 만듭니다.

```
la2 = np.linspace(0,2,4)
```

```
la2
```

```
array([0., 0.66666667, 1.33333333, 2.])
```

진수를 구하기 위해 power 함수에 첫 번째 인자를 10으로 전달하고 이 배열의 값을 순환문을 통해 하나씩 인자로 전달합니다.

계산된 값과 logspace함수로 만든 배열의 원소를 비교하면 소수점 이하 자릿수에 약간의 차이점을 있는 것을 볼 수 있지만 동일한 값인 것을 알 수 있습니다.

```
for i in la2 :
    print(np.power(10,i))
```

```
1.0
4.641588833612778
21.544346900318832
100.0
```

벡터 크기 및 단위 벡터 구하기

선형대수의 벡터는 크기와 방향을 가집니다. 먼저 벡터의 크기를 알아봅니다. 벡터의 크기를 노름(norm)이라고 부릅니다. 어떻게 벡터의 크기를 계산하는지 알아봅니다. 또한 이 크기를 사용해서 단위 벡터(unit vector)를 계산해 봅니다.

피타고라스의 정리

먼저 벡터의 크기인 노름을 계산하기 전에 피타고라스 정리를 먼저 알아봅니다.

직각 삼각형에서 빗변의 길이를 구할 때 많이 사용하는 수학 산식이 피타고라스 정리입니다. 빗변은 밑변이 a, 높이가 b을 제곱하고 이를 더한 후에 제곱근으로 처리해서 빗변의 길이를 구합니다.

이 수식으로 정리하면 $a^2 + b^2 = c^2$ 입니다. 이 식에서 제곱을 없애면 빗변인 c를 구하는 수식은 $c = \sqrt{a^2 + b^2}$ 입니다.

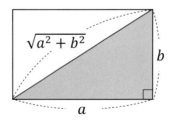

그림 2-2 피타고라스의 정리

파이썬 리스트의 구조

보통 벡터는 평면 좌표의 점을 표시하듯이 **2**개의 원소를 가진 것을 대표적으로 사용합니다. 벡터의 원소가 많아지면 좌표의 차원이 많아져서 벡터를 가지고 표현하는 것이 어렵습니다.

그림 **2-3**은 벡터를 방향과 크기를 가진 하나의 방향을 가진 선분으로 표시한 것입니다.

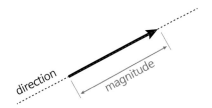

그림 2-3 벡터의 크기

이 벡터는 크기인 노름(norm)을 표시할 때는 절댓값 기호를 하나 또는 두 개를 사용해서 표시합니다. 이 크기를 계산하는 수식은 두 개의 원소를 제곱해서 더한 후에 제곱근으로 처리한 결과입니다. 위의 피타고라스 정리의 빗변을 구하는 공식과 동일합니다.

$$|\vec{a}| = \|\vec{a}\| = \sqrt{a_x^2 + a_y^2}$$

예제 1 벡터 크기 계산하기

두 개의 원소를 가지는 1차원 배열을 만듭니다. 1차원 배열이 벡터를 나타냅니다. 이 두 원소를 제곱(power) 하는 함수에 전달해서 값을 구하고 sum 함수에 전달해서 두 원소를 합산합니다. 다시 제곱근을 구하는 sqrt 함수에 인자로 전달해서 값을 구하면 5가 나옵니다. 이는 3의 제곱인 9와 4의 제곱인 16을 더하면 25입니다. 이 수는 5의 제곱이므로 제곱근으로 처리하면 5가 나옵니다.

```
v = np.arange(3,5)
```

```
v
```

```
array([3, 4])
```

```
v_p = np.power(v,2)
```

```
v_r = np.sqrt(np.sum(v_p))
```

```
v_r
```

```
5.0
```

피타고라스 정리를 구하는 **hypot** 함수에 벡터의 두 개의 원소를 각각 넣어서 구하면 **5**입니다. 위에서 계산한 벡터의 크기를 구한 결과와 같습니다.

```
np.hypot(v[0],v[1])
```

```
5.0
```

더 많은 원소를 가진 벡터를 가지고 크기를 구할 때는 **np.linalg** 모듈에 있는 **norm** 함수로 간단하게 계산합니다. 결과를 확인하면 **5**입니다.

```
np.linalg.norm(v)
```

```
5.0
```

단위 벡터(unit vector)

벡터의 크기 중에 항상 **1**인 경우가 있습니다. 이를 단위 벡터(unit vector)라고 합니다. 일반적으로 벡터는 단위벡터에 스칼라 값을 계산해서 표시할 수 있습니다.

예제 2 단위벡터 계산하기

표준 단위벡터(standard unit vector)는 위치는 원소 중에 하나가 **1**이고 나머지 원소가 **0**입니다. 표준 단위벡터의 표기는 e에 첨자를 부여해서 인덱스의 위치에 해당하는 원소만 **1**로 가집니다.

$$e_1 = (1,0,0,...,0), e_2 = (0,1,0,...,0),...,e_n = (0,0,0,...,),$$

이제 단위벡터를 1차원 배열로 만듭니다. 각각의 크기를 norm 함수로 계산하면 1이 나옵니다.

```
e1 = np.array([1,0,0])
```

```
np.linalg.norm(e1)
```

```
1.0
```

```
e2 = np.array([0,1,0])
```

```
np.linalg.norm(e2)
```

```
1.0
```

```
e3 = np.array([0,0,1])
```

```
np.linalg.norm(e3)
```

```
1.0
```

일반적인 단위벡터를 구할 때는 벡터의 정규화(normalize)인 벡터의 크기를 구하고 이를 벡터의 원소에 나눠서 구합니다.

먼저 1,2,3 원소를 가진 하나의 1차원 배열을 만듭니다. 이 배열의 크기를 구합니다.

```
v_3 = np.array([1,2,3])
```

```
v_3_n = np.linalg.norm(v_3)
```

```
v_3_n
```

```
3.7416573867739413
```

이 벡터에 벡터의 크기를 나눕니다. 이 벡터의 크기를 norm 함수 계산하면 1이 나옵니다. 이를 단위벡터라고 합니다.

```
v_3_u = v_3 / v_3_n
```

```
v_3_u
```

```
array([0.26726124, 0.53452248, 0.80178373])
```

```
np.linalg.norm(v_3_u)
```

```
1.0
```

벡터의 크기는 각 원소의 제곱이므로 이를 수식으로 표현하면 하나의 벡터를 닷연산으로 계산하고 이를 제곱근 **sqrt** 함수로 구한 값과 동일합니다.

이를 하나의 함수로 정의해서 단위벡터를 구합니다.

```
def normal(v) :
    return v / np.sqrt(np.dot(v,v))
```

4 개의 원소를 가지는 1차원 배열인 벡터를 만듭니다. 이 배열을 함수의 인자로 전달해서 단위벡터를 구합니다.

다시 단위벡터의 크기를 norm 함수로 구하면 소수점 이하의 오차로 1과 유사한 값이 나옵니다. 특정 자릿수를 반올림하기 위해 round 함수를 사용하면 반올림해서 **1**이 나옵니다.

```
v_4 = np.array([1,2,3,4])
```

```
v_4_u = normal(v_4)
```

```
v_4_u
```

```
array([0.18257419, 0.36514837, 0.54772256, 0.73029674])
```

```
np.linalg.norm(v_4_u)
```

```
0.9999999999999999
```

```
np.round(np.linalg.norm(v_4_u),10)
```

```
1.0
```

두 벡터 상등과 두 벡터간 거리 구하기

하나의 벡터의 크기를 구해봤습니다. 두 개의 벡터가 동일한 경우를 알아보고 두벡터가 좌표평면에 있을 때 두 벡터 간의 거리도 구해봅니다.

보통 벡터의 상등(equality)은 크기와 방향이 같을 경우를 말합니다. 크기는 같지만 방향이 다르면 상등이라고 볼 수 없습니다.

✎ 예제 1 두 벡터가 동일하다

동일한 원소를 가진 1차원 배열을 2개 만듭니다. 동일한 1차원 배열인지 확인하려면 **array_equal** 함수로 두 배열을 전달해서 확인합니다. 결과가 True이면 같은 배열입니다.

```
a = np.arange(3,5)
```

```
b = np.arange(3,5)
```

```
np.array_equal(a,b)
```
```
True
```

두 개의 배열인 벡터의 크기를 norm 함수로 구합니다. 크기가 동일한지 비교합니다.

```
a_1 = np.linalg.norm(a)
```

```
b_1 = np.linalg.norm(b)
```

```
a_1 == b_1
```
```
True
```

방향의 반대일 경우는 -1을 곱해서 방향을 바꿉니다. 크기는 같지만 방향이 반대라서 동일한 벡터가 아닙니다.

```
b_2 = -1* np.linalg.norm(b)
```

```
a_1 == b_2
```
False

두 벡디 거리 구하기

두 벡터의 거리는 두 벡터 간의 차를 계산한 후에 제곱을 합니다. 이 모든 것을 합산한 후에 제곱근을 처리합니다. 자세히 보면 피타고라스 정리와 동일합니다.

$$\|x - y\| = \sqrt{(x_1 - y_1)^2 + (x_2 - y_2)^2 + ... + (x_n - y_n)^2}$$

예제 2 두 벡터의 거리 구하기

두 개의 벡터인 1차원 배열을 만듭니다. 이 벡터의 원소는 3개로 구성됩니다. 두 벡터 간의 거리는 두 벡터의 차를 제곱하고 이를 합산해서 제곱근으로 계산합니다. 이를 간단하게 계산하려면 norm 함수에 두 벡터의 차를 인자로 전달합니다. 두 개의 결과가 동일한 것을 알 수 있습니다.

```
c = np.arange(10,13)
```

```
d = np.arange(0,3)
```

```
np.sqrt(np.sum(np.square(c-d)))
```
17.320508075688775

```
np.linalg.norm(c-d)
```
17.320508075688775

02 행렬(Matrix)알아보기

벡터는 하나의 차원이 축을 가져서 1차원 배열로 표시했습니다. 행렬은 두 개의 축인 차원을 가집니다. 이 차원의 수평 방향을 행(row)이라고 합니다. 수직 방향을 열(column)이라고 합니다.

이 두 축에 행과 열의 인덱스에 위치에 원소를 나열해서 표시합니다. 보통 선행대수는 대괄호 내에 행과 열의 인덱스 위치에 숫자를 나열해서 표시합니다. 이 행렬을 부를 때는 보통 m 개 행, n 개 열로 이루어져서 m × n 행렬이라고 합니다.

2.1
행렬(Matrix)이해하기

수학적인 행렬의 표기법은 대괄호 안에 숫자를 나열합니다. 그림 **2-4**은 숫자를 **3**개의 행과 **2**개의 열로 구성한 **3** × **2**행렬입니다. 또한 **2**행과 **3**열로 구성하면 **2** × **3**행렬이 됩니다.

$$\begin{pmatrix} 1 & 4 \\ 2 & 5 \\ 3 & 6 \end{pmatrix} \implies 3 \times 2\,(3 \text{ by } 2)\ \text{행렬}$$

$$\begin{pmatrix} 1 & 2 & 3 \\ 4 & 5 & 6 \end{pmatrix} \implies 2 \times 3\,(2 \text{ by } 3)\ \text{행렬}$$

그림 2-4 3 × 2행렬과 2 × 3행렬 표시 예

넘파이 모듈의 다차원 배열에서 행렬을 표시 할 때는 인덱스가 **0**부터 표시됩니다. 그림 **2-5**처럼 **3**행 **3**열을 구성하면 행의 인덱스가 **0**부터 **2**이고 열의 인덱스도 **0**부터 **2**입니다. 행과 열의 인덱스를 순서쌍으로 구성한 곳에 숫자들이 들어갑니다.

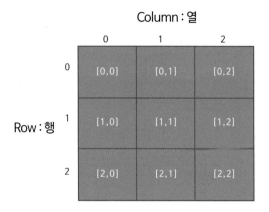

그림 2-5 행렬(Matrix)의 인덱스 구조

예제 1 행렬 알아보기

2행 1열로 구성된 리스트를 array 함수에 인자로 전달해서 하나의 2차원 배열을 만듭니다. 이 배열을 type 클래스로 확인하면 ndarray 클래스라는 것을 알 수 있습니다.

만들어진 배열을 확인하면 2행 1열로 구성된 배열인 것을 알 수 있습니다.

```
A   = np.array([[43],[44]])
```

```
type(A)
```
```
numpy.ndarray
```

```
A
```
```
array([[43],
       [44]])
```

이 A 변수에 저장된 것도 하나의 배열이므로 하나의 자료형을 가집니다. 속성 dtype으로 자료형을 확인할 수 있습니다. 이 배열의 차원을 ndim으로 확인하면 2차원입니다. 형상인 shape도 2개의 원소를 가진 튜플로 표시합니다.

이 형상의 튜플이 첫 번째 원소는 행을 표시하고 두 번째 원소는 열을 나타냅니다. 그래서 이 행렬을 부를 때는 2 × 1행렬입니다.

```
A.dtype
```

```
dtype('int32')
```

```
A.ndim
```

```
2
```

```
A.shape
```

```
 (2, 1)
```

다차원 배열의 원소의 값을 동일하게 처리할 때는 **full** 함수를 사용합니다. 이 함수에 인자로는 형상(shape), 채워질 값, 자료형(dtype)을 지정해야 합니다.

먼저 **shape**이라는 변수에 **3,4** 두 개의 원소가 들어간 튜플을 지정하고 변수 **dtype**에는 **int64**할당합니다. 이를 **full** 함수에 인자로 전달해서 하나의 2차원 배열을 만듭니다.

이 배열을 확인하면 **3**행 **4**열의 행렬이면서 모든 원소는 동일한 **7**입니다.

```
shape = (3,4)
```

```
dtype = np.int64
```

```
B = np.full(shape,7, dtype)
```

```
B
```

```
array([[7, 7, 7, 7],
       [7, 7, 7, 7],
       [7, 7, 7, 7]], dtype=int64)
```

행렬의 랭크 이해하기

행렬은 두 개의 차원을 구성해서 행과 열로 구성합니다. 행렬은 잘 보면 행을 기준으로 벡터를 쌓거나 열로 벡터가 쌓아서 만들어지는 구조입니다. 이 행렬 내의 벡터를 조합해서 다른 벡터를 만들 수 있는 경우를 제외한 벡터들의 수를 구하는 것을 행렬의 랭크(matrix rank)라고 합니다.

이 행렬의 랭크를 구하는 기준을 다른 방식으로 알아보면 행렬을 구성하는 행과 열벡터에서 다른 벡터의 조합으로 만들 수 없는 유일한 벡터 즉 선형독립(linearly independent)인 벡터인지 확인하는 것입니다. 여러 벡터로 조합해서 만들 수 있는 것을 선형종속(linearly dependent)인 벡터라고 합니다. 행렬의 랭크는 전체 벡터의 개수에서 선형 종속된 벡터의 개수를 빼면 행렬의 랭크 개수가 나옵니다. 행렬의 랭크를 어떻게 구하는지 알아봅니다.

랭크 알아보기

행렬은 행과 열이 동일한 정사각형을 구성할 수도 있지만 행과 열의 개수가 다른 직사각형으로 구성할 수도 있습니다. 보통 정사각형일 때는 최대 랭크는 행이나 열의 개수가 됩니다. 하지만 직사각형일 경우는 m × n 행렬에서 m〉n 일 때 행렬의 랭크는 n 보다 클 수 없습니다. 직사각형인 경우는 하나의 벡터는 나머지 벡터로 조합할 수 있는 선형종속이 벡터로 구성되기 때문입니다.

$$r(A) \leq min(m, n)$$

📐 예제 1 랭크 알아보기

행렬의 랭크는 행렬 내부에 벡터들이 서로 조합해서 구성할 수 없는 벡터의 개수를 의미합니다.

먼저 1차원 배열을 만듭니다. 하나의 벡터이므로 무조건 선형 독립입니다. 그래서 `matrix_rank` 함수에 인자로 전달하면 1입니다.

모든 원소가 0일 경우는 영벡터(zero verctor)를 구성해서 랭크는 0 입니다.

```
v1 =  np.array([1,2,3,4])
```

```
np.linalg.matrix_rank(v1)
```

1

이번에는 2 × 3행렬을 만듭니다. 이 행렬은 2행 3열이므로 최대 랭크의 수는 수식에 따라 2보다 작거나 같아야 합니다. 이 배열을 matrix_rank 함수에 전달하면 랭크는 1입니다.

이 배열의 두 개의 행을 보면 첫 번째 행에 2를 곱하면 두 번째 행이 만들어집니다. 그래서 두 번째 행은 선형종속이라서 선형독립인 하나의 행만 있는 것을 알 수 있습니다.

```
c = np.array([[1,2,4],[2,4,8]])
```

```
c
```

```
array([[1, 2, 4],
       [2, 4, 8]])
```

```
np.linalg.matrix_rank(c)
```

1

이번에는 [3,4,5] 행을 하나 추가해서 3 × 3 정사각행렬을 만듭니다. 세 개의 행과 열이 있어서 최대의 랭크는 3입니다.

이 배열을 matrix_rank에 인자로 전달하면 2입니다. 앞에서도 확인했지만 첫 번째 행으로 두 번째 행을 만들 수 있어서 실제 이 행렬에 선형 독립된 벡터는 2개만 있습니다.

```
c1 = np.array([[1,2,4],[2,4,8],[3,4,5]])
```

```
np.linalg.matrix_rank(c1)
```

2

가장 간단한 방식으로 행렬의 벡터들이 선형독립 유무를 확인할 수 있습니다. 이 방식은 이 행렬의 행렬식을 구해서 0인지 확인하는 것입니다.

먼저 위의 배열을 행렬식을 구하는 넘파이 모듈의 np.linalg.det 함수에 인자로 전달합니

다. 행렬식이 **0**이 나와서 내부의 벡터들이 전부 선형독립이 아니라는 것을 알 수 있습니다. 첫 번째 행에 **2**를 곱해서 두 번째 행을 빼면 **0** 벡터가 됩니다. 이는 두 번째 행의 선형종속이라는 것을 알 수 있습니다.

```
np.linalg.det(c1)
```

0.0

```
c1[0] *2 - c1[1]
```

array([0, 0, 0])

이번에는 또 다른 **3 × 3** 정사각행렬을 만듭니다. 선형독립은 최대 **3**개까지 가능합니다. 랭크를 확인하면 **3**입니다. 내부에 구성된 모든 벡터가 선형 독립입니다.

```
c2 = np.array([[1,3,4],[1,8,5],[2,3,4]])
```

```
np.linalg.matrix_rank(c2)
```

3

이 행렬을 가지고 **det** 함수에서 행렬식을 구하면 음수이지만 **0**이 아닙니다. 곧 모든 벡터를 조합해서 다른 벡터를 만들 수 없다는 뜻입니다. 또한 행렬을 전치해서 랭크를 조회해도 **3**입니다. 모든 벡터는 전치해도 선형독립이라는 것을 알 수 있습니다.

```
np.linalg.det(c2)
```

-17.0

```
np.linalg.matrix_rank(c2.T)
```

3

이번에는 행렬을 만들 때 전부 **0**을 원소로 가지는 벡터를 구성했습니다. 이 행렬의 랭크를 확인하면 **2**입니다. **0**으로 구성된 벡터는 다른 벡터에서 **0**을 곱하면 만들 수 있는 벡터라서 선형 종속입니다.

이 행렬을 가지고 행렬식을 구하면 **0**이라서 최댓값보다 하나 작은 랭크가 나온 것을 알 수 있습니다.

```
c3 = np.array([[1,2,3],[4,5,6],[0,0,0]])
```

```
c3
```

```
array([[1, 2, 3],
       [4, 5, 6],
       [0, 0, 0]])
```

```
np.linalg.matrix_rank(c3)
```

```
2
```

```
np.linalg.det(c3)
```

```
0.0
```

2.3

축(Axis) 이해하기

텐서(Tensor)는 다양한 차원을 가지는 벡터와 행렬의 추상적인 명칭입니다. 앞에서 텐서에 차원을 붙여서 이름을 불렀습니다. 선형대수에서는 그 중에 벡터와 행렬을 별도의 명칭으로 붙여서 사용했습니다.

벡터와 행렬도 텐서의 차원으로 확인하면 1차원 또는 2차원입니다. 이런 차원을 다른 표현으로는 축(axis)이라고 합니다. 어떻게 원소들이 축에 따라 배치되었는지 알아봅시다.

1차원 축 이해하기

1차원 배열은 1개축에 원소들이 나열됩니다. 하나의 축만 있어서 0번 축만 구성됩니다. 축의 번호도 0부터 시작해서 만들어집니다.

예제 1 배열 축 알아보기

하나의 1차원 배열을 arange 함수로 만듭니다. 이 함수의 첫 번째 인자는 시작 값이고 두 번째 인자는 종료 값입니다. 원소를 만들 때 종료 값은 원소에 포함되지 않아 9까지만 만들어집니다.

이 배열을 합을 구하기 위해서 sum 메소드와 sum 함수를 통해 전체 원소들의 합을 계산합니다.

```
a = np.arange(1,10)
```

```
a.sum()
```
45

```
np.sum(a)
```
45

이번에는 매개변수에 축의 정보를 0으로 전달합니다. 1차원 배열인 벡터는 0번 축만 있어 전달하지 않은 것과 동일한 값을 반환합니다.

```
a.sum(axis=0)
```
45

```
np.sum(a,axis=0)
```
45

축을 계산하려면 두 개의 축을 가지는 행렬이 필요합니다. 이제 2차원 배열을 만들어서 행렬을 만듭니다. 이 배열의 모든 원소를 sum 메소드로 계산하면 원소들의 값을 전부 합산한 결과를 반환합니다.

```
A = np.array([[2,3],[4,5]])
```

```
A.sum()
```
14

2차원 배열인 행렬은 0과 1인 두 개의 축을 가집니다. 먼저 0번 축인 수직 축을 기준으로 원소를 계산해봅니다.

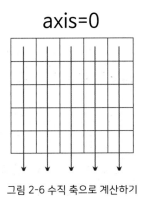

그림 2-6 수직 축으로 계산하기

계산된 결과를 확인하면 두 개의 열벡터를 합산한 1차원 배열로 표시합니다.

```
A.sum(axis=0)
```

```
array([6, 8])
```

수평축인 1번 기준으로 처리하면 수평축인 행을 기준으로 계산을 합니다.

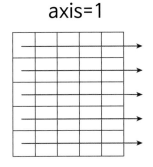

그림 2-7 수평축으로 계산하기

이번에도 하나의 차원이 줄어 1차원 배열로 결괏값을 나타냅니다.

```
A.sum(axis=1)
```

```
array([5, 9])
```

3차원 배열인 경우는 축이 3개가 있습니다. 2차원 배열이 이 **0**번 축인 깊이를 기준으로 누적된 구조입니다. **1**번 축과 **2**번 축은 실제 **2**차원 배열인 행렬입니다. 이 행렬이 **0**번 축을 기준으로 쌓인 것이 **3**차원입니다.

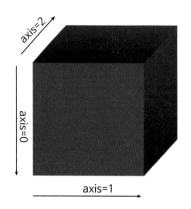

그림 2- 8 3개의 축을 이해하기

하나의 **3**차원 배열을 만듭니다. 이 배열의 **1**번과 **2**번 축의 값을 확인하면 **2**행 **2**열입니다. 깊이가 **2**이라 **2**개의 행렬이 쌓인 것을 알 수 있습니다.

```
C = np.array([[[1,2],[3,4]],
              [[5,6],[7,8]]])
```

```
C.ndim
```
3

```
C.shape
```
(2, 2, 2)

3차원 배열의 **0**번 축을 기준으로 인덱스 검색을 하면 두 개의 **2**차원 배열을 조회할 수 있습니다.

```
C[0]
```

```
array([[1, 2],
       [3, 4]])
```

```
C[1]
```

```
array([[5, 6],
       [7, 8]])
```

0번 축을 기준으로 계산을 하면 두 행렬의 동일한 위치의 원소를 계산하라는 뜻입니다. 동일한 인덱스를 가지는 **1**은 **5**, **2**는 **6**, **3** 은 **7**, **4**는 **8** 과 합산됩니다.

```
C.sum(axis=0)
```

```
array([[ 6,  8],
       [10, 12]])
```

이번에는 **1**번 축으로 계산하면 행렬 내의 수직 방향으로 계산을 합니다. 첫 번째 행렬의 **1**과 **3**, **2**와 **4**, 두 번째 행렬의 **5**와 **7**, **6**과 **8**이 계산됩니다.

```
C.sum(axis=1)
```

```
array([[ 4,  6],
       [12, 14]])
```

마지막으로 **2**번 축은 행렬의 수평방향으로 계산합니다. 첫 번째 행렬 내의 **1**과 **2**, **3**과**4**가 계산되고 두 번째 행렬 내의 **5**와 **6**, **7**과 **8**이 계산됩니다.

```
C.sum(axis=2)
```

```
array([[ 3,  7],
       [11, 15]])
```

축을 변환 및 이동하기

배열이 만들어지면 차원에 따라 축이 확정됩니다. 이 축을 변환하거나 이동하면 다른 형태의 배열을 만듭니다. 어떻게 축을 이동시키는지 알아봅니다.

 예제 2 배열 축 변환 알아보기

1차원 배열을 만들기 위해 **arange** 함수의 인자로 **3 * 4 * 2** 로 전달하면 실제 이 정수들이 곱한 결과인 **24**가 전달됩니다.

```
t = np.arange(3*4*2)
```

```
t
```

```
array([ 0,  1,  2,  3,  4,  5,  6,  7,  8,  9, 10, 11, 12,
       13, 14, 15, 16, 17, 18, 19, 20, 21, 22, 23])
```

1차원 배열을 reshape 함수로 3차원 배열로 변환합니다. 3차원 배열은 **0**번 축을 기준으로 **2**차원 배열이 쌓인 구조입니다. **4**행 **2**열이 2차원 배열이 **3**개가 쌓여서 구성한 것을 확인할 수 있습니다.

```
t1 = np.reshape(t,(3,4,2))
```

```
t1
```

```
array([[[ 0,  1],
        [ 2,  3],
        [ 4,  5],
        [ 6,  7]],

       [[ 8,  9],
        [10, 11],
        [12, 13],
        [14, 15]],

       [[16, 17],
        [18, 19],
        [20, 21],
        [22, 23]]])
```

3차원 배열을 가지고 축을 변경할 수 있습니다. 이때는 **transpose** 함수에 변경되는 3개의 축의 위치를 지정합니다.

먼저 **0**번 축은 그대로 두고 **1**번과 **2**번 축을 변경합니다. 이 배열의 형상을 확인하면 **2**행 **4**열의 배열이 **3**개가 쌓인 구조로 변경됩니다. 실제 배열을 확인해도 **2**행 **4**열의 배열이 나란히 쌓인 것을 볼 수 있습니다.

```
t1.shape
```
```
(3, 4, 2)
```
```
t2 = t1.transpose(0,2,1)
```
```
t2.shape
```
```
(3, 2, 4)
```
```
t2
```
```
array([[[ 0,  2,  4,  6],
        [ 1,  3,  5,  7]],

       [[ 8, 10, 12, 14],
        [ 9, 11, 13, 15]],

       [[16, 18, 20, 22],
        [17, 19, 21, 23]]])
```

이번에는 배열의 모든 원소가 **1**로 구성할 때는 **ones** 함수를 사용해서 4차원 배열을 만듭니다. 인자로 **4**개의 원소를 가진 튜플을 인자로 전달합니다.

4차원 배열을 구성하는 기준을 보면 **0**번 축을 기준으로 3차원 배열이 쌓입니다. 형상에 **0**번 축이 **3**이므로 실제 3차원 배열이 **0**번 축을 기준으로 **3**개가 쌓였다는 것을 말합니다.

이번에는 **rollaxis** 함수를 사용해서 축을 변경합니다. **3**번 축을 한 칸 이동하면 마지막 축이 첫 번째 축으로 이동합니다.

```
ra = np.ones((3,4,5,3))
```

```
ra.shape
```
```
(3, 4, 5, 3)
```

```
ra.shape[3]
```
```
3
```

```
np.rollaxis(ra, 3, 1).shape
```
```
(3, 3, 4, 5)
```

하나의 행과 3열을 가진 배열을 만듭니다. 이를 전치 속성인 T로 배열을 확인하면 3행 1열로 변경된 것을 볼 수 있습니다. 축을 교환하는 함수 swapaxes에 배열과 교환된 축을 지정하면 전치행렬이 만들어지는 것을 볼 수 있습니다.

```
x = np.array([[1,2,3]])
```

```
x.T
```
```
array([[1],
       [2],
       [3]])
```

```
np.swapaxes(x,0,1)
```
```
array([[1],
       [2],
       [3]])
```

위에 만들어진 4차원 배열을 사용해서 1번 축과 2번 축을 swapaxes 함수로 교환하면 4와 5의 값이 교환된 것을 알 수 있습니다.

```
ra.shape
```
```
(3, 4, 5, 3)
```

```
ra21 = np.swapaxes(ra, 2,1)
```

```
ra21.shape
```
```
(3, 5, 4, 3)
```

2.4

배열 확장 및 축소하기

2차원 배열은 축(axis)을 기준으로 벡터인 1차원 배열이 쌓인 것이고 3차원 배열은 0번 축을 기준으로 2차원 배열이 쌓인 구조입니다. 이처럼 축을 기준으로 다차원 배열을 추가해서 확장하거나 축소가 가능합니다.

수직축이나 수평축만 확장 및 축소하기

1차원 배열을 가지고 축을 확장할 수도 있습니다. 원소는 그대로 있고 차원이 추가되거나 줄어드는 경우를 알아봅니다.

예제 1 배열 확장 및 축소하기

두개의 원소를 가진 1차원 배열을 만듭니다.

```
x = np.array([1,2])
```

```
x
```

```
array([1, 2])
```

이 배열의 축을 추가하기 위해 expand_dims 함수에 배열을 넣고 axis=1을 지정해서 배열을 변경합니다.

만들어진 배열을 보면 1차원 배열의 열의 축을 추가해서 열벡터인 2행 1열의 배열로 변환된 것을 볼 수 있습니다.

```
y = np.expand_dims(x, axis=1)
```

```
y
```

```
array([[1],
       [2]])
```

이번에는 expand_dims 함수에 축을 0을 전달해서 1차원 배열을 변경합니다. 1행 2열이 2차원 배열이 만들어진 것을 알 수 있습니다.

1차원 배열에 축만 추가하면 차원이 확대되지만 실제 원소의 개수는 그대로 유지합니다.

```
z = np.expand_dims(x, axis=0)
```

```
z
```

```
array([[1, 2]])
```

2차원을 1차원으로 축소하기

다차원 배열을 1차원 배열로 쉽게 변경할 수 있습니다.

예제 2 차원 배열로 데이터를 보기

3행 3열의 2차원 배열을 하나 만듭니다.

```
x = np.array([[1,4,5],[4,5,6],[7,8,9]])
```

```
x
```

```
array([[1, 4, 5],
       [4, 5, 6],
       [7, 8, 9]])
```

이 배열을 가지고 flatten 과 ravel 메소드를 실행하면 1차원 배열을 반환합니다. 이중에 ravel 메소드는 원본 배열의 뷰를 제공해서 실제 원본 배열과 동일합니다. flatten메소드는 새로운 배열을 만들어서 반환하므로 원본 배열의 사본을 만듭니다.

```
x.flatten()
```
array([1, 4, 5, 4, 5, 6, 7, 8, 9])

```
x.ravel()
```
array([1, 4, 5, 4, 5, 6, 7, 8, 9])

두 함수가 만든 배열의 원본 배열의 메모리를 공유하는지 may_share_memory 함수로 확인하면 뷰를 만드는 ravel메소드만 True라 동일한 데이터를 공유하는 것을 알 수 있습니다.

```
np.may_share_memory(x.flatten(),x)
```
False

```
np.may_share_memory(x.ravel(),x)
```
True

03 행렬(Matrix)종류 알아보기

선형대수는 여러 종류의 행렬로 구성되어 있습니다.

어떤 행렬들이 있는지 알아봅니다.

3.1

정사각행렬 이해하기: Square Matrix

일반적으로 동일한 수의 행과 열을 갖도록 행렬을 만들 수 있습니다. 이 행렬은 동일한 행과 열을 가져서 n x n 행렬인 행렬을 구성합니다. 이를 정사각행렬 또는 정사각행렬(Square Matrix)이라 합니다.

실제 행과 열이 동일한 구성이므로 이 행렬의 차수(order)가 n개이면 n인 정사각행렬 또는 n차 정사각행렬이라고 부릅니다. 보통 정사각행렬은 아래의 그림처럼 표시됩니다.

$$\begin{bmatrix} a_{11} & \cdots & a_{1n} \\ \vdots & \ddots & \vdots \\ a_{n1} & \cdots & a_{nn} \end{bmatrix}$$

행렬의 궤적: Trace

여러 행렬 중에 정사각행렬은 가장 일반적인 행렬입니다. 먼저 이 행렬의 행과 열의 동일한 인덱스에 있는 원소들은 확인하면 대각선상에 위치합니다. 이 대각선상의 원소들의 가지고 합을 구할 수 있습니다. 이 대각선의 합을 이 행렬의 궤적(trace)라고 부릅니다.

이런 대각선이 중요한 이유는 정사각행렬의 행과 열의 축을 변경하는 전치를 사용해도 이 대각선의 원소는 변하지 않아 이 궤적의 합이 항상 동일하기 때문입니다.

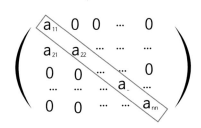

그림 2-9 대각선은 행과 열의 인덱스가 동일

예제 1 행렬의 궤적 알아보기

3행 3열의 배열을 하나 만듭니다. 이 행렬의 shape속성으로 형상을 확인하면 2개의 원소를 가지는 튜플로 출력합니다. 튜플이 원소가 3이므로 행과 열이 같은 것을 알 수 있습니다.

```
a = np.array([[1,2,3],[4,5,6],[7,8,8]])
```

```
a
```
```
array([[1, 2, 3],
       [4, 5, 6],
       [7, 8, 8]])
```

```
a.shape
```
```
(3, 3)
```

대각선의 합인 행렬의 궤적을 trace 함수나 메소드를 사용해서 계산합니다.

```
np.trace(a)
```
```
14
```

```
a.trace()
```
```
14
```

대각행렬 정의 Diagonal Matrix

정사각행렬일 때 대각선의 원소를 제외한 모든 원소가 0으로 구성할 수 있습니다. 이런 행렬을 대각행렬이라 합니다. 이 행렬을 수식으로 표현하면 A=(aij)(i, j=1, 2, 3..., n) 일 경우에만 값이 들어오고 대각선 이외의 원소는 a_{ij}=0(i≠j) 모든 0인 행렬입니다.

두 개의 대각행렬일 때는 교환 법칙을 통해 닷 연산(dot product)을 계산할 수 있습니다.

$$AB = BA = \begin{bmatrix} a_1b_1 & 0 & \cdots & 0 \\ 0 & a_2b_2 & \cdots & \vdots \\ \vdots & \vdots & \ddots & \vdots \\ 0 & \cdots & \cdots & a_nb_n \end{bmatrix}$$

(A B는 각각 대각행렬)

그림 2-10 두 대각행렬의 계산은 교환법칙이 가능

예제 2 대각행렬을 알아보기

리스트 내에 리스트를 내포할 때 첫 번째 리스트는 첫 번째 자리에 원소만 0이 아닙니다. 두 번째 리스트는 2번째 원소만 0이 아닙니다. 세 번째 원소는 마지막 원소만 0이 아닙니다. 이런 배열을 인자로 전달하면 3행 3열의 정사각행렬이 만들어지고 이 행렬에는 대각선 원소만 있습니다.

```
b = np.array([[1,0,0],[0,3,0],[0,0,5]])
```

```
b
```

```
array([[1, 0, 0],
       [0, 3, 0],
       [0, 0, 5]])
```

대각행렬의 원소만 추출을 할 때는 **diagonal** 함수나 메소드를 사용합니다. 대각선 원소는 1차원 배열로 결과를 반환합니다.

```
b.diagonal()
```

array([1, 3, 5])

```
np.diagonal(b)
```

array([1, 3, 5])

대각행렬의 위치 참조하기: diag

대각행렬은 행과 열의 인덱스가 같을 때 대각선의 원소에 값을 넣어서 만듭니다. 이 대각
선을 주 대각선이라고 합니다. 이번에는 주 대각선 이외에도 원소를 넣어서 대각행렬을 만
들어봅니다. 주 대각선이외의 대각선은 주 대각선을 기준 0으로 하고 상위는 양수로, 하위
는 음수로 표시합니다.

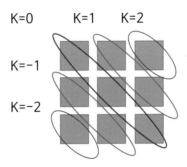

그림 2-11 대각선의 위치 번호 알아보기

예제 3 대각행렬을 만들기

대각행렬은 **diag** 함수로 만들 수 있습니다. 인자로 1차원 배열로 전달합니다. 이 원소들을
대각선에 위치시킵니다. 행렬의 나머지는 0입니다.

```
c = np.diag(np.arange(1,4))
```

```
c
```

```
array([[1, 0, 0],
       [0, 2, 0],
       [0, 0, 3]])
```

주 대각선은 k=0이므로 함수의 인자로 전달하지 않습니다. 주 대각선보다 하나 위에 대각선을 구성하도록 대각행렬을 만들어봅니다. 3개의 원소를 가진 1차원 배열과 k=1을 인자로 전달한 원소의 크기에 맞춰서 4행 4열의 정사각행렬이면서 주 대각선의 바로 위에 원소가 들어간 대각행렬입니다.

```
d = np.diag(np.arange(1,4),k=1)
```

```
d
```

```
array([[0, 1, 0, 0],
       [0, 0, 2, 0],
       [0, 0, 0, 3],
       [0, 0, 0, 0]])
```

이번에는 주 대각선 바로 밑에 대각선에 원소가 들어간 대각행렬을 만듭니다. 이때는 매개변수 k에 -1을 인자로 전달합니다.

```
e = np.diag(np.arange(1,4),k=-1)
```

```
e
```

```
array([[0, 0, 0, 0],
       [1, 0, 0, 0],
       [0, 2, 0, 0],
       [0, 0, 3, 0]])
```

특정 행렬에 대각선 원소만 추출할 때도 **diag** 함수를 사용합니다. 이때는 인자로 2차원 배열인 행렬을 넣습니다. 이 함수는 **diagonal** 함수와 동일한 처리를 합니다.

```
f = np.diag([[1,2],[3,4]])
```

```
f
```
```
array([1, 4])
```

```
g = np.diagonal([[1,2],[3,4]])
```

```
g
```
```
array([1, 4])
```

단위행렬(Unit Matrix)을 만들기

대각행렬 중에 주 대각선의 원소가 모두 1인 행렬을 단위행렬이라고 부릅니다. 임의의 수에 1을 곱하면 임의의 수에 변화가 없는 것처럼 행렬에 다른 행렬을 행렬곱(닷연산)을 수행해도 항상 동일한 행렬을 반환하는 행렬입니다.

보통 단위행렬은 대문자 I 로 표시합니다.

예제 4 단위행렬을 만들기

넘파이 모듈에서 **eye** 함수에 행과 열의 개수를 인자로 전달하면 단위행렬을 만듭니다.

```
h = np.eye(3,3)
```

```
h
```
```
array([[1., 0., 0.],
       [0., 1., 0.],
       [0., 0., 1.]])
```

대각선의 위치를 조정할 수 있도록 매개변수 k를 제공합니다. 양수를 전달하면 주 대각선 위의 값이 1로 변경됩니다.

```
i = np.eye(3,3,k=1)
```

```
i
```
```
array([[0., 1., 0.],
       [0., 0., 1.],
       [0., 0., 0.]])
```

매개변수 k에 음수를 넣으면 주 대각선보다 밑에 원소 1이 대각선의 원소로 지정됩니다.

```
j = np.eye(3,3,k=-1)
```

```
j
```
```
array([[0., 0., 0.],
       [1., 0., 0.],
       [0., 1., 0.]])
```

대각행렬을 diag 함수로 만들기 위해 모든 원소가 4인 리스트를 인자로 전달합니다. 주 대각선의 원소가 전부 4인 것을 알 수 있습니다. 이 대각원소의 역수를 만들어서 곱하면 단위행렬로 변경됩니다.

```
k = np.diag([4,4,4])
```

```
k
```
```
array([[4, 0, 0],
       [0, 4, 0],
       [0, 0, 4]])
```

```
k * 1/4
```
```
array([[1., 0., 0.],
       [0., 1., 0.],
       [0., 0., 1.]])
```

단위행렬도 여러 형상을 가질 수 있습니다. 단위행렬은 영문 대문자 I를 사용하고 밑 첨자는 정사각행렬의 수를 붙여서 구성합니다.

$$I_1 = [1], \ I_2 = \begin{bmatrix} 1 & 0 \\ 0 & 1 \end{bmatrix}, \ I_3 = \begin{bmatrix} 1 & 0 & 0 \\ 0 & 1 & 0 \\ 0 & 0 & 1 \end{bmatrix}, \ \cdots, \ I_n = \begin{bmatrix} 1 & 0 & 0 & \cdots & 0 \\ 0 & 1 & & \cdots & 0 \\ 0 & 0 & 1 & \cdots & 0 \\ \vdots & \vdots & \vdots & \ddots & \vdots \\ 0 & 0 & 0 & \cdots & 1 \end{bmatrix}$$

그림 2-12 다양한 단위행렬 표시 방법

예제 5 항등행렬 만들기

단위행렬의 다른 이름은 항등행렬(Idendity Matrix)입니다. 항등행렬을 만드는 **identity** 함수에 사용해 봅니다. 이 함수는 하나의 정수를 받아서 동일한 행과 동일한 열을 구성하고 주 대각선의 원소의 값만 **1**로 할당합니다.

```
l = np.identity(3)
```

```
l
```

```
array([[1., 0., 0.],
       [0., 1., 0.],
       [0., 0., 1.]])
```

항등행렬을 확인하기 위해 **9**개의 원소를 가진 **1**차원 배열을 **arange**함수로 만든 후에 형상을 **2**차원으로 **reshape** 메소드를 통해 변경합니다.

이 배열의 **dot** 메소드에 항등행렬을 인자로 전달해서 실행하면 반환되는 배열의 값은 아무것도 변경되지 않는 것을 알 수 있습니다.

```
s = np.arange(1,10).reshape(3,3)
```

```
s
```

```
array([[1, 2, 3],
       [4, 5, 6],
       [7, 8, 9]])
```

```
s.dot(l)
```

```
array([[1., 2., 3.],
       [4., 5., 6.],
       [7., 8., 9.]])
```

3.2

삼각행렬 이해하기

정사각행렬에서 주 대각선을 기준으로 위나 아래의 원소의 값이 전부 0이고 나머지부분에는 값이 들어있는 행렬을 삼각행렬(Triangular Matrix)이라합니다.

이 삼각행렬은 주 대각선을 기준으로 원소의 값이 들어간 것에 따라 이름을 다르게 부여합니다. 먼저 대각선 위 부분만 0인 아닌 원소로 구성하면 상삼각행렬(Upper triangular matrix), 이와 반대로 주 대각선 아래 부분만 0이 아닌 원소인 하삼각행렬(lower triangular matrix)입니다. 어떤 함수를 가지고 삼각행렬을 만드는지 알아봅니다.

하삼각행렬: tril

정방행렬의 주 대각선은 행과 열의 동일한 인덱스를 가집니다. 이 주 대각선의 밑은 행보다 작은 열의 인덱스와 쌍을 이룹니다. 위에서 대각행렬을 만들 때 매개변수 k에 음수를 넣어서 만든 것처럼 하삼각행렬의 대각선의 위치를 확인하면 k에 음수로 넣은 위치에 원소의 값만 들어간 것을 볼 수 있습니다.

$$
L = \begin{bmatrix}
l_{1,1} & & & & 0 \\
l_{2,1} & l_{2,2} & & & \\
l_{3,1} & l_{3,2} & \ddots & & \\
\vdots & \vdots & \ddots & \ddots & \\
l_{n,1} & l_{n,2} & \cdots & l_{n,n-1} & l_{n,n}
\end{bmatrix}
$$

그림 2-13 하삼각행렬의 구조

예제 1 하삼각행렬 알아보기

9개의 원소를 가진 1차원 배열을 만들고 2차원으로 형상을 변경합니다. 이제 3행 3열을 가진 행렬로 변경되었습니다.

```
a = np.arange(1,10).reshape(3,3)
```

```
a
```
```
array([[1, 2, 3],
       [4, 5, 6],
       [7, 8, 9]])
```

만들어진 행렬을 **tril** 함수에 인자로 전달하면 주 대각선을 포함한 음의 방향의 대각선의 원소만 가진 삼각행렬을 반환합니다. 주 대각선과 그 밑에 대각선의 원소만 가지므로 하삼각행렬입니다.

```
np.tril(a)
```
```
array([[1, 0, 0],
       [4, 5, 0],
       [7, 8, 9]])
```

매개변수 k에 음수인 -1을 전달해서 주 대각선을 하나 밑으로 이동도 가능합니다. 주 대각선의 원소도 **0**으로 변경된 하삼각행렬을 반환합니다.

```
np.tril(a,k=-1)
```
```
array([[0, 0, 0],
       [4, 0, 0],
       [7, 8, 0]])
```

상삼각행렬: triu

주 대각선과 그 위의 대각성분의 원소가 **0**이 아닌 값들로 구성하면 상삼각행렬입니다. 주 대각선 밑의 원소는 전부 **0**입니다.

$$U = \begin{bmatrix} u_{1,1} & u_{1,2} & u_{1,3} & \cdots & & u_{1,n} \\ & u_{2,2} & u_{2,3} & \cdots & & u_{2,n} \\ & & \ddots & \ddots & & \vdots \\ & & & \ddots & & u_{n-1,n} \\ 0 & & & & & u_{n,n} \end{bmatrix}$$

그림 2-14 상삼각행렬의 구조

✏️ 예제 2 상삼각행렬 알아보기

위와 동일하게 9개의 원소를 가지고 정사각행렬을 만듭니다. 상삼각행렬을 만드는 `triu` 함수에 인자로 전달하면 상삼각행렬을 반환합니다.

```
b = np.arange(1,10).reshape(3,3)
```

```
b
```
```
array([[1, 2, 3],
       [4, 5, 6],
       [7, 8, 9]])
```

```
np.triu(b)
```
```
array([[1, 2, 3],
       [0, 5, 6],
       [0, 0, 9]])
```

주 대각선 위치를 매개변수 k로 조정할 수 있습니다. 양수1을 지정해서 주 대각선을 하나 위로 변경하면 주 대각선의 원소도 전부 **0**으로 변경됩니다.

```
np.triu(b,k=1)
```

```
array([[0, 2, 3],
       [0, 0, 6],
       [0, 0, 0]])
```

삼각행렬의 전치관계

삼각행렬의 전치관계는 하삼각행렬은 상삼각행렬로 상삼각행렬은 하삼각행렬로 변합니다.

예제 3 삼각행렬 전치관계 알아보기

상삼각행렬을 만든 후에 속성T로 전치행렬을 확인하면 하삼각행렬로 변경됩니다.

```
c = np.triu(b)
```

```
c
```

```
array([[1, 2, 3],
       [0, 5, 6],
       [0, 0, 9]])
```

```
c.T
```

```
array([[1, 0, 0],
       [2, 5, 0],
       [3, 6, 9]])
```

하삼각행렬을 만든 후에 전치하면 상삼각행렬로 변합니다.

```
d = np.tril(b)
```

```
d.T
```

```
array([[1, 4, 7],
       [0, 5, 8],
       [0, 0, 9]])
```

삼각행렬의 곱셈은 동일한 배열의 제곱을 처리하는 것과 같습니다.

```
d * d
```

```
array([[ 1,  0,  0],
       [16, 25,  0],
       [49, 64, 81]])
```

```
c*c
```

```
array([[ 1,  4,  9],
       [ 0, 25, 36],
       [ 0,  0, 81]])
```

상삼각행렬과 하삼각행렬이 곱은 0이 아닌 값만 가진 주 대각선만 곱한 결과입니다.

```
d * c
```

```
array([[ 1,  0,  0],
       [ 0, 25,  0],
       [ 0,  0, 81]])
```

3.3

영행렬 이해하기

수학에서 덧셈을 했을 때 항상 자기 자신의 숫자만 나오려면 0과 덧셈을 처리해야 합니다. 행렬 간에 덧셈이나 뺄셈인 경우에도 이런 항등원이 필요합니다. 동일한 차원을 가진 이런 행렬을 영행렬이라고 합니다.

영행렬(null matrix, zero matrix)

모든 원소가 0인 행렬이 영행렬입니다. 행렬간 계산을 하려면 두 행렬의 형상이 동일해야 합니다. 영행렬과의 덧셈 연산을 수행할 때도 형상이 같아야 합니다.

예제1 영행렬 만들기

영행렬을 만드는 함수 **zeros**에는 튜플로 행렬의 형상을 전달해야 합니다. **3**행 **3**열의 영행렬을 만듭니다.

```
z = np.zeros((3,3))
```

```
z
```

```
array([[0., 0., 0.],
       [0., 0., 0.],
       [0., 0., 0.]])
```

정수로 전달하면 **1**차원 배열을 만듭니다.

```
z0 = np.zeros(3)
```

```
z0
```

```
array([0., 0., 0.])
```

영행렬은 특정 형상만 있으면 만들 수 있어서 기존에 만들어진 배열의 형상을 전달을 받아서 영행렬을 만드는 **zeros_like** 함수를 제공합니다.

```
z1 = np.zeros_like(np.arange(1,10).reshape(3,3))
```

```
z1
```

```
array([[0, 0, 0],
       [0, 0, 0],
       [0, 0, 0]])
```

임의의 값으로 생성하는 행렬: empty

행렬의 원소의 값을 메모리의 초기화되지 않는 형태로 배열을 만드는 함수를 알아봅니다. 어떤 경우에는 **0**으로 처리되지만 현재 메모리에 있는 상태를 그대로 보여줄 때가 더 많습니다.

예제 2 임의의 행렬 만들기

함수 **empty**에 배열의 형상을 정수로 전달하면 1차원 배열을 만듭니다. 이 배열은 초기화하지 않습니다. 기존에 값이 **0**이 들어가 있어서 **0**으로 처리된 것을 볼 수 있습니다.

```
e = np.empty(3)
```

```
e
```

```
array([0., 0., 0.])
```

3행 3열의 배열을 만들려면 형상을 튜플로 전달합니다. 다차원 배열을 확인하면 **0**으로 처리됩니다. 현재 메모리에 있는 값이 **0**이여서 전부 **0**으로 보여준 것입니다. 특정 값으로 초기화하지 않아서 다른 값으로 다차원 배열을 만드는 경우가 더 많아서 주의해서 사용해야 합니다.

```
e33 = np.empty((3,3))
```

```
e33
```

```
array([[0., 0., 0.],
       [0., 0., 0.],
       [0., 0., 0.]])
```

대칭행렬 이해하기

대칭행렬(symmetric matrix)은 주 대각선 즉 행과 열의 인덱스가 동일한 원소들을 기준으로 아래의 원소와 위의 원소가 동일한 값을 가진 행렬을 말합니다. 대칭행렬을 가지고 전치행렬을 만들어도 동일한 형태를 유지합니다.

그래서 대칭행렬의 원소 간의 관계를 수식으로 표현하면 $(a_{ij}) = (a_{ji})$ 입니다. 이 수식은 행과 열을 전치해도 동일하다는 뜻입니다. 또한 이 행렬의 전치관계를 다르게 표현하면 A^T = A입니다. 이는 전치행렬을 만들어도 원 행렬과 동일하다는 뜻입니다.

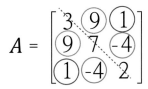

$$A = \begin{bmatrix} 3 & 9 & 1 \\ 9 & 7 & -4 \\ 1 & -4 & 2 \end{bmatrix}$$

그림 2-15 대칭행렬의 구조

예제 1 대칭행렬 확인하기

주 대각선을 기준으로 맞은편 원소의 값이 동일한 구조가 대칭행렬입니다.

```
X = np.array([[1,2,3],[2,3,5],[3,5,6]])
```

```
X
```
```
array([[1, 2, 3],
       [2, 3, 5],
       [3, 5, 6]])
```

대칭행렬의 전치행렬을 T 속성으로 확인해도 동일한 것을 알 수 있습니다.

```
X.T
```
```
array([[1, 2, 3],
       [2, 3, 5],
       [3, 5, 6]])
```

행렬의 모든 원소가 동일한지 확인하는 **array_equal**, **array_equiv** 함수에 인자로 전달해서 확인하면 두 행렬의 원소는 동일합니다.

```
np.array_equal(X, X.T)
```
```
True
```

```
np.array_equiv(X, X.T)
```
```
True
```

대칭행렬과 이 행렬의 전치행렬을 더하면 원소들의 값이 두 배로 변하지만 항상 대칭행렬입니다. 또한 닷연산을 통해 행렬을 곱해도 대칭행렬을 그대로 구성합니다.

```
X + X.T
```
```
array([[ 2,  4,  6],
       [ 4,  6, 10],
       [ 6, 10, 12]])
```

```
np.dot(X, X.T)
```
```
array([[14, 23, 31],
       [23, 38, 51],
       [31, 51, 70]])
```

대칭행렬 닷연산의 전치는 두 행렬의 닷연산과 동일한 산식 T가 지수 자리에 위치하면 두 행렬의 원소가 동일합니다.

```
a = np.transpose(np.dot(X,X.T))
```

```
b = np.dot(X.T,X)
```

```
a == b
```
```
array([[ True,  True,  True],
       [ True,  True,  True],
       [ True,  True,  True]])
```

예제 2 반 대칭행렬(Skew Symmetric Matrix) 확인하기

주대각 성분을 기준으로 값은 같지만 부호가 반대의 원소를 가진 행렬이 반 대칭행렬입니다. 이 행렬과 전치행렬 간의 덧셈을 하면 전체 값이 0이 나옵니다. 원소들이 대칭이지만 부호가 반대이므로 더하면 동일한 값을 빼는 것과 같아 모든 값이 0이 되는 것입니다.

```
Y = np.array([[0,2,-3],[-2,0,5],[3,-5,0]])
```

```
Y
```

```
array([[ 0,  2, -3],
       [-2,  0,  5],
       [ 3, -5,  0]])
```

```
Y + Y.T
```

```
array([[0, 0, 0],
       [0, 0, 0],
       [0, 0, 0]])
```

전치행렬과 원 행렬에 부호를 변경하면 모든 원소는 동일한 값이므로 비교하면 전부 참으로 표시합니다.

```
Y.T == -Y
```

```
array([[ True,  True,  True],
       [ True,  True,  True],
       [ True,  True,  True]])
```

대칭행렬과 이 행렬의 전치행렬 간의 뺄셈을 계산하면 반 대칭행렬을 그대로 유지하는 것을 알 수 있습니다..

```
Y - Y.T
```

```
array([[  0,   4,  -6],
       [ -4,   0,  10],
       [  6, -10,   0]])
```

대칭행렬과 이 행렬의 전치행렬을 행렬곱 연산으로 계산하면 대칭행렬로 변경됩니다.

```
np.dot(Y ,Y.T)
```

```
array([[ 13, -15, -10],
       [-15,  29,  -6],
       [-10,  -6,  34]])
```

```
np.dot(Y.T ,Y)
```

```
array([[ 13, -15, -10],
       [-15,  29,  -6],
       [-10,  -6,  34]])
```

3.5

치환행렬 (Permutation Matrix)

단위행렬이나 행렬의 행을 교환해서 재구성하거나 특정 상수를 곱하고 행을 교환시킬 수도 있는 행렬이 치환행렬입니다. 이런 행렬은 연립방정식의 해를 구할 때 선형대수로 바꾸어서 문제를 풀 때 사용합니다.

치환행렬의 행 바꿈 알아보기

치환행렬의 행 바꿈 알아보기

단위행렬을 가지고 행을 교환하는 방법을 먼저 알아보고 이 행렬 간의 닷연산을 수행할 때의 관계를 그림으로 먼저 알아봅니다.

먼저 행을 교환한 행렬의 이름을 P로 정하고 첨자로는 교환된 행을 작성합니다. 이 두 행렬에 대한 행렬곱을 처리하면 앞에 있는 행렬 그대로 반환합니다.

$$
\begin{array}{cccc}
\text{무교환} & \text{2,1행 교환} & \text{3,1행 교환} & \text{3,2행 교환} \\
I = \begin{bmatrix} 1 & 0 & 0 \\ 0 & 1 & 0 \\ 0 & 0 & 1 \end{bmatrix} &
P_{21} = \begin{bmatrix} 0 & 1 & 0 \\ 1 & 0 & 0 \\ 0 & 0 & 1 \end{bmatrix} &
P_{31} = \begin{bmatrix} 0 & 0 & 1 \\ 0 & 1 & 0 \\ 1 & 0 & 0 \end{bmatrix} &
P_{32} = \begin{bmatrix} 1 & 0 & 0 \\ 0 & 0 & 1 \\ 0 & 1 & 0 \end{bmatrix}
\end{array}
$$

$$
\begin{array}{cc}
\text{2,1행 교환하고, 3,2행 교환} & \text{3,2행 교환하고, 2,1행 교환} \\
P_{32}P_{21} = \begin{bmatrix} 0 & 1 & 0 \\ 0 & 0 & 1 \\ 1 & 0 & 0 \end{bmatrix} &
P_{21}P_{32} = \begin{bmatrix} 0 & 0 & 1 \\ 1 & 0 & 0 \\ 0 & 1 & 0 \end{bmatrix}
\end{array}
$$

그림 2-16 치환행렬의 교환

예제 1 행 바꿈 알아보기

9 개의 원소를 가진 3행 3열의 행렬을 만듭니다. 단위행렬도 추가적으로 하나 만듭니다.

```
a = np.arange(1,10).reshape(3,3)
```

```
a
```

```
array([[1, 2, 3],
       [4, 5, 6],
       [7, 8, 9]])
```

```
b = np.eye(3, dtype='int')
```

```
b
```

```
array([[1, 0, 0],
       [0, 1, 0],
       [0, 0, 1]])
```

단위행렬과의 행렬을 곱하면 아무것도 변경되지 않습니다.

```
np.dot(a,b)
```

```
array([[1, 2, 3],
       [4, 5, 6],
       [7, 8, 9]])
```

행 변환을 한 단위행렬을 하나 더 만들어서 치환행렬을 만듭니다. 이 치환행렬에 행렬곱하면 변환된 것을 볼 수 있습니다.

```
c = np.array([[0,1,0],[1,0,0],[0,0,1]])
```

```
np.dot(a,c)
```

```
array([[2, 1, 3],
       [5, 4, 6],
       [8, 7, 9]])
```

직교행렬(orthogonal matrix)

직교행렬은 자기 자신의 행렬과 전치행렬을 행렬곱으로 계산하면 단위행렬이 나옵니다. 직교행렬의 전치행렬은 곧 역행렬입니다.

$$QQ^T = Q^TQ = I$$

예제 1 직교행렬 알아보기

직교행렬은 scipy.stats.ortho_group 모듈을 사용합니다. 직교행렬을 만드는 rvs 함수에 3을 인자로 전달해서 만들면 3행 3열의 배열을 만듭니다.

```
from scipy.stats import ortho_group
```

```
x = ortho_group.rvs(3)
```

```
x
```

```
array([[ 0.09373261,  0.97996879,  0.17571389],
       [ 0.99505028, -0.08636017, -0.04916168],
       [ 0.03300223, -0.17945221,  0.98321298]])
```

위의 행렬과 전치행렬을 닷연산으로 구하면 소수점 이하의 작은 값들이 많이 나옵니다.

```
i3 = np.dot(x,x.T)
```

```
i3
```

```
array([[ 1.00000000e+00,  3.06195378e-17, -2.29167116e-17],
       [ 3.06195378e-17,  1.00000000e+00,  3.61479824e-18],
       [-2.29167116e-17,  3.61479824e-18,  1.00000000e+00]])
```

단위행렬을 하나 만든 후에 직교행렬의 행렬곱한 결과와 값을 **allclose** 함수로 비교합니다. 아주 작은 단위로 계산된 결과에 대한 오차를 비교해서 유사한 값을 확인해서 동일한 값인지 확인합니다. 단위행렬과 동일한 값이라는 것을 알 수 있습니다.

```
c = np.eye(3)
```

```
np.allclose(c, i3 )
```

```
True
```

직교행렬의 행렬식을 det 함수로 확인하면 음수 값이 나와서 fabs로 절댓값으로 처리하였습니다. 0이 아닌 값이 나와 역행렬을 구할 수 있는 것을 알 수 있습니다.

```
np.fabs(np.linalg.det(x))
```

```
1.0
```

3.7

전치행렬(Transpose Matrix)

다차원 배열을 만들고 내부 전치행렬을 확인하는 속성 T를 사용해 보면 전치행렬은 축에 대한 변경이지 내부의 원소 값의 변경이 아니라는 특징을 가지고 있습니다.

전치행렬의 구조

전치행렬은 기존의 행과 열을 서로 바꾸는 것입니다. 보통 위 첨자에 T를 사용합니다. 행렬 $A = (a_{ij})$의 모든 행과 열을 바꾸면 $A^T = (a_{ji})$로 표시합니다.

$$
A = \begin{bmatrix} 1 & 2 & 3 \\ 4 & 5 & 6 \\ 7 & 8 & 9 \\ 10 & 11 & 12 \end{bmatrix} \quad A^T = \begin{bmatrix} 1 & 4 & 7 & 10 \\ 2 & 5 & 8 & 11 \\ 3 & 6 & 9 & 12 \end{bmatrix}
$$

그림 2-17 원행렬과 전치행렬

 예제 1 전치행렬 알아보기

2행 2열의 2차원 배열을 하나 만듭니다.

```
a = np.array([[1,2],[3,4]])
```

```
a
```
```
array([[1, 2],
       [3, 4]])
```

다차원 배열에서 있는 속성 T로 전치행렬을 조회합니다. 이를 **transpose** 함수나 메소드를 사용해서도 조회가 가능합니다.

```
a.T
```
```
array([[1, 3],
       [2, 4]])
```

```
a.transpose()
```
```
array([[1, 3],
       [2, 4]])
```

```
np.transpose(a)
```
```
array([[1, 3],
       [2, 4]])
```

CHAPTER 03

다차원 배열의 검색

파이썬도 다양한 자료구조를 구성할 수 있습니다. 먼저 배열은 기본으로 추상 클래스인 Sequence를 기반으로 만들어집니다. 파이썬이 대표적인 자료형인 리스트, 문자열도 이 클래스를 상속해서 구성되었습니다.

이 클래스의 특징은 순서대로 원소들이 저장되고 이 순서의 정보인 인덱스를 가지고 원소를 검색합니다. 다차원 배열일 경우는 다양한 차원을 지원하고 각 원소별로 계산을 지원하기 위해 색인연산을 확장한 방식을 제공합니다. 이런 방식에는 논리검색(logical indexing)과 팬시검색(fancy indexing) 등이 있습니다. 여러가지 검색 방법을 이해해서 쉽게 접근하는 방법을 알아봅니다.

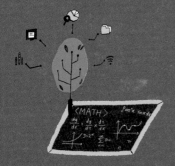

- 배열의 일반 검색
- 논리식 검색(logical indexing)
- 팬시검색(fancy indexing)
- 메소드나 함수로 검색하기

01 배열의 일반 검색

파이썬 리스트 등의 원소를 검색하는 방식은 기본으로 색인검색을 사용합니다. 또한 리스트의 부분 집합은 슬라이싱 검색을 사용합니다. 다차원 배열도 이 방식을 기본으로 사용합니다.

1.1

색인검색(Scalar Selection)

색인검색은 대괄호를 사용하고 정수나 슬라이스 객체를 하나 전달해서 내부의 원소를 조회합니다. 다차원 배열에서는 행과 열을 튜플로 전달해서 처리하는 방식이 추가되었습니다.

 예제 1 색인검색

1차원 배열을 하나 만듭니다. 색인검색에 첫 번째 원소는 **0**을 넣어 조회하고 마지막 원소는 **-1**을 넣어 조회합니다.

```
v = np.array([1,2,3,4,5])
```

```
v[0]
```

1

```
v[-1]
```

5

2차원 배열을 만든 후에 **0**과 **-1**을 색인검색도 가능합니다. 2차원 배열은 기본 내부의 원소가 1차원 배열이라 조회된 결과가 1차원 배열이라는 것을 알 수 있습니다.

```
A = np.array([[1,2,3,4,5],[6,7,8,9,10]])
```

```
A[0]
```
array([1, 2, 3, 4, 5])

```
A[-1]
```
array([6, 7, 8, 9, 10])

2차원 배열에서 튜플로 인자를 전달하면 행과 열의 인덱스를 조합해서 스칼라 값을 조회합니다. 이때도 양수와 음수로 인덱스를 지정해서 조회합니다.

먼저 첫 번째 행의 인덱스를 **0**으로 지정화고 두 번째 열의 인덱스를 **1**로 지정하면 **0**행의 **1**열의 원소의 값을 조회합니다.

음수 인덱스를 사용해서 마지막 행과 그 마지막 행의 마지막 열의 값을 조회할 수도 있습니다.

```
A[0,1]
```
2

```
A[-1, -1]
```
10

색인검색은 스페셜 메소드__getitem__ 입니다. 다차원 배열도 이 메소드를 그대로 사용합니다. 인자로 두 번째 행과 그 행의 **4**번째 열을 검색한 결과를 출력합니다. 대괄호 연산을 사용하는 것과 동일합니다.

```
A[(1,3)]
```
9

```
A.__getitem__((1,3))
```
9

1.2

슬라이스검색(Slice Selection)

슬라이스검색은 배열의 부분집합을 만듭니다. 리스트는 새로운 사본을 만들지만 다차원 배열은 원본 데이터를 유지하는 하나의 뷰(view)를 만듭니다. 또한 다차원 배열에서는 슬라이스검색도 축에 따른 다양한 차원을 구분해서 부분집합을 만들 수 있습니다.

다차원 배열 처리 시에 슬라이스 적용하기

2차원 배열을 예시로 슬라이스검색을 할 때 대괄호에 행의 축에 대한 슬라이스와 열의 축에 대한 슬라이스를 검색할 수 있습니다.

행을 중심으로 1행과 2행을 선택하려면 〔1:〕지정합니다. 또한 행렬에서 1열과 2열을 선택하려면 먼저 모든 행을 슬라이스로 표시하고 쉼표 다음에 열에 대한 정보를 인자로 전달해서 〔:, 1: 〕로 지정합니다.

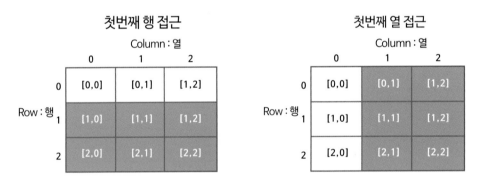

그림 3-1행과 열을 접근하는 방식

✎ 예제 1 슬라이스검색

3행 3열의 2차원 배열을 하나 만듭니다. 이 배열의 형상을 확인하면 두 개의 원소를 가진 튜플에 3,3을 표시합니다.

```
B = np.arange(9).reshape(3,3)
```

```
B
```
```
array([[0, 1, 2],
       [3, 4, 5],
       [6, 7, 8]])
```

```
B.shape
```
```
(3, 3)
```

이 배열의 첫 번째 행으로 한정하려면 정수 **0**을 지정하고 모든 열을 선택하려면 모든 것을
조회하는 슬라이스인 콜론만 표시합니다. 이는 하나의 행만 조회하는 것과 동일합니다.

```
B[0,:]
```
```
array([0, 1, 2])
```

```
B[0]
```
```
array([0, 1, 2])
```

모든 행을 선택하면 콜론을 인자로 넣고 쉼표 다음에 정수 **0**을 지정하면 모든 행을 포함한
하나의 열만 검색합니다. 결과는 **1**차원 배열로 반환합니다.

```
B[:,0]
```
```
array([0, 3, 6])
```

이제 행과 열을 전부 슬라이스검색으로 조회합니다. 이때의 결과는 현재 배열의 형상인 **2**
차원 배열을 그래도 유지합니다.

두 개의 행을 선택하기 위해 **:2**로 지정하고 두 개의 열을 선택하기 위해 **1:** 를 지정했습니
다. 첫 번째와 두 번째 행과 두 번째와 세 번째 열이 만나는 원소를 검색해서 **2**행 **2**열의 다
차원 배열로 반환합니다.

```
B[:2, 1:]
```
```
array([[1, 2],
       [4, 5]])
```

행과 열을 슬라이스로 검색할 때 간격을 사용해서 간격에 해당하는 행과 열만 검색할 수도 있습니다.

아무것도 슬라이스에 표시하지 않고 간격만을 표시하면 첫 번째 행부터 1개의 행을 건니뛰면서 행을 가져옵니다. 열도 동일하게 처리됩니다. 슬라이스검색으로 조회한 결과는 2행 2열의 다차원 배열입니다.

```
B[::2, ::2]
```
```
array([[0, 2],
       [6, 8]])
```

다차원 배열의 내부의 원소는 1차원으로 구성됩니다. 일차원 배열로 변환해서 슬라이스로 검색도 이 속성을 사용해서 처리할 수 있습니다.

이 다차원 배열의 **flat** 속성을 확인하면 반복자 객체인 것을 알 수 있습니다. 이 객체에 슬라이스검색으로 모든 원소를 조회하면 배열의 원소를 1차원 배열로 보여줍니다. 슬라이스에 간격을 표시하면 간격을 처리한 개수만 보여줍니다.

```
B.flat
```
```
<numpy.flatiter at 0x172733b9230>
```

```
B.flat[:]
```
```
array([0, 1, 2, 3, 4, 5, 6, 7, 8])
```

```
B.flat[::2]
```
```
array([0, 2, 4, 6, 8])
```

1.3
생략기호를 사용한 접근

다차원 배열은 다양한 차원을 검색할 수 있습니다. 모든 것을 다 지정하지 않아도 조회하는 방법이 있습니다. 이때는 생략기호인 점 3개를 연달아서 사용합니다. 생략기호를 사용하면 내부적으로 검색할 때 다차원 배열의 모양을 자동으로 인식해서 처리합니다.

예제 3 생략기호 사용해서 검색하기

12개의 원소를 가지는 1차원 배열을 arange 함수로 만든 후에 2차원 배열로 형상을 변경합니다. 형상을 변경하는 reshape메소드는 변경된 배열의 객체를 반환합니다.

```
A = np.arange(1,60,5).reshape(3,4)
```

```
A
```
```
array([[ 1,  6, 11, 16],
       [21, 26, 31, 36],
       [41, 46, 51, 56]])
```

파이썬은 모든 것을 객체로 관리합니다. 그래서 생략 기호인 점 3개도 주피터 노트북 빈 셀에 입력해서 실행하면 객체여서 클래스를 출력합니다. 또한 type 메타 클래스로 클래스의 이름도 확인할 수 있습니다.

```
...
```
```
Ellipsis
```

```
type(...)
```
```
ellipsis
```

색인연산에 생략기호를 넣어서 조회하면 이 배열의 형상과 동일한 결과가 출력됩니다.

```
A[...]
```

```
array([[ 1,  6, 11, 16],
       [21, 26, 31, 36],
       [41, 46, 51, 56]])
```

이번에는 특정 행을 슬라이스로 지정하고 열에는 생략기호를 넣었습니다. 출력된 결과를 보면 2개의 행과 기존 배열의 모든 열이 포함되어 조회되는 것을 알 수 있습니다.

```
A[:2, ...]
```

```
array([[ 1,  6, 11, 16],
       [21, 26, 31, 36]])
```

앞에서는 전체 행을 검색할 때 빈 슬라이스 기호를 사용했습니다. 이 기호 대신에 생략기호를 사용해도 전체 행을 표시합니다. 모든 행에서 특정 열을 추출하기 위해 열에 대한 정보는 슬라이스를 사용했습니다.

```
A[..., :2]
```

```
array([[ 1,  6],
       [21, 26],
       [41, 46]])
```

16개 원소를 가지는 1차원 배열을 만듭니다. 이 배열의 총 원소는 16개이므로 4차원 배열로 변환이 가능합니다. 형상에 2를 4개 지정하면 4차원 배열로 변경되지만 전체 원소의 개수는 16개라서 예외 없이 바뀝니다.

```
B = np.arange(16).reshape(2,2,2,2)
```

```
B
```

```
array([[[[ 0,  1],
         [ 2,  3]],

        [[ 4,  5],
         [ 6,  7]]],


       [[[ 8,  9],
         [10, 11]],

        [[12, 13],
         [14, 15]]]])
```

130 CHAPTER 03 다차원 배열의 검색

이 다차원 배열에서 3개의 차원은 생략하고 마지막 차원만 정수로 지정해서 조회합니다. 검색한 결과를 보면 마지막 차원의 열에 대한 정보를 가져와서 3차원으로 구성된 결과를 보여줍니다.

검색된 결과를 1차원 배열로 보고 싶을 경우에는 **flatten** 메소드로 처리하면 차원이 없어지고 1차원으로 원소가 나열되는 것을 볼 수 있습니다.

```
B[..., 0]
```
```
array([[[  0,   2],
        [  4,   6]],

       [[  8,  10],
        [ 12,  14]]])
```

```
B[..., 0].flatten()
```
```
array([ 0,   2,   4,   6,   8,  10,  12,  14])
```

위의 생략기호를 슬라이스검색 처리로 변환하면 각 차원마다 빈 슬라이스를 3번 처리해야 합니다. 이 생략기호로 불필요한 슬라이스를 지정하지 않고 처리할 수 있습니다.

```
B[:,:,:,0]
```
```
array([[[  0,   2],
        [  4,   6]],

       [[  8,  10],
        [ 12,  14]]])
```

```
B[:,:,:,0].flatten()
```
```
array([ 0,   2,   4,   6,   8,  10,  12,  14])
```

02 논리식 검색(logical indexing)

다차원 배열의 행과 열의 원소들을 필터링 처리할 때는 논리값의 배열을 만들어서 색인연산에 사용하는 것이 편합니다. 이를 지원하는 검색이 논리식 검색입니다. 논리식 검색을 사용하면 논리값이 True인 경우에 한해서 조회합니다.

2.1 논리식 접근

논리식 검색을 할 때 주의할 점은 논리식의 배열의 행과 열에 접근해서 검색할 때 행과 열의 개수와 일치해야 합니다.

 예제 1 논리식으로 검색하기

이번에는 임의의 난수로 배열을 만듭니다. 정규분포로 원소의 값을 채워서 만드는 **random.randn** 함수에 배열의 형상을 인자로 전달하면 **7**행 **4**열로 만들어집니다.

```
L = np.random.randn(7,4)
```

```
L
```

```
array([[-0.234424  , -1.31340777, -0.69188916,  2.91373628],
       [ 0.31313945,  0.19120886,  0.71383764,  1.32648527],
       [-0.40256674, -0.94428034, -0.6355996 ,  1.63239394],
       [ 2.03659555,  1.61846697, -1.37188734, -0.99268476],
       [ 0.15657803, -0.7721303 , -1.21090118, -0.6606375 ],
       [ 0.93091185, -0.25865584,  1.21390267, -0.72257919],
       [-0.19234921, -0.15340495, -0.94130041,  1.7302249 ]])
```

다차원 배열은 논리 연산을 사용하면 주어진 스칼라와 배열의 원소 단위로 논리연산을 실행합니다. 이때 동일한 배열의 형상에 원소 값으로 논리값을 할당합니다.

0보다 작은 원소의 값은 **True**이고 0보다 큰 값은 **False**로 처리된 것을 볼 수 있습니다.

```
L < 0
```

```
array([[ True,    True,    True, False],
       [False, False, False, False],
       [ True,    True,    True, False],
       [False, False,    True,    True],
       [False,    True,    True,    True],
       [False,    True, False,    True],
       [ True,    True,    True, False]])
```

이 논리연산을 색인검색에 인자로 전달하면 하나의 2차원 배열이 전달되어 참인 결과의 원소만 추출해서 1차원 배열로 반환합니다. 동일한 형상을 유지하지 못하는 것은 **True** 인 값만 추출해서 차원이 하나 작아집니다.

```
L[ L < 0 ]
```

```
array([-0.234424  , -1.31340777, -0.69188916, -0.40256674, -0.94428034,
       -0.6355996 , -1.37188734, -0.99268476, -0.7721303 , -1.21090118,
       -0.6606375 , -0.25865584, -0.72257919, -0.19234921, -0.15340495,
       -0.94130041])
```

이 논리연산을 색인검색에 넣고 값을 변경할 수 있습니다. 선택된 모든 곳에 할당된 값으로 변경합니다.

```
L[ L < 0 ] = 999
```

```
L
```

```
array([[9.99000000e+02, 9.99000000e+02, 9.99000000e+02, 2.91373628e+00],
       [3.13139454e-01, 1.91208859e-01, 7.13837644e-01, 1.32648527e+00],
       [9.99000000e+02, 9.99000000e+02, 9.99000000e+02, 1.63239394e+00],
       [2.03659555e+00, 1.61846697e+00, 9.99000000e+02, 9.99000000e+02],
       [1.56578030e-01, 9.99000000e+02, 9.99000000e+02, 9.99000000e+02],
       [9.30911847e-01, 9.99000000e+02, 1.21390267e+00, 9.99000000e+02],
       [9.99000000e+02, 9.99000000e+02, 9.99000000e+02, 1.73022490e+00]])
```

변경된 값만 추출하려면 변경된 값도 동일한지 논리연산을 사용해서 조회합니다.

```
LC = L[ L == 999 ]
```

```
LC
```

```
array([999., 999., 999., 999., 999., 999., 999., 999., 999., 999., 999.,
       999., 999., 999., 999., 999.])
```

논리 검색으로 만들어진 1차원 배열의 첫 번째 원소를 변경합니다.

```
LC[0] = 1000
```

```
LC
```

```
array([1000.,  999.,  999.,  999.,  999.,  999.,  999.,  999.,  999.,
        999.,  999.,  999.,  999.,  999.,  999.,  999.])
```

논리식 검색은 추출된 배열은 새롭게 사본을 만든 배열이므로 원소의 값을 변경해도 원본에는 아무런 영향을 미치지 않습니다.

원본의 원소 중에 **1000**이 있는지 확인하면 전부 **False**라는 것을 알 수 있습니다.

```
L == 1000
```

```
array([[False, False, False, False],
       [False, False, False, False],
       [False, False, False, False],
       [False, False, False, False],
       [False, False, False, False],
       [False, False, False, False],
       [False, False, False, False]])
```

다차원 배열은 슬라이스검색 등도 기본으로 메모리를 공유하는 체계입니다. 논리식 검색을 한 결과도 메모리를 공유하는지 확인해 봅니다.

기존 배열과 논리식 검색한 결과를 may_share_memory 함수에 인자로 넣으면 별도의 사본이라서 메모리를 공유하지 않는다는 것을 알 수 있습니다.

```
LL = L
```

```
np.may_share_memory(LC, L)
```
False

```
np.may_share_memory(LL, L)
```
True

다양한 논리식 접근

다양한 논리식을 만들어 인덱스 검색을 할 수도 있습니다. 여러 가지 산식과 비교연산을 사용해도 가능하고 특정 메소드의 결과를 반영해서 처리도 가능합니다. 논리식이 결과가 어떻게 반영되는지 확인해 보겠습니다.

예제 1 다양한 논리식 적용하기

3행 4열의 배열을 하나 만듭니다. 이 배열이 5보다 작은 원소를 추출합니다.

```
L = np.arange(0,12).reshape(3,4)
```

```
L
```
```
array([[ 0,  1,  2,  3],
       [ 4,  5,  6,  7],
       [ 8,  9, 10, 11]])
```

```
L[ L < 5 ]
```
```
array([0, 1, 2, 3, 4])
```

이 배열에 모드 연산(%)을 사용하면 나머지 값을 구한 배열을 만듭니다. 원 배열에서 나머

지가 **0** 이 아닌 값을 추출해 봅니다.

```
L% 3
```

```
array([[0, 1, 2, 0],
       [1, 2, 0, 1],
       [2, 0, 1, 2]], dtype=int32)
```

```
L[ L% 3  > 0 ]
```

```
array([ 1,  2,  4,  5,  7,  8, 10, 11])
```

배열 내의 원소가 nonzero인 원소를 확인해 보면 값을 제공하는 것이 아니라 행과 열의 인덱스를 두 개의 배열로 표시합니다. 이것을 색인검색에 넣어서 처리하면 0을 제외한 배열을 전부 가져옵니다.

```
L.nonzero()
```

```
(array([0, 0, 0, 1, 1, 1, 1, 2, 2, 2, 2], dtype=int64),
 array([1, 2, 3, 0, 1, 2, 3, 0, 1, 2, 3], dtype=int64))
```

```
L[ L.nonzero()]
```

```
array([ 1,  2,  3,  4,  5,  6,  7,  8,  9, 10, 11])
```

2.3

논리식 접근 시 주의 사항

다차원 배열에서 논리연산은 예약어로 and, or, not를 사용할 수 없습니다. 대신 넘파이 모듈에서 제공하는 별도의 함수나 이진연산자인 &, |, ~ 기호를 사용해서 논리연산자를 대체합니다. 이때 주의할 점은 연산자 우선순위입니다. 연산자 우선순위를 맞추려면 괄호를 사용해서 괄호 안을 먼저 계산하도록 변경해야 합니다.

예제 1 논리연산 사용상 주의

하나의 **1**차원 배열을 만듭니다. 동일한 배열의 논리연산인 **and**를 사용해서 원소 별 계산을 처리하면 예외를 발생합니다.

```
L = np.arange(0,12)
```

```
L
```

```
array([ 0,  1,  2,  3,  4,  5,  6,  7,  8,  9, 10, 11])
```

```
try :
    L and L
except Exception as e :
    print(e)
```

```
The truth value of an array with more than one element is ambiguous. Use a.
any() or a.all()
```

대신 넘파이 모듈에서 제공하는 **logical_and** 함수(논리곱)를 사용하면 두 배열의 원소별로 논리연산을 처리한 결과입니다. 이 함수를 색인연산에 전달해서 처리하면 내부의 원소를 검색할 수 있습니다.

```
np.logical_and(L,L)
```

```
array([False,  True,  True,  True,  True,  True,  True,  True,  True,
        True,  True,  True])
```

```
L[np.logical_and(L,L)]
```

```
array([ 1,  2,  3,  4,  5,  6,  7,  8,  9, 10, 11])
```

나머지 논리연산자에 해당하는 **logical_or**, (논리합), **logical_not** (반전)함수를 사용해서 처리해봅니다.

```
np.logical_or(L,L)
```

```
array([False,   True,   True,   True,   True,   True,   True,   True,   True,
         True,   True,   True])
```

```
L[np.logical_or(L,L)]
```

```
array([ 1,   2,   3,   4,   5,   6,   7,   8,   9,  10,  11])
```

```
np.logical_not(L)
```

```
array([ True, False, False, False, False, False, False, False, False,
       False, False, False])
```

```
L[np.logical_not(L)]
```

```
array([0])
```

이번에는 이 배열을 bool 자료형으로 변환해서 논리값이 처리되는지 확인해봅니다. 자료형을 변환하면 **0**은 **False**이고 나머지는 **True**로 변경됩니다. 이를 &(and), |(or), ~(not) 기호를 사용해서 처리하면 논리합, 논리곱, 반전을 처리합니다.

```
LL = np.arange(0,12).astype(np.bool)
```

```
LL
```

```
array([False,   True,   True,   True,   True,   True,   True,   True,   True,
         True,   True,   True])
```

```
LL & LL
```

```
array([False,   True,   True,   True,   True,   True,   True,   True,   True,
         True,   True,   True])
```

```
LL | LL
```

```
array([False,   True,   True,   True,   True,   True,   True,   True,   True,
         True,   True,   True])
```

```
~ LL
```

```
array([ True, False, False, False, False, False, False, False, False,
       False, False, False])
```

03 팬시검색(fancy indexing)

논리식 검색은 모든 원소를 논리값으로 만든 배열을 색인연산에 전달해서 배열을 추출하는 검색입니다. 이번에는 정수 배열을 만들어서 행과 열의 원소를 추출하는 팬시검색(fancy indexing)을 알아봅니다. 팬시검색은 기존 배열의 형상을 유지하면서 검색된 원소를 보여줍니다.

또한 팬시검색은 다른 검색조건과 혼합해서 검색할 수 있기 때문에 다양한 검색조건을 만들 수 있습니다.

3.1

1차원 배열로 원소만 추출

1차원 배열을 팬시검색으로 검색하면 새로운 배열을 만들어서 반환합니다. 원본과 다른 사본이 만들어집니다.

 예제 1 배열로 원소를 검색하기

1부터 14까지 원소를 가지는 하나의 1차원 배열을 만듭니다.

```
x = np.arange(1,15)
```

```
x
```

```
array([ 1,  2,  3,  4,  5,  6,  7,  8,  9, 10, 11, 12, 13, 14])
```

위의 배열에서 11번째 자리를 검색하려고 10을 원소로 하는 1차원 배열을 만듭니다.

```
pos = np.array([10])
```

```
pos
```

```
array([10])
```

배열의 특정 원소를 검색하기 위해 색인검색에 정수를 넣고 조회하면 스칼라 값이 나옵니다. 팬시검색으로 검색을 하면 기존 배열의 차원을 유지한 하나의 원소를 가진 1차원 배열을 반환합니다.

```
x[10]
```

```
11
```

```
x[pos]
```

```
array([11])
```

이번에는 원소 1과 2로 구성한 다차원 배열을 만들어서 색인검색에 인자로 전달해서 검색합니다. 기존 배열이 형상을 유지하지만 동일한 인덱스가 3을 참조해서 총 4의 원소를 가져옵니다.

```
pos2 = np.array([1,2,2,2])
```

```
x[pos2]
```

```
array([2, 3, 3, 3])
```

팬시검색의 결과는 새로운 사본을 만드는 것입니다. 두 배열의 메모리 공유 유무를 may_share_memory 함수로 확인합니다. 결과는 False라서 새로운 사본이라는 것을 알 수 있습니다.

슬라이스로 검색은 새로운 객체를 만들지만 원본 데이터를 공유하는 구조입니다. 동일한 데이터의 메모리를 공유해주는 구조이므로 함수로 확인하면 True입니다. 많은 원소를 가진 다차원 배열을 만들어서 사용할 때 사본을 만들어서 처리할 때는 팬시검색을 사용하는 것이 좋습니다.

```
c = x[pos2]
```

```
np.may_share_memory(x,c)
```

False

```
y = x[:4]
```

```
np.may_share_memory(x,y)
```

True

다차원 배열도 객체가 생성될 때 인덱스가 고정됩니다. 팬시검색을 할 때도 항상 인덱스 범위를 벗어나지 않도록 주의해야 합니다.

아래의 예제처럼 인덱스 범위가 벗어난 것을 조회하면 예외를 발생시킵니다.

```
len(x)
```

14

```
try :
    x[[15]]
except Exception as e :
    print(e)
```

index 15 is out of bounds for axis 0 with size 14

인덱스를 역방향으로 지정해서 팬시검색도 가능합니다. 역방향으로 지정해서 검색해도 현재 지정된 인덱스대로 원소를 나열한 배열을 반환합니다.

```
d = x[[-5,-4,-3,-2,-1]]
```

```
d
```

array([10, 11, 12, 13, 14])

```
d[0] = 100
```

```
x[-5]
```

10

 예제 2 2차원 배열의 원소를 검색하기

4행 4열의 2차원 배열을 하나 만듭니다.

다차원 배열은 행을 중심으로 원소를 검색해서 색인검색에 배열을 넣으면 행을 검색합니다. 그래서 3과 0을 인덱스로 검색하면 4행과 0행을 차례로 나열한 2차원 배열을 반환합니다.

```
x = np.arange(16).reshape(4,4)
```

```
x
```
```
array([[ 0,  1,  2,  3],
       [ 4,  5,  6,  7],
       [ 8,  9, 10, 11],
       [12, 13, 14, 15]])
```

```
x[[3,0]]
```
```
array([[12, 13, 14, 15],
       [ 0,  1,  2,  3]])
```

역방향으로 마지막행과 그 전 행을 조회하는 팬시검색도 가능합니다. 2차원 배열에 2개의 행으로 구성된 것을 알 수 있습니다.

```
x[[-1,-2]]
```
```
array([[12, 13, 14, 15],
       [ 8,  9, 10, 11]])
```

팬시검색으로 행과 열의 정보를 튜플로 지정할 때는 주의해야합니다. 행과 열의 만나는 점을 추출하도록 지정했지만 실제로는 두 리스트의 원소를 순서쌍을 만들어서 매칭되는 원소를 가져와서 반환합니다.

반환된 결과는 1행 2열의 원소와 2행 3열의 원소가 1차원 배열로 반환합니다.

```
x[[1,2],[2,3]]
```
```
array([ 6, 11])
```

예제 3 ix_를 사용해서 검색하기

2행 4열의 2차원 배열을 하나 만듭니다.

```
a = np.array([[2,3,4,5],[8,9,0,1]])
```

```
a
```
```
array([[2, 3, 4, 5],
       [8, 9, 0, 1]])
```

팬시검색을 할 때 가장 주의해야할 검색 방법입니다. 행과 열에 리스트를 넣어서 검색하면 해당하는 행과 열을 조회해서 만나는 부분을 반환하지 않습니다.

두 리스트에 있는 행과 열을 순서쌍으로 만들어서 해당하는 원소만 가져옵니다.

```
a[[0,1],[0,1]]
```
```
array([2, 9])
```

두 개의 리스트가 색인연산에 들어가면 실제 하나의 튜플로 변환해서 처리하는 것과 동일합니다.

```
a[tuple([[0,1],[0,1]])]
```
```
array([2, 9])
```

행과 열의 원소를 가져와서 여러 개의 원소를 검색할 때는 추가적인 함수인 **ix_** 를 제공합니다. 두 개의 리스트를 이 함수의 인자로 전달해서 검색하면 2행 2열의 배열을 반환합니다.

```
type(np.ix_)
```
```
function
```

```
a[np.ix_([0,1],[0,1])]
```
```
array([[2, 3],
       [8, 9]])
```

다차원 배열로 팬시검색하기

팬시검색할 때 두 개의 리스트를 넣을 때 순서쌍을 구성해서 원소를 검색했습니다. 이번에는 여러 개의 리스트를 처리해서 검색하는 방법을 알아봅니다.

🖊 예제 1 다차원 배열로 조회하기

2행 5열의 2차원 배열을 만듭니다.

```
x = np.arange(10).reshape(2,5)
```

```
x
```

```
array([[0, 1, 2, 3, 4],
       [5, 6, 7, 8, 9]])
```

위에서 와 동일하게 행과 열에 리스트를 넣어서 팬시검색을 수행하면 순서쌍을 가진 원소만 추출해서 배열을 만듭니다.

이 리스트 다음에 다시 리스트를 넣어서 조회하면 순서쌍을 가지고 처리한 배열을 행을 기준으로 쌓아서 2차원 배열을 만듭니다.

```
x[tuple([[0,1],[0,1]])]
```

```
array([0, 6])
```

```
x[[[0,1],[0,1]],[0,1]]
```

```
array([[0, 6],
       [0, 6]])
```

3.3

다른 검색과 팬시검색을 혼용하기

넘파이 모듈에서 다차원 배열에 대한 색인검색에는 여러 가지 방식을 혼합해서 사용할 수 있습니다. 이번에는 정수, 슬라이스, 팬시검색 등을 혼용해서 검색해 봅니다.

예제 1 인덱스 검색과 혼용하기

2차원 배열을 하나 만듭니다.

```
x = np.arange(10).reshape(2,5)
```

```
x
```

```
array([[0, 1, 2, 3, 4],
       [5, 6, 7, 8, 9]])
```

색인검색에 첫 번째는 정수로 검색합니다. 2차원 배열이라 첫 번째 행을 검색합니다. 두 번째 팬시검색은 첫 번째와 두 번째 열을 조회해서 1차원 배열이 만들어집니다. 그 다음에 셀에 검색을 살펴보면 두 번째 행을 가져와도 동일한 처리를 합니다.

```
x[0, [0,1]]
```

```
array([0, 1])
```

```
x[1, [0,1]]
```

```
array([5, 6])
```

넘파이 모듈에서 팬시검색을 사용할 때는 배열을 명확히 이해하기 위해 튜플(tuple)로 묶어서 처리하는 것입니다.

```
x[1, tuple([0,1])]
```

```
array([5, 6])
```

팬시검색만 색인연산에 넣고 처리하면 두 개의 행을 전부 가져옵니다. 열에 정수 **0**을 넣으면 두 개의 행에서 정수 **0**인 열만 추출한 결과를 **1**차원 배열로 반환합니다.

```
x[[0,1]]
```

```
array([[0, 1, 2, 3, 4],
       [5, 6, 7, 8, 9]])
```

```
x[[0,1],0]
```

```
array([0, 5])
```

일반검색과 팬시검색을 혼합해도 새로운 객체를 생성하는 것을 알 수 있습니다.

```
a = x[[0,1],0]
```

```
np.may_share_memory(x,a)
```

```
False
```

 ## 예제 2 슬라이스검색과 혼용하기

2차원 배열을 하나 만듭니다.

```
y = np.arange(10).reshape(2,5)
```

```
y
```

```
array([[0, 1, 2, 3, 4],
       [5, 6, 7, 8, 9]])
```

팬시검색을 먼저 넣고 열에 대해서는 슬라이스검색으로 지정하면 **2**차원 배열을 조회합니다. 또한 행에 슬라이스검색을 하고 열에 팬시검색을 사용해도 **2**차원 배열이 만들어집니다.

```
y[[0,1], :2]
```

```
array([[0, 1],
       [5, 6]])
```

```
y[:2, [0,1]]
```

```
array([[0, 1],
       [5, 6]])
```

역방향으로 처리해서 위와 원소의 값이 반대방향으로 처리된 것을 알 수 있습니다.

```
y[[0,1], -2:]
```

```
array([[3, 4],
       [8, 9]])
```

```
y[-2:, [0,1]]
```

```
array([[0, 1],
       [5, 6]])
```

예제 3 다양한 검색조건 확인하기

행벡터는 1차원 배열을 만들어서 처리합니다. 열벡터는 행에 슬라이스와 열에 축 추가인 **newaxis**속성을 전달해서 열벡터로 변경했습니다.

```
a = np.arange(6)
```

```
a
```

```
array([0, 1, 2, 3, 4, 5])
```

```
b = np.arange(0,51,10)[:,np.newaxis]
```

```
b
```

```
array([[  0],
       [10],
       [20],
       [30],
       [40],
       [50]])
```

두 벡터를 연산하면 두 벡터를 모두 브로드캐스팅해서 동일한 원소를 만든 후에 두 배열을 더해서 5행 5열의 2차원 배열을 표시합니다.

```
c = a+b
```

```
c
```

```
array([[  0,  1,  2,  3,  4,  5],
       [10, 11, 12, 13, 14, 15],
       [20, 21, 22, 23, 24, 25],
       [30, 31, 32, 33, 34, 35],
       [40, 41, 42, 43, 44, 45],
       [50, 51, 52, 53, 54, 55]])
```

먼저 팬시검색을 tuple로 묶어서 순서쌍을 만들어서 검색합니다. 두 번째는 슬라이스로 행을 처리하고 팬시검색으로 열을 선택해서 처리했습니다.

```
c[tuple([[1,3,4],[3,4,5]])]
```

```
array([13, 34, 45])
```

```
c[:,[0,2,5]]
```

```
array([[  0,  2,  5],
       [10, 12, 15],
       [20, 22, 25],
       [30, 32, 35],
       [40, 42, 45],
       [50, 52, 55]])
```

논리식 검색조건을 하나 만듭니다. 배열을 논리식 검색으로 처리하면 참인 경우의 행만을 추출합니다. 논리식 검색도 기존 배열과 연관되지 않는 새로운 배열을 만듭니다.

```
mask = np.array([1,0,1,0,0,1],dtype=bool)
```

```
mask
```

```
array([ True, False,  True, False, False,  True])
```

```
d = c[mask]
```

```
d
```

```
array([[ 0,  1,  2,  3,  4,  5],
       [20, 21, 22, 23, 24, 25],
       [50, 51, 52, 53, 54, 55]])
```

```
np.may_share_memory(c,d)
```

```
False
```

논리식 검색과 정수를 혼합해서 색인검색이 가능합니다. 논리검색과 팬시검색을 같이 혼합해서 사용할 때는 형상이 동일해야 합니다. 다른 경우 예외가 발생합니다.

예외를 없애기 위해서는 논리검색을 수행한 후에 팬시검색을 하는 것이 좋습니다.

```
c[mask,2]
```

```
array([ 2, 22, 52])
```

```
try :
    c[mask, tuple([0,1])]
except Exception as e :
    print(e)
```

```
shape mismatch: indexing arrays could not be broadcast together with shapes
(3,) (2,)
```

```
c[mask][[0,1]]
```

```
array([[ 0,  1,  2,  3,  4,  5],
       [20, 21, 22, 23, 24, 25]])
```

배열을 축소 및 확대하기

색인검색을 사용하여 배열을 검색하고 가져올 때 축소나 확대도 가능합니다. 팬시검색을 사용해서 어떻게 검색하면 더 작게 배열을 가져오거나 더 확대해서 배열을 조회할 수 있는지 알아봅니다. 팬시검색에서 배열을 검색조건으로 넣을 때 생성되는 결과가 혼란스러울수도 있습니다. 그러나 처리되는 결과를 이해하기 위해 다양한 조건을 주고 실행해 보면서 확인을 해보겠습니다.

 예제 1 차원의 축소

하나의 3행 3열의 배열을 만듭니다.

```
x = np.arange(9).reshape(3,3)
```

```
x
```
```
array([[0, 1, 2],
       [3, 4, 5],
       [6, 7, 8]])
```

슬라이스검색을 통해 2행2열을 추출합니다. 슬라이스검색은 원본 배열을 그대로 사용하는 뷰가 만들어집니다.

```
a = x[1: , 1:]
```

```
a
```
```
array([[4, 5],
       [7, 8]])
```

```
np.may_share_memory(x,a)
```
```
True
```

슬라이스검색과 팬시검색을 사용하면 2행 2열 배열을 만듭니다. 축소된 새로운 배열을 만듑니다.

```
b = x[1: , [1,2]]
```

```
b
```
```
array([[4, 5],
       [7, 8]])
```

```
np.may_share_memory(x,b)
```
```
False
```

 예제 2 확대 검색하기

2행 5열의 배열을 만듭니다. 이번에는 **reshape** 함수를 사용해서 배열을 변형했습니다.

```
a = np.reshape(np.arange(10), (2,5))
```

```
a
```
```
array([[0, 1, 2, 3, 4],
       [5, 6, 7, 8, 9]])
```

2차원 배열에 팬시검색을 사용해서 같은 행만 3개인 배열을 만들었습니다. 원본 배열보다 행이 하나 더 추가된 것을 확인할 수 있습니다.

```
b = a[[1,1,1]]
```

```
b.shape
```
```
(3, 5)
```

```
b
```
```
array([[5, 6, 7, 8, 9],
       [5, 6, 7, 8, 9],
```

팬시검색을 위한 검색조건을 먼저 넣은 후에 차원을 확대하는 **newaxis** 속성을 추가하면 행의 축이 추가되어 **3**차원으로 확대됩니다. 형상을 확인하면 1행 5열인 행렬이 3개가 쌓인 3차원 배열인 것을 알 수 있습니다.

```
c = a[[1,1,1], np.newaxis]
```

```
c.shape
```
```
(3, 1, 5)
```

```
c
```
```
array([[[5, 6, 7, 8, 9]],
       [[5, 6, 7, 8, 9]],
       [[5, 6, 7, 8, 9]]])
```

먼저 축을 추가한 후에 팬시검색으로 자료를 가져오면 3차원이 배열이 만들어집니다. 첫 번째 축인 깊이가 추가됩니다. 하나의 **3**행 **5**열 행렬이 만들어진 것을 알 수 있습니다.

```
d = a[np.newaxis, [1,1,1]]
```

```
d.shape
```
```
(1, 3, 5)
```

```
d
```
```
array([[[5, 6, 7, 8, 9],
        [5, 6, 7, 8, 9],
        [5, 6, 7, 8, 9]]])
```

차원을 축소할 대는 팬시검색이 순서쌍을 만드는 구조를 만들면 2차원 배열이 1차원 배열로 축소된 결과를 출력합니다.

```
tuple([[1,1],[0,1]])
```
```
([1, 1], [0, 1])
```
```
a[tuple([[1,1],[0,1]])]
```
```
array([5, 6])
```

튜플에 2차원 3차원 배열을 넣고 생성하면 2차원 배열이 만들어집니다. 이를 사용해서 팬시검색으로 사용하면 순서쌍을 만드는 것이 아니라 원본 행렬의 행을 기준으로 다른 배열을 만듭니다.

새로운 배열을 확인하면 원본 배열의 두 번째 행을 두 번 나열한 배열과 원본 배열의 첫 번째 행과 두 번째 행을 나열한 배열이 새로운 3차원 배열의 원소로 들어간 것을 볼 수 있습니다.

```
tuple([[[1,1],[0,1]]])
```
```
([[1, 1], [0, 1]],)
```

```
a[tuple([[[1,1],[0,1]]])]
```
```
array([[[5, 6, 7, 8, 9],
        [5, 6, 7, 8, 9]],

       [[0, 1, 2, 3, 4],
        [5, 6, 7, 8, 9]]])
```

팬시검색을 위해 2차원 배열을 행에 넣고 열을 모든 것을 조회하면 3차원 배열을 만듭니다. 위와 동일한 배열이 만들어집니다.

```
e = a[[[1,1],[0,1]], :]
```

```
e.shape
```
```
(2, 2, 5)
```

```
e
```
```
array([[[5, 6, 7, 8, 9],
        [5, 6, 7, 8, 9]],

       [[0, 1, 2, 3, 4],
        [5, 6, 7, 8, 9]]])
```

팬시검색 조건으로 2차원 배열을 넣고 슬라이스검색조건으로 열을 줄이면 3차원 배열이 만들어집니다. 다만 열의 원소가 축소된 것을 알 수 있습니다.

```
f = a[[[1,1],[0,1]], :1]
```

```
f.shape
```
```
(2, 2, 1)
```

```
f
```
```
array([[[5],
        [5]],

       [[0],
        [5]]])
```

이번에는 열의 검색조건을 팬시검색으로 넣으면 열의 정보를 인덱스에 맞는 값을 **2**행 **2**열로 만듭니다.

```
g = a[[[1,1],[0,1]], [0]]
```

```
g.shape
```
```
(2, 2)
```

```
g
```
```
array([[5, 5],
       [0, 5]])
```

04 메소드나 함수로 검색하기

색인검색으로 배열을 검색하는 것보다 더 다양한 기능을 처리해서 배열을 검색할 필요가 있을 때에는 함수나 메소드를 사용합니다. 연속으로 함수나 메소드를 처리하면 더 다양한 방식으로 배열을 검색할 수 있습니다.

메소드 사용하기

색인검색을 사용하는 것보다 특정 메소드를 사용하는 것이 더 편리할 때가 많습니다. 다차원 배열에는 take, put, item, itemset이라는 메소드가 있어 이를 사용해서 검색과 갱신이 가능합니다. 이런 메소드를 사용해서 배열을 검색하고 갱신하는 방법을 알아보겠습니다.

 예제 1 배열의 원소 검색

3행 3열의 2차원 배열을 하나 만듭니다.

```
x = np.arange(9).reshape(3,3)
```

```
x
```

```
array([[0, 1, 2],
       [3, 4, 5],
       [6, 7, 8]])
```

배열의 인덱스를 정수로 item 메소드에 전달되면 하나의 원소를 조회합니다. 2개의 튜플로 전달하면 2차원 배열의 인덱스로 원소를 조회합니다.

```
x.item(1)
```

```
1
```

```
x.item(5)
```

```
5
```

```
x.item(1,2)
```

```
5
```

```
x.item((2,2))
```

```
8
```

이번에는 특정 인덱스에 있는 원소를 **itemset** 메소드로 갱신할 수 있습니다. 이때는 인덱스 정보와 갱신하는 값을 인자로 전달해서 변경이 가능합니다. 다차원 배열의 원소는 1차원으로 관리해서 정수로 인덱스 정보를 지정할 수도 있고 튜플로 지정해서 행과 열의 정보를 지정해서 갱신할 수 있습니다.

```
x.itemset(2,20)
```

```
x
```

```
array([[ 0,  1, 20],
       [ 3,  4,  5],
       [ 6,  7,  8]])
```

```
x.itemset((1,2),20)
```

```
x
```

```
array([[ 0,  1, 20],
       [ 3,  4, 20],
       [ 6,  7,  8]])
```

```
x.view()
```

```
array([[ 0,  1, 20],
       [ 3,  4, 20],
       [ 6,  7,  8]])
```

예제 2 배열의 원소를 배열조건으로 검색

2행 5열의 하나의 배열을 만듭니다.

```
b = np.linspace(1,10,10).reshape(2,5)
```

```
b
```
```
array([[ 1.,   2.,   3.,   4.,   5.],
       [ 6.,   7.,   8.,   9.,  10.]])
```

배열의 위치를 1차원 리스트나 튜플로 행과 열의 인덱스를 지정해서 take 메소드의 인자로 전달해서 원소의 값을 조회할 수 있습니다.

2차원 리스트로 만들어서 가져올 수도 있습니다. 2차원 리스트를 인자로 전달하면 인자로 전달된 형상과 동일한 배열을 반환합니다.

```
pos1 = [3,4]
```

```
b.take(pos1)
```
```
array([4., 5.])
```

```
pos2 = [[0,1],[3,4]]
```

```
b.take(pos2)
```
```
array([[1., 2.],
       [4., 5.]])
```

새로운 배열을 만들기 위해 copy 메소드로 복사를 합니다. 새로 복사된 배열은 원본 배열과 메모리 공유를 하지 않아서 별도의 배열을 만듭니다.

이번에는 배열을 갱신하기 위해 위에서 지정한 인덱스 정보를 사용해서 put 메소드에 갱신되는 값을 넣고 실행하면 인덱스가 지정된 곳의 원소의 값이 변경됩니다.

변경되는 값을 리스트로 전달하면 해당되는 인덱스의 값을 하나씩 갱신합니다.

```
c = b.copy()
```

```
np.may_share_memory(c,b)
```

```
False
```

```
c.put(pos1, 30)
```

```
c
```

```
array([[  1.,   2.,   3.,  30.,  30.],
       [  6.,   7.,   8.,   9.,  10.]])
```

```
c.put(pos1, [50,50])
```

```
c
```

```
array([[  1.,   2.,   3.,  50.,  50.],
       [  6.,   7.,   8.,   9.,  10.]])
```

4.2

질의(Query) 함수를 사용하기

다차원 배열도 특정 조건을 지정해서 내부의 원소를 가져오는 질의 함수를 제공합니다. 먼저 특정 인덱스를 가지고 검색하는 방식을 알아본 후에 논리 조건을 지정하는 방식을 추가로 확인합니다.

예제 1 질의 함수 사용하기

9개의 원소를 가지는 1차원 배열을 만들고 메소드를 사용해서 3행 3열의 2차원배열로 변형합니다.

```
x = np.arange(9).reshape(3,3)
```

```
x
```

```
array([[0, 1, 2],
       [3, 4, 5],
       [6, 7, 8]])
```

특정 인덱스의 정보를 제공해서 검색하는 방식을 알아봅니다. 먼저 정수나 리스트를 인자로 함수 **choose**에 전달하면 이 정수에 해당되는 행을 조회할 수 있습니다.

```
np.choose(0,x)
```

```
array([0, 1, 2])
```

```
np.choose([0],x)
```

```
array([0, 1, 2])
```

두 번째와 세 번째 행을 조회할 때는 정수 **1**과 **2**을 지정합니다. 이 행렬의 인덱스범위가 벗어난 것을 조회할 때는 예외를 발생시킵니다.

```
np.choose(1,x)
```

```
array([3, 4, 5])
```

```
np.choose(2,x)
```

```
array([6, 7, 8])
```

```
try :
    np.choose(3,x)
except Exception as e :
    print(e)
```

```
invalid entry in choice array
```

이번에는 튜플로 지정해서 원소를 검색하는 방식을 알아봅니다. 위에서 처리하는 방식과 다른 결과가 나와서 혼란스러울 수도 있습니다.

이 문제를 해결하기 위하여 다시 도전해봅시다. 먼저 하나의 튜플에 **0,1,2** 원소를 가진 리스트를 인자로 전달해서 튜플을 하나 만듭니다. 이 튜플을 choose 함수에 인자로 전달하면 3개의 원소를 반환합니다. 이 결과를 확인하면 각각의 튜플 원소가 배열의 각각의 열의 위치에 매칭되는 원소를 가져옵니다.

그리고 **2, 1, 0**을 리스트로 전달해서 튜플을 만들면 1열의 **2행**, 2열의 **1행**, 3열의 **0행**의 원소를 가져와서 반환합니다.

```
tuple([0,1,2])
```
```
(0, 1, 2)
```

```
np.choose(tuple([0,1,2]),x)
```
```
array([0, 4, 8])
```

```
np.choose(tuple([2,1,0]),x)
```
```
array([6, 4, 2])
```

2차원 배열의 형상을 유지하면서 원소를 가져오는 방법을 알아봅니다. 튜플 내에 리스트 원소를 지정해서 함수 choose의 인자로 전달하면 각 행에 대한 정보를 가져와서 처리합니다. 마지막 행을 하나 더 추가하려면 정수 2를 배열로 만들어서 처리합니다.

```
tuple([[0],[1],[2]])
```
```
([0], [1], [2])
```

```
np.choose(tuple([[0],[1],[2]]),x)
```
```
array([[0, 1, 2],
       [3, 4, 5],
       [6, 7, 8]])
```

```
np.choose(tuple([[0],[1],[2],[2]]),x)
```
```
array([[0, 1, 2],
       [3, 4, 5],
       [6, 7, 8],
       [6, 7, 8]])
```

특정 논리조건 결과를 가지고 다차원 배열의 원소를 추출하는 방식을 알아봅니다. 이때는 **where** 함수에 특정 조건을 지정해야합니다.

4보다 큰 원소를 추출하면 결과가 행과 열의 인덱스 정보를 반환합니다. 실제 원소를 추출하기 위해서는 이 논리값의 결과를 색인연산에 넣어서 원소를 검색합니다.

```
np.where(x> 4)
```
```
(array([1, 2, 2, 2], dtype=int64), array([2, 0, 1, 2], dtype=int64))
```

```
x[np.where(x> 4)]
```
```
array([5, 6, 7, 8])
```

다른 질의 방식은 논리식의 결과를 함수 **select**에 인자로 전달해서 처리합니다. 특정 논리 조건에 맞는 경우만 추출할 때는 논리식이 결과가 참인 원소만 추출합니다.

```
x
```
```
array([[0, 1, 2],
       [3, 4, 5],
       [6, 7, 8]])
```

```
x> 5
```
```
array([[False, False, False],
       [False, False, False],
       [ True,  True,  True]])
```

```
np.select(x > 5, x)
```
```
array([6, 7, 8])
```

이 **select** 함수는 선택되는 배열도 특정 상태를 변경도 가능합니다. 첫 번째 조건에 맞는 경우에 해당되는 변경된 배열을 검색해서 결과를 반환합니다.

```
a = np.select(x > 5, x*2)
```

```
a
```
```
array([12, 14, 16])
```

단순하게 특정 조건에 따른 원소를 추출할 때는 **extract** 함수로 처리할 수도 있습니다.

```
np.extract(x>4, x)
```

```
array([5, 6, 7, 8])
```

CHAPTER 04

다차원 배열의 연산

벡터와 행렬의 연산처럼 넘파이 모듈의 다차원 배열도 산술연산 등의 연산을 실행해서 배열의 값을 변경할 수 있습니다.

보통 다차원 배열의 연산은 인덱스가 동일한 원소 별로 계산합니다. 차원이 다른 경우는 브로드 캐스팅이 가능하다면 동일한 형상을 만든 후에 계산합니다. 또한 선형대수의 연산인 내적, 행렬식, 역행렬을 구하는 방법과 텐서곱이나 einsum 등을 처리하는 방법을 알아봅니다.

- 산술 연산
- 브로드캐스팅 이해하기
- 행렬의 연산
- 행렬식(determinant), 역행렬(Inverse Matrix) 처리하기
- Tensordot 연산 확인하기223
- einsum 연산 확인하기

수학으로 처리하는 PYTHON

01 산술 연산

가장 기본적인 연산은 수학의 덧셈, 뺄셈, 곱셈 등의 산술 연산입니다. 벡터와 행렬에 대한 산술연산을 다차원 배열의 1차원 배열과 2차원 배열로 계산합니다. 또한 산술연산을 할 때에도 배열의 차원이나 형상이 다른 경우에도 브로드캐스팅(broadcasting)이 가능한 경우에는 먼저 형상을 맞춘 후에 계산이 됩니다.

1.1

벡터 산술연산

다차원 배열의 원소 별 계산이 기준은 1차원 배열인 벡터입니다. 행렬을 구성하는 기본 원소가 벡터여서 벡터 연산이 가능하면 행렬도 연산이 가능합니다.

벡터도 동일한 형상 즉 원소의 개수가 동일할 때 원소 별로 계산이 가능합니다. 어떻게 산술연산이 수행되는지 알아봅니다.

벡터 간 덧셈

두 벡터 간의 산술연산은 기본적으로 벡터 내의 동일한 인덱스 위치의 원소들을 더하는 것입니다.

기하적인 벡터를 이해하면서 벡터의 덧셈 즉 두 벡터의 합을 알아봅니다. 두 벡터 e 와 d를 화살표로 그립니다. 이 벡터의 합은 두 벡터를 평행사변형으로 만든 후에 대각선의 길이가 두 벡터의 합을 구한 값으로 그림 4-1에서 처럼 표현 할 수 있습니다.

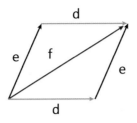

그림 4-1 벡터 간의 덧셈

예제 1 벡터 간의 덧셈

다차원 배열로 두 개의 1차원 배열을 만듭니다. 이때 두 개의 1차원 배열의 원소는 2개입니다. 동일한 원소의 개수를 가진 배열을 만들어야 덧셈연산이 가능하기 때문입니다.

```
d = np.array([3,4])
```

```
e = np.array([5,6])
```

두 벡터를 덧셈 연산자로 더하면 두 배열의 동일한 인덱스에 있는 원소를 더한 결과가 동일합니다. 이를 함수 **add**로 처리해도 같은 결과가 나옵니다.

두 벡터가 동일한 원소를 가졌다는 것은 실제 이 벡터가 만들어지는 집합인 벡터공간(Vector Space)이 같다는 뜻입니다. 수학의 정수도 동일한 집합인 정수 클래스의 원소라서 사칙연산이 가능한 원리와 동일합니다.

```
d + e
```
```
array([ 8, 10])
```

```
np.add(d, e)
```
```
array([ 8, 10])
```

이번에는 3개의 원소를 가지는 배열을 만듭니다. 원소가 3개인 것은 원소가 2개인 것과 다른 벡터공간을 가집니다. 다른 벡터공간에 있는 벡터는 연산을 할 수 없습니다. 그래서 두 벡터를 더하면 예외를 발생시킵니다. 두 형상이 달라서 브로드 캐스팅이 불가능하므로 계

산할 수 없다는 예외 메세지를 확인 할 수 있습니다.

```
f = np.array([1,2,3])
```

```
try :
    f + e
except Exception as ex :
    print(ex)
```

operands could not be broadcast together with shapes (3,) (2,)

벡터간 뺄셈

벡터는 방향을 가집니다. 벡터 간의 뺄셈은 실제 반대 방향의 벡터를 더하는 것입니다.

벡터 간의 뺄셈도 덧셈과 동일하게 평행사변형을 만듭니다. 대신 반대 방향이라서 반대 방향의 평행사변형이 그려집니다. 이 두 벡터의 대각선이 두 벡터의 뺄셈입니다. 그림 4-2는 두 벡터의 뺄셈을 표시한 그림입니다.

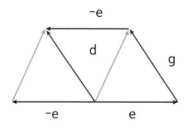

그림 4-2 벡터 간의 뺄셈

예제 2 벡터 간의 뺄셈

동일한 벡터공간에 있는 벡터 즉 2개의 원소를 가진 1차원 배열을 두 개 만듭니다.

```
d = np.array([3,4])
```

```
e = np.array([5,6])
```

두 개의 벡터의 뺄셈은 뒤에 있는 벡터의 반대방향에 대한 덧셈입니다. 뺄셈 연산자와 **subtract** 함수의 연산은 동일한 결과입니다.

뺄셈한 벡터를 보면 마이너스가 있어서 기존 벡터와 반대방향을 가진 벡터라는 것을 알 수 있습니다.

```
d - e
```
```
array([-2, -2])
```

```
np.subtract(d,e)
```
```
array([-2, -2])
```

이를 덧셈 기호로 바꾸면 먼저 두 번째 벡터를 반대방향으로 표기하고 이를 더하는 방식이 벡터 간의 뺄셈입니다. 함수를 사용해서 구할 때는 먼저 함수 **negative**로 반대 방향의 벡터를 만든 후에 **add** 함수로 더합니다.

```
d + (-e)
```
```
array([-2, -2])
```

```
np.add(d, np.negative(e))
```
```
array([-2, -2])
```

스칼라 값과의 곱셈

특정 벡터가 있을 때 이 벡터를 특정 상수만큼 크기를 확장할 수 있습니다. 이를 스칼라 배라고 합니다. 벡터에 상수를 곱한 결과입니다. 그림 **4-3**은 **m** 벡터에 **3** 배를 한 벡터 **a**를 만드는 그림입니다.

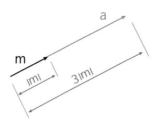

그림 4-3 벡터의 스칼라 값 곱하기

예제 3 스칼라 값을 벡터에 곱하기

2개의 원소를 가진 하나의 1차원 배열로 벡터를 만듭니다.

```
d = np.array([2,3])
```

이 벡터에 스칼라 3을 곱합니다. 벡터의 원소의 값이 상수 배만큼 증가합니다. 이는 상수인 스칼라가 먼저 브로드 캐스팅되어 3을 원소로 하는 1차원 배열인 벡터로 변경되고 기존 벡터와의 원소별로 곱셈을 수행한 결과입니다.

```
3 * d
```
```
array([6, 9])
```

```
np.array([3,3]) * d
```
```
array([6, 9])
```

이는 **muliply** 메소드나 함수를 사용하여 정수나 벡터를 지정해서 계산한 결과와 동일합니다.

```
np.multiply(3, d)
```
```
array([6, 9])
```

```
np.multiply(np.array([3,3]), d)
```
```
array([6, 9])
```

벡터의 나눗셈을 구할 때는 상수의 역수를 계산해서 벡터의 원소에 곱하는 것과 동일합니다.

보통 산술연산에서도 나눗셈은 역수의 곱으로 계산합니다. 상수 3의 역수는 1/3입니다. 이를 벡터에 곱하면 벡터의 원소를 나눈 결과와 동일합니다. 함수 **divide**로 계산하면 같은 결과가 나옵니다.

```
1/3 * d
```
```
array([0.66666667, 1.])
```

```
np.divide(d,3)
```
```
array([0.66666667, 1.])
```

```
np.multiply(d, (1/3))
```
```
array([0.66666667, 1.])
```

1.2

행렬의 산술연산

벡터의 연산처럼 행렬도 산술연산이 가능합니다. 벡터는 1차원이고 행렬은 2차원인 형상을 가진 차이가 있을 뿐입니다. 행렬도 내부는 행벡터나 열벡터로 분리가 되어 실제 벡터 간의 산술연산을 처리하는 것과 같습니다.

행렬 산술연산

두 개의 행렬 간의 덧셈, 뺄셈, 곱셈, 나눗셈을 수행하면 일반적으로 동일한 인덱스에 위치한 원소간의 계산이 이루어집니다.

예제 1 행렬의 산술연산

2개의 원소를 가지는 리스트를 리스트에 두 개 넣어서 2차원 배열을 만듭니다. 하나의 자료형을 **dtype** 매개변수에 전달해서 배열의 자료형을 정수로 만듭니다.

```
a = np.array([[3,4],[4,5]], dtype=np.int64)
```

```
a
```
```
array([[3, 4],
       [4, 5]], dtype=int64)
```

또 하나의 배열을 만들 때는 문자열에 타입코드 **i**와 자료형의 길이를 숫자 **8**로 전달합니다. 만들어진 배열을 보면 자료형이 **int64** 입니다.

```
b = np.array([[2,4],[2,5]], dtype='i8')
```

```
b
```
```
array([[2, 4],
       [2, 5]], dtype=int64)
```

두 개의 다차원 배열인 행렬의 형상은 **2행 2열**로 동일합니다. 이 두 행렬을 **add** 함수로 더하거나 **substract**로 빼면 원소의 값을 변경해서 행렬인 2차원 배열을 반환합니다.

```
np.add(a,b)
```
```
array([[ 5,  8],
       [ 6, 10]], dtype=int64)
```

```
np.subtract(a,b)
```
```
array([[1, 0],
       [2, 0]], dtype=int64)
```

곱셈과 나눗셈도 동일하게 덧셈과 뺄셈처럼 원소별로 처리합니다. 함수 **multipy**로 곱셈을 계산합니다. 또한 함수 **divide**로 나눗셈 처리하면 나눗셈의 값이 실수라서 실수 자료형으로 변환한 결과를 반환합니다.

```
np.multiply(a,b)
```

```
array([[ 6, 16],
       [ 8, 25]], dtype=int64)
```

```
np.divide(a,b)
```

```
array([[1.5, 1. ],
       [2. , 1. ]])
```

함수 `floor_divide`로 나눗셈을 처리하면 나머지를 버린 정수 값으로 반환합니다. 정수 값 배열을 유지하려면 이 함수를 사용해서 배열을 나눠야 합니다. 또한 나머지와 몫을 모두 구하는 함수 `divmod`를 사용하면 두 개의 배열로 반환됩니다. 하나는 몫을 의미하고 다른 하나는 나머지를 의미합니다.

```
np.floor_divide(a,b)
```

```
array([[1, 1],
       [2, 1]], dtype=int64)
```

```
np.divmod(a,b)
```

```
(array([[1, 1],
        [2, 1]], dtype=int64), array([[1, 0],
        [0, 0]], dtype=int64))
```

스칼라(scalar)와 행렬 간의 산술연산

스칼라 값은 정수나 실수 등 일반적인 숫자입니다. 이를 행렬에 계산도 가능합니다. 스칼라는 0차원인 텐서이므로 행렬과 계산하려면 2차원인 행렬의 차원을 맞추는 브로드 캐스팅이 먼저 발생하고 행렬을 만든 후에 산술연산을 수행합니다.

예제 2 행렬에 스칼라 곱셈과 나눗셈 처리

3행 3열의 행렬인 다차원 배열을 하나 만듭니다. 스칼라인 정수 3을 곱하면 기존 배열의

원소를 3배 증가시킵니다.

```
d = np.array([[1,2,3],[4,5,6],[7,8,9]])
```

```
np.multiply(3,d)
```
```
array([[ 3,  6,  9],
       [12, 15, 18],
       [21, 24, 27]])
```

스칼라 값이 곱셈을 계산되는 형태를 알아보기 위해 함수 **full**을 사용해서 다차원 배열을 하나 더 만듭니다. 이 함수는 배열의 형상과 배열에 채워질 원소의 값을 받아서 배열을 만듭니다. 이렇게 만들어진 배열을 기존 배열에 곱셈을 처리하면 배열에 정수 값을 곱한 결과와 같은 것을 확인할 수 있습니다.

```
s = np.full((3,3),3)
```

```
s
```
```
array([[3, 3, 3],
       [3, 3, 3],
       [3, 3, 3]])
```

```
np.multiply(s,d)
```
```
array([[ 3,  6,  9],
       [12, 15, 18],
       [21, 24, 27]])
```

스칼라 나눗셈도 곱셈과 동일하게 처리됩니다. 정수 처리를 위해서 **floor_divide** 함수를 사용해서 처리해야 합니다.

```
np.divide(3,d)
```
```
array([[3.        , 1.5       , 1.        ],
       [0.75      , 0.6       , 0.5       ],
       [0.42857143, 0.375     , 0.33333333]])
```

```
np.floor_divide(d,3)
```
```
array([[0, 0, 1],
       [1, 1, 2],
       [2, 2, 3]], dtype=int32)
```

대수의 법칙(laws of algebra)

수학 연산의 기본 법칙인 결합법칙, 교환법칙, 분배법칙입니다. 이 대수의 법칙이 벡터와 행렬의 선형대수에도 성립하는지 알아봅니다. 기본적인 산술연산에 대한 대수의 법칙을 알아봅니다.

선형대수의 행렬곱 등은 이 대수의 법칙이 성립하지 않아서 실제 선형대수의 연산에서 이를 설명합니다.

결합법칙(associative laws)

보통 수학의 연산자는 대부분 두 개의 항(item)을 가집니다. 더 많은 항을 가질 때는 두 개의 항을 기준으로 괄호로 묶어서 처리합니다. 연산자 우선순위를 처리하기 위해 괄호로 묶어서 처리합니다. 결합법칙은 좌변과 우변에 괄호를 묶어서 처리하는 것을 바꿔서 계산하는 경우에 양변의 계산결과가 같아야 합니다.

선형대수의 벡터와 행렬의 사칙연산도 좌변과 우변의 괄호가 바뀌어도 동일한 결과가 나와야 결합법칙이 성립합니다.

$$A \pm (B \pm C) = (A \pm B) \pm C = A \pm B \pm C$$
$$A * (B * C) = (A * B) * C = A * B * C$$

 예제1 결합법칙

4개의 원소를 가진 일차원 배열과 형상을 **reshape**함수의 인자로 전달해서 배열을 3개 만
듭니다.

```
x = np.reshape(np.arange(4.0),(2,2))
```

```
x
```

```
array([[0., 1.],
       [2., 3.]])
```

```
y = np.reshape(np.arange(6.,10.),(2,2))
```

```
y
```

```
array([[6., 7.],
       [8., 9.]])
```

```
z = np.reshape(np.arange(12.,16.),(2,2))
```

```
z
```

```
array([[12., 13.],
       [14., 15.]])
```

먼저 앞의 두 행렬 **x**와 **y**를 괄호로 묶어서 덧셈연산을 수행합니다. 또 다른 것은 **y**와 **z**을
괄호로 묶어서 덧셈연산을 실행합니다. 두 개의 계산된 결과가 같은지 비교연산을 사용해
서 확인하면 동일한 결과가 나옵니다.

```
a = (x + y) + z
```

```
b = x + (y + z)
```

```
a == b
```

```
array([[ True,  True],
       [ True,  True]])
```

분배법칙(distributive laws)

분배법칙은 괄호로 묶인 연산에 곱셈을 해서 행렬을 분배해서 처리합니다. 좌변과 우변의
결과가 같으면 분배법칙이 성립합니다.

$$A * (B \pm C) = A * B \pm A * C$$
$$(B \pm C) * A = B * A \pm C * A$$

예제 2 분배법칙

위에서 만든 배열을 사용해서 두 개의 분배법칙을 계산하고 동일한 결과인지 확인하면 모
든 원소가 **True**로 표시해 분배법칙이 성립하는 것을 볼 수 있습니다.

```
c = x*(y+z)
```

```
d = (y+z)* x
```

```
c == d
```
```
array([[ True,   True],
       [ True,   True]])
```

교환법칙(commutative laws)

연산 기호 양쪽의 배열을 바꿔서 계산해도 계산결과가 동일해야 합니다. 덧셈과 곱셈에 대
해 성립합니다.

$$A + B = B + A$$

예제 3 교환법칙

두 개의 배열을 앞뒤를 바꿔 계산을 한 결과를 비교하면 동일한 것을 알 수 있습니다.

```
f = x+y
```

```
g = y + x
```

```
f == g
```
```
array([[ True,   True],
       [ True,   True]])
```

산술 곱셈일 경우도 두 배열을 바꿔서 계산한 결과가 동일한 것을 알 수 있습니다.

```
i = x * y
```

```
j = y * x
```

```
i == j
```
```
array([[ True,   True],
       [ True,   True]])
```

02 브로드캐스팅 이해하기

두 개의 배열이 계산할 때 형상이 다른 경우에 브로드캐스팅 규칙에 맞으면 두 배열의 형상을 맞추는
작업이 먼저 실행됩니다. 그 다음에 연산을 수행합니다. 하지만 동일한 형상으로 만들지 못하면 예외
를 발생시킵니다. 이번에는 다차원 배열을 연산하기 전에 배열의 형상을 재구성하는 방법을 알아봅
니다.

2.1

브로드캐스팅(broadcasting) 이해하기

선형대수의 연산 규칙은 원소 별로(element-wise) 연산을 처리하는 방식입니다. 그래서 다
차원 배열도 동일한 규칙을 따릅니다. 원소 별로 계산을 하려면 먼저 동일한 형상이거나
브로드캐스팅 규칙을 준수해야 확장이 가능합니다.

브로드캐스팅이 가능한 것은 상수 즉 아무런 차원이 없어서 차원부터 추가해서 처리합니
다. 여러 차원을 가진 경우는 각 차원의 1인지 확인한 후에 확장여부를 판단함으로 동일한
형상인 행과 열의 원소의 개수가 같아야 합니다. 어떻게 동일하게 원소의 개수를 일치시키
는지 알아봅니다.

 예제 1 브로드캐스팅 내장함수 사용

10개의 원소를 가진 1차원 배열을 만든 후에 2행 5열의 2차원 배열로 형상을 변경합니다.
다른 배열은 5개의 원소를 가진 1차원 배열을 만듭니다.

```
x = np.arange(10).reshape(2,5)
```

```
x
```

```
array([[0, 1, 2, 3, 4],
       [5, 6, 7, 8, 9]])
```

```
y = np.arange(5)
```

```
y
```

```
array([0, 1, 2, 3, 4])
```

두 배열의 확장이 가능한지 확인할 수 있는 클래스인 broadcast를 빈 셀에 넣고 클래스 여부를 확인합니다.

```
np.broadcast
```

```
numpy.broadcast
```

```
type(np.broadcast)
```

```
type
```

두 개의 다차원 배열의 확장이 가능한지 broadcast 클래스의 인자로 전달해서 객체를 만듭니다. 만들어진 객체는 브로드캐스트의 객체라는 것을 알 수 있습니다.

```
z = np.broadcast(x,y)
```

```
z
```

```
<numpy.broadcast at 0x7fccb9469190>
```

```
type(z)
```

```
numpy.broadcast
```

이 객체의 shape와 ndim 을 확인하면 2행 5열이고 2차원이라는 것을 알 수 있습니다. 이 객체를 순환문에 넣어서 출력을 하면 첫 번째 배열의 원소와 두 번째 배열의 원소가 순서쌍을 구성해서 출력합니다. 두 번째 배열은 1차원이므로 하나의 차원이 추가된 것을 알 수 있습니다.

```
z.shape, z.ndim
```
```
((2, 5), 2)
```

```
for i in z :
    print(i)
```
```
(0, 0)
(1, 1)
(2, 2)
(3, 3)
(4, 4)
(5, 0)
(6, 1)
(7, 2)
(8, 3)
(9, 4)
```

브로드캐스트 클래스로 객체를 만들면 하나의 반복자(iterator) 객체를 만듭니다. 이 반복자는 객체가 만들어지지만 내부의 원소를 바로 사용하지 않고 필요할 때마다 원소를 꺼내서 사용하는 방식입니다.

반복자의 사용방식을 알아보기 위해 다시 broadcast 클래스로 객체를 만듭니다. 또한 위의 배열을 저장할 2행 5열의 empty 객체도 만듭니다. 다차원 배열의 모든 원소를 반복자로 처리하는 flat 속성을 확인합니다. 이 속성에 의해서 만들어진 브로드캐스트 객체의 원소 중에 확장된 배열의 원소만 리스트 컴프리헨션으로 처리합니다.

처리된 결과를 확인하면 2차원 배열에 원소의 값이 1행과 2행이 동일한 것을 알 수 있습니다.

```
z = np.broadcast(x,y)
```

```
b = np.empty(z.shape,int)
```

```
b.flat
```
```
<numpy.flatiter at 0x7fccbcbb6800>
```

```
b.flat =  [ i for _,i in z]
```

```
b
```
```
array([[0, 1, 2, 3, 4],
       [0, 1, 2, 3, 4]])
```

두 개의 2행 5열 배열은 동일한 원소를 가지므로 브로드캐스팅 처리 없이 계산합니다. 2행 5열의 배열과 5열의 배열을 연산하면 1차원을 2차원으로 자동으로 변형된 후에 원소별로 계산을 처리합니다.

```
x + b
```
```
array([[ 0,  2,  4,  6,  8],
       [ 5,  7,  9, 11, 13]])
```

```
x + y
```
```
array([[ 0,  2,  4,  6,  8],
       [ 5,  7,  9, 11, 13]])
```

예제 2 브로드캐스팅 내장함수 사용

브로드 캐스팅을 처리하는 함수 broadcast_to를 사용하여 3개의 원소를 가진 1차원 배열을 만듭니다. 이 함수의 첫 번째 인자는 브로드캐스팅 대상의 배열이고 두 번째 인자는 브로드 캐스팅하는 형상입니다.

3행 3열로 브로드 캐스팅을 수행하면 동일한 행이 3개가 쌓인 2차원 배열을 반환합니다.

```
a = np.array([1,2,3])
```

```
ax = np.broadcast_to(a,(3,3))
```

```
ax
```
```
array([[1, 2, 3],
       [1, 2, 3],
       [1, 2, 3]])
```

브로드 캐스팅할 때 주의할 점은 원소의 개수가 유지되면서 확장되어야 합니다. 3개의 원소를 유지하지 못하면 예외를 발생시킵니다.

이번에는 3행 4열로 브로드 캐스팅을 시킵니다. 3개원 원소를 가진 1차원 배열이 4개의 원소를 가지는 2차원 배열로 변환할 수 없어서 예외가 발생합니다. 이처럼 원소의 개수를 유지하면서 추가할 수 있어야 합니다.

```
try :
    np.broadcast_to(a,(3,4))
except Exception as e :
    print(e)
```

```
operands could not be broadcast together with remapped shapes [original->re
mapped]: (3,) and requested shape (3,4)
```

다른 브로드 캐스팅을 하는 함수 **broadcast_arrays**를 사용해 봅니다. 동일한 1차원 배열을 인자로 전달합니다. 결과는 두 개의 배열의 형상이 같아 변환하지 않습니다.

```
a = np.broadcast_arrays(np.array([1,2,3,4]), np.array([5,6,7,8]))
```

```
a
```

```
[array([1, 2, 3, 4]), array([5, 6, 7, 8])]
```

이 함수에 1차원 배열과 2차원 배열을 인자로 넣으면 1차원 배열을 2차원 배열의 형상에 맞춰 변환합니다.

```
b = np.broadcast_arrays(np.array([1,2,3,4]), np.array
([[5,6,7,8],[7,8,9,10]]))
```

```
b
```

```
[array([[1, 2, 3, 4],
        [1, 2, 3, 4]]), array([[ 5,  6,  7,  8],
        [ 7,  8,  9, 10]])]
```

이 때도 형상의 원소의 개수를 확인합니다. 1차원 배열은 4개의 원소를 가졌고 2차원 배열은 2행 3열입니다. 마지막 축의 원소의 개수가 달라서 브로드 캐스팅이 불가합니다.

브로드 캐스팅은 형상의 작은 배열을 형상의 큰 배열로 동일하게 만드는 것이지 새로운 원소를 추가해서 배열을 변형하는 방식이 아니기 때문입니다.

```python
try :
    c = np.broadcast_arrays(np.array([1,2,3,4]), np.array
([[5,6,7],[7,8,9]]))
except Exception as e :
    print(e)
```

shape mismatch: objects cannot be broadcast to a single shape

이번에는 두 개의 배열의 형상에 1이 있습니다. 브로드 캐스팅은 형상에 1이 있을 때는 자동으로 다른 배열의 형상과 동일한 원소의 개수를 맞춥니다.

1행3열의 배열과 3행 1열의 배열을 인자로 전달해서 브로드 캐스팅을 시킵니다. 그러면 3행 3열 두 개의 배열을 반환합니다.

첫 번째 1행 3열은 동일한 행이 3개 쌓인 3행 3열로 바뀝니다. 두 번째 3행 1열은 열의 방향으로 3개가 쌓인 결과입니다. 이는 각각의 배열의 형상에 있는 1이 다른 배열에 형상에 있는 원소의 개수로 변환된 것을 알 수 있습니다.

```python
c = np.broadcast_arrays(np.arange(3).reshape(1,3),
                        np.arange(3).reshape(3,1),)
```

```python
c
```

```python
[array([[0, 1, 2],
        [0, 1, 2],
        [0, 1, 2]]), array([[0, 0, 0],
        [1, 1, 1],
        [2, 2, 2]])]
```

브로드 캐스팅 처리 규칙 이해하기

이번에는 차원이 다른 두 개의 배열에 대한 브로드 캐스팅하는 방법을 확인해 봅니다.

예제 3 브로드캐스팅 규칙 이해하기

2행3열의 다차원 배열을 모든 원소가 1인 값을 가진 배열을 만듭니다. 그리고 3개원 원소가 1로된 1차원 배열도 만듭니다.

```
x2 = np.ones((2,3))
```

```
x2
```
```
array([[1., 1., 1.],
       [1., 1., 1.]])
```

```
x1 = np.ones(3)
```

```
x1
```
```
array([1., 1., 1.])
```

이 두 개의 배열의 형상을 확인하면 1차원은 하나의 원소를 가진 튜플이고 2차원 배열은 2개의 원소를 가진 튜플입니다. 두 배열의 최종 원소의 개수는 같습니다.

```
x1.shape, x2.shape
```
```
((3,), (2, 3))
```

```
x1.shape[0] == x2.shape[1]
```
```
True
```

최종 원소의 개수가 동일하므로 1차원 배열의 행의 차원을 newaxis으로 추가해서 2차원 배열로 변환합니다. 변환된 배열의 형상을 확인하면 1행 3열로 변경됩니다.

```
x1 = x1[np.newaxis,]
```

```
x1.shape
```
```
(1, 3)
```

2차원 배열로 변경했지만 2차원 배열과 행이 다릅니다. 이번에는 1행 3열의 배열의 행을 하나 더 추가해서 2행 3열로 변환합니다. 이때는 vstack 함수를 사용해서 수직으로 하나의 행을 추가합니다. 기존 배열의 있는 행을 두 개를 쌓습니다.

```
x1 = np.vstack((x1[0],x1[0]))
```

```
x1
```

```
array([[1., 1., 1.],
       [1., 1., 1.]])
```

두 개의 배열의 형상을 비교하면 같습니다. 이 두 배열을 덧셈연산으로 계산하면 결과를 반환합니다.

```
x1.shape ==  x2.shape
```

```
True
```

```
x1 + x2
```

```
array([[2., 2., 2.],
       [2., 2., 2.]])
```

함수를 사용해서 브로드캐스팅

브로드 캐스팅이 중요해서 한 번 더 함수를 사용해서 실행해봅니다. 어떻게 브로드 캐스팅이 되는지 정확히 알아봅니다.

예제 1 상위 차원의 다른 경우

2행 3열인 2차원 배열과 1행 3열인 1차원 배열을 두 개를 만듭니다.

```
x = np.arange(1,7).reshape(2,3)
```

```
x
```

```
array([[1, 2, 3],
       [4, 5, 6]])
```

```
y = np.arange(1,4)
```

```
y
```

```
array([1, 2, 3])
```

두 배열의 차원 ndim 속성을 비교해서 작은 차원을 큰 차원에 맞춰서 브로드 캐스팅을 처리합니다. 먼저 두 배열의 랭크를 linalg 모듈 내의 matrix_rank 함수로 확인합니다.

```
x.ndim > y.ndim
```

```
True
```

```
np.linalg.matrix_rank(x)
```

```
2
```

```
np.linalg.matrix_rank(y)
```

```
1
```

두 개의 배열을 broadcast_arrays 함수를 사용해서 브로드 캐스팅을 처리합니다.

```
z = np.broadcast_arrays(x,y)
```

```
z
```

```
[array([[1, 2, 3],
       [4, 5, 6]]), array([[1, 2, 3],
       [1, 2, 3]])]
```

이 확장된 배열을 연산하면 자동으로 브로드 캐스팅되어 처리하는 결과와 같습니다.

```
z[0] + z[1]
```

```
array([[2, 4, 6],
       [5, 7, 9]])
```

```
x + y
```

```
array([[2, 4, 6],
       [5, 7, 9]])
```

예제 2 배열 내부 형상에서 1이 존재

2행 2열의 2차원 배열과 1행 2열의 2차원 배열 두 개를 만듭니다.

```
x = np.arange(1,5).reshape(2,2)
```

```
x
```

```
array([[1, 2],
       [3, 4]])
```

```
y = np.arange(1,3).reshape(1,2)
```

```
y
```

```
array([[1, 2]])
```

이 두 배열을 브로드 캐스팅한 후에 두 배열의 객체의 형상을 비교하면 1행 2열의 2차원 배열이 2행 2열의 배열로 변경된 것을 알 수 있습니다.

```
z = np.broadcast_arrays(x,y)
```

```
z[0].shape == z[1].shape
```

```
True
```

실제 내부의 값을 확인하면 동일한 행이 두 개가 만들어진 것을 볼 수 있습니다.

```
z
```

```
[array([[1, 2],
        [3, 4]]), array([[1, 2],
        [1, 2]])]
```

이번에는 **2**행 **1**열의 배열을 만듭니다.

```
b = np.arange(1,3).reshape(2,1)
```

```
b
```

```
array([[1],
        [2]])
```

2행 **2**열과 **2**행 **1**열을 브로드 캐스팅하면 **2**행 **2**열의 배열이 만들어집니다. 결과를 확인하면 열이 원소가 하나 더 만들어진 것을 볼 수 있습니다.

```
zb = np.broadcast_arrays(x,b)
```

```
zb
```

```
[array([[1, 2],
        [3, 4]]), array([[1, 1],
        [2, 2]])]
```

2.3

스칼라 브로드캐스팅 확장

스칼라도 벡터 또는 행렬과의 계산을 수행하면 실제 같은 형상을 가진 배열로 변환한 후에 원소별로 계산합니다. 스칼라를 배열의 원소 값으로 변환하는 방법을 알아봅니다.

예제 1 스칼라에 대한 확장 처리

2행 **3**열의 배열은 함수 **ones**로 만듭니다. 모든 원소가 **1**인 것을 알 수 있습니다. 스칼라

10을 넣어서 다차원 배열을 만듭니다.

```
x = np.ones((2,3))
```

```
x
```

```
array([[1., 1., 1.],
       [1., 1., 1.]])
```

```
y = np.array(10)
```

```
y
```

```
array(10)
```

두 배열의 형상을 비교하면 스칼라는 빈 튜플을 보여줍니다. 아무런 형상이 없습니다.

```
x.shape, y.shape
```

```
((2, 3), ())
```

이 스칼라 값을 가지는 다차원 배열에 먼저 축을 newaxis로 추가합니다. 하나의 축의 추가되어 하나의 원소를 가진 배열로 변경됩니다. 형상을 확인하면 하나의 원소를 가진 튜플입니다.

```
y = y[np.newaxis]
```

```
y
```

```
array([10])
```

```
y.shape
```

```
(1,)
```

또 newaxis을 넣어서 하나의 축을 추가하여 하나의 원소를 가진 2차원 배열로 변환합니다. 형상을 확인하면 두 개의 원소를 가진 튜플이 나오는 것을 확인할 수 있습니다.

```
y = y[np.newaxis, :]
```

```
y
```
array([[10]])

```
y.shape
```
(1, 1)

이 배열을 broadcast_to 함수를 사용해서 형상을 2행 3열로 변경합니다. 변경된 배열을 확인하면 10만 원소를 가진 2행 3열의 배열입니다.

```
y = np.broadcast_to(y,(2,3))
```

```
y
```
array([[10, 10, 10],
       [10, 10, 10]])

이제 스칼라가 2행 3열의 배열로 변경되었습니다. 두 배열의 덧셈연산을 수행합니다. 이를 스칼라와 배열의 덧셈과 비교하면 동일한 결과인 것을 알 수 있습니다.

```
x+y
```
array([[11., 11., 11.],
       [11., 11., 11.]])

```
10 + x
```
array([[11., 11., 11.],
       [11., 11., 11.]])

행벡터와 열벡터 브로드캐스팅 확장

다차원 배열을 1차원 배열은 행을 중심으로 만듭니다. 선형대수는 주로 열을 중심으로 계산합니다. 하나의 행이나 열을 가진 것이 2차원 행렬로 만들어지면 어떻게 브로드 캐스팅을 하는지 알아봅니다.

열벡터와 행벡터의 연산

4개의 원소를 수직적으로 구성하는 것을 열벡터입니다. 3개의 원소가 행으로 구성하면 행벡터입니다. 두 벡터의 형상은 열벡터는 4행 1열이고 행벡터는 1행 3열입니다. 이 두 배열의 축에 1인 값이 있어서 브로드 캐스팅이 가능합니다. 상대 배열의 형상에 맞춰서 확장되어 결과는 4행 3열인 행렬로 만들어져 연산을 수행합니다.

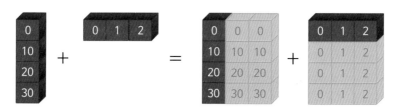

그림 4- 4 열벡터와 행벡터 간의 연산

예제 1 행벡터와 열벡터 확장 처리

3개의 원소를 가진 1차원 배열을 하나 만듭니다.

```
x = np.arange(1,4)
```

```
x
```

```
array([1, 2, 3])
```

2차원 행벡터를 만들기 위해 reshape 함수에 0번 축에 1을 추가합니다. 이는 색인검색에 첫 번째 행을 표시하는 곳에 newaxis을 넣어서 만드는 것과 같습니다.

```
x1 = x.reshape(1,3)
```

```
x1
```

```
array([[1, 2, 3]])
```

```
x2 = x[np.newaxis,]
```

```
x2
```

```
array([[1, 2, 3]])
```

두 번째 배열은 3개의 원소를 가진 1차원 배열을 만듭니다. 열벡터로 변환하기 reshape메소드에 3,1 인자로 전달해서 3행 1열의 2차원 배열로 변경합니다. 이는 색인연산에 두 번째 인자에 newaxis을 추가해서 변환한 결과와 같습니다.

```
y = np.arange(1,4)
```

```
y
```

```
array([1, 2, 3])
```

```
y1 = y.reshape(3,1)
```

```
y1
```

```
array([[1],
       [2],
       [3]])
```

```
y2 = y[:,np.newaxis]
```

```
y2
```

```
array([[1],
       [2],
       [3]])
```

행벡터와 열벡터로 만들어진 것을 broadcast_arrays 함수에 전달하면 3행 3열의 두 개

의 배열이 만들어집니다. 이 배열을 더하면 **3**행 **3**열의 배열을 만듭니다.

```
np.broadcast_arrays(x1,y1)
```

```
[array([[1, 2, 3],
        [1, 2, 3],
        [1, 2, 3]]), array([[1, 1, 1],
        [2, 2, 2],
        [3, 3, 3]])]
```

```
x1+y1
```

```
array([[2, 3, 4],
        [3, 4, 5],
        [4, 5, 6]])
```

03 행렬의 연산

선형대수의 원소별로 산술연산을 계산하는 방법을 알아봤습니다. 벡터와 행렬을 구에 대한 내부 연산을 추가적으로 알아봅니다. 일단 벡터의 내부 원소들을 곱한 후에 합산을 하는 내적과 두 벡터의 수직인 벡터를 구하는 외적을 알아봅니다. 행렬의 원소도 벡터로 구성되므로 이 연산은 행렬 등에 확장해서 그대로 적용됩니다.

벡터 내적 및 외적 구하기

벡터의 내적은 두 벡터의 크기와 내각의 곱으로 구할 수 있습니다. 보통 벡터 내적은 두 벡터가 수직인지 확인할 때 많이 사용 됩니다.

벡터를 내적 이해하기

벡터의 크기를 표시할 때는 절댓값을 표시하는 기호를 벡터에 표시합니다. 두 벡터의 내적은 두 벡터 사이에 점 연산자를 표시해서 나타냅니다. 기하적인 벡터의 산식은 두 벡터의 크기를 구한 후에 cos 함수로 사잇각을 구한 값을 곱합니다.

$$a \cdot b = |a| \times |b| \times \cos(\theta),$$

일반적인 벡터의 원소를 가지고 계산할 때는 두 벡터의 원소를 곱하고 합산합니다.

$$a \cdot b = a_x \times b_x + a_y \times b_y$$

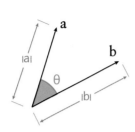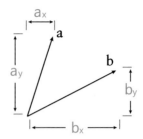

그림 4-5 벡터의 내적 구하기

예제 1 벡터의 내적 이해하기

두 개의 원소를 가진 1차원 배열을 두 개를 만듭니다. 벡터는 1차원의 다차원 배열로 만듭니다. 파이썬에서 내적을 구하는 연산자는 @ 기호를 사용합니다. 내적을 구한 값은 스칼라 값으로 표시합니다. 넘파이 모듈 내의 **inner**함수와 **dot**함수를 사용해서 계산해도 같은 결과가 나옵니다.

```
a = np.array([3,4])
```

```
b = np.array([5,6])
```

```
a @ b
```
39

```
np.dot(a,b)
```
39

```
np.inner(a,b)
```
39

벡터를 외적 및 outer 구하기

두 벡터의 외적은 두 벡터를 평면으로 인식한 후에 두 벡터의 만나는 점의 수직인 벡터를 구하는 것입니다.

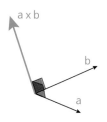

그림 4-6 벡터의 외적

예제 2 벡터의 외적 이해하기

두 개의 1차원 배열을 만듭니다. 이 벡터를 외적을 구하기 위해 벡터 **cross** 함수를 사용하여 원소들의 대각방향을 곱하고 반대 방향을 마이너스로 표시한 값을 구합니다.

```
a = np.array([1,4])
```

```
b = np.array([3,6])
```

```
np.cross(a,b)
```
```
array(-6)
```

원소가 3개인 1차원 배열을 두 개 만듭니다. 이 두 배열을 **cross** 처리하여 수직인 벡터를 구합니다.

```
c = np.array([1,4,3])
```

```
d = np.array([3,4,5])
```

```
np.cross(c,d)
```
```
array([ 8,  4, -8])
```

딥러닝 머신러닝을 위한 PYTHON

두 벡터를 가지고 열벡터와 행벡터의 곱을 계산하는 **outer product**도 알아봅니다. 일반적으로 선형대수는 열벡터를 기준으로 표시하므로 두 번째 벡터는 행벡터로 표시하기 위해 전치 기호인 T를 사용합니다.

4개의 열과 3개의 행을 가진 벡터를 계산하면 4개의 행과 3개의 열을 가진 행렬이 만들어집니다.

$$U \otimes V = UV^T = \begin{bmatrix} u_1 \\ u_2 \\ u_3 \\ u_4 \end{bmatrix} \begin{bmatrix} u_1 & u_2 & u_3 \end{bmatrix} = \begin{bmatrix} u_1v_1 & u_1v_2 & u_1v_3 \\ u_2v_1 & u_2v_2 & u_2v_3 \\ u_3v_1 & u_3v_2 & u_3v_3 \\ u_4v_1 & u_4v_2 & u_4v_3 \end{bmatrix}$$

그림 4-7 열벡터와 행벡터의 연산

2개의 원소를 가진 배열을 처리하면 2행 2열의 배열이 만들어지고 3개의 원소를 가진 배열을 처리하면 3행 3열의 배열이 만들어집니다.

```
np.outer(a,b)
```
```
array([[ 3,  6],
       [12, 24]])
```

```
np.outer(c,d)
```
```
array([[ 3,  4,  5],
       [12, 16, 20],
       [ 9, 12, 15]])
```

3.2

행렬곱 연산: dot product

벡터의 내적, 외적을 알아봤습니다. 2차원인 행렬의 원소는 1차원인 벡터이므로 행렬에 대한 연산인 행렬곱도 내부적으로는 두 행렬 내의 벡터 간의 계산이 되어 내적을 구하는 방식과 거의 동일합니다. 주의할 점은 두 행렬의 동일한 원소 개수에 대한 매핑을 하는 방식에서 차이점이 생깁니다.

두 행렬 A와 B의 행렬에 대한 닷 프로덕트(dot product)는 A 행렬의 행과 B행렬의 연간의 원

소를 곱해서 더한 값을 새로운 행렬의 A행렬의 **0**번 축의 위치와 B행렬의 **1**번 축의 위치에
해당하는 원소가 됩니다.

행렬dot연산

두 개의 행렬곱을 하는 것도 벡터의 내적을 구하듯 닷 프로덕트(dot product) 표기법을 그대
로 사용합니다. 중요한 점은 A 행렬의 열이 개수와 B의 행렬의 행의 개수도 동일해야 합니
다. 이는 동일한 원소가 매핑되어 곱하고 그 합산을 구해야 하는 벡터의 내적과 동일한 계
산을 하기 때문입니다.

행렬곱이 계산된 결과는 앞 행렬의 행과 뒤의 행렬의 열을 인덱스로 하는 새로운 행렬로
만들어집니다.

$$np \cdot dot(a, b), \quad a \cdot b = \sum_n a_n b_n$$

$$AB = \begin{bmatrix} a_{11} & a_{12} & \dots & a_{1j} & \dots & a_{1p} \\ a_{21} & a_{22} & \dots & a_{2j} & \dots & a_{2p} \\ \vdots & \vdots & & \vdots & & \vdots \\ a_{i1} & a_{i2} & \dots & a_{ij} & \dots & a_{ip} \\ \vdots & \vdots & & \vdots & & \vdots \\ a_{m1} & a_{m2} & \dots & a_{mj} & \dots & a_{mp} \end{bmatrix} \begin{bmatrix} b_{11} & b_{12} & \dots & b_{1j} & \dots & b_{1n} \\ b_{21} & b_{22} & \dots & b_{2j} & \dots & b_{2n} \\ \vdots & \vdots & & \vdots & & \vdots \\ b_{i1} & b_{i2} & \dots & b_{ij} & \dots & b_{in} \\ \vdots & \vdots & & \vdots & & \vdots \\ b_{p1} & b_{p2} & \dots & b_{pj} & \dots & b_{pn} \end{bmatrix}$$

$$m \times p \qquad p \times n$$

$$\Downarrow$$

$$m \times n$$

행렬 dot연산 시 원소 별 처리 방식

두 개의 행렬을 계산하려면 두 개의 행렬 내의 원소의 개수가 동일해야 합니다. 첫 번째 행
렬의 열은 하나의 행을 구성하는 원소의 개수입니다. 두 번째 행렬의 행의 개수는 열을 구
성하는 원소의 개수입니다. 두 개의 원소의 개수가 일치하면 벡터의 내적을 계산할 수 있
습니다. 계산된 결과는 첫 번째 행렬의 행과 두 번째 행렬의 열을 하나의 인덱스로 스칼라
값이 됩니다. 이는 곧 새로운 행렬의 원소의 값이 됩니다.

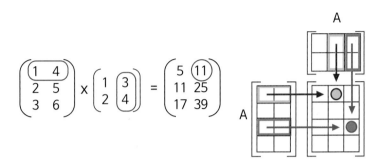

그림 4-8 행렬곱 처리하는 방법

예제 1 행렬의 닷연산

행렬곱을 구하기 위해 **2**행 **2**열의 행렬을 두개를 만듭니다.

```
a = np.array([[3,4],[5,6]])
```

```
a
```
```
array([[3, 4],
       [5, 6]])
```

```
b = np.array([[5,6],[6,7]])
```

```
b
```
```
array([[5, 6],
       [6, 7]])
```

첫 번째 행렬의 열 즉 벡터의 원소 개수와 두 번째 행렬의 행의 원소의 개수 즉 벡터의 원소 개수가 동일한 것을 알 수 있습니다.

```
a.shape
```
```
(2, 2)
```

```
b.shape
```

```
(2, 2)
```

```
a.shape[1] == b.shape[0]
```

```
True
```

행렬곱 연산은 연산자로는 @, 함수나 메소드는 **dot**을 사용합니다. 먼저 함수 **dot**으로 두 행렬을 구하면 새로운 행렬을 표시합니다. 메소드나 연산자로 처리한 결과도 동일합니다.

```
np.dot(a,b)
```

```
array([[39, 46],
       [61, 72]])
```

```
a.dot(b)
```

```
array([[39, 46],
       [61, 72]])
```

```
a @ b
```

```
array([[39, 46],
       [61, 72]])
```

행렬 분해의 활용

행렬의 차원이 커지면 행렬곱을 처리하는 방식을 이해하기 어렵습니다. 행렬곱을 처리하기 위해 행렬 내부를 분리해서 계산하는 것이 편합니다.

먼저 행렬B 내부에 열을 기준으로 벡터로 분리해서 표시합니다.

$$B = \begin{bmatrix} b_1 & b_2 & \cdots & b_n \end{bmatrix}$$

행렬 A와 행렬 B 내주의 벡터 각각과 행렬곱을 하면 하나의 벡터를 만듭니다. 이 모든 계산을 다 수행한 후에 하나의 행렬로 묶으면 행렬곱을 처리한 것과 동일합니다.

$$Ab_1 = A\begin{bmatrix} b_{11} \\ b_{21} \\ \vdots \\ b_{n1} \end{bmatrix} \quad Ab_2 = A\begin{bmatrix} b_{12} \\ b_{22} \\ \vdots \\ b_{n2} \end{bmatrix} \quad Ab_n = A\begin{bmatrix} b_{1n} \\ b_{2n} \\ \vdots \\ b_{nn} \end{bmatrix}$$

예제 2 행렬을 분해해서 닷연산 하기

두 개의 **3**행 **3**열의 다차원 배열을 만듭니다. 이를 행렬곱으로 계산을 하면 **3**행 **3**열의 새로운 다차원 배열이 만들어집니다.

```
a = np.array([[1,2,3],[4,5,6],[7,8,9]])
```

```
b = np.array([[1,2,3],[4,5,6],[7,8,9]])
```

```
np.dot(a,b)
```
```
array([[ 30,  36,  42],
       [ 66,  81,  96],
       [102, 126, 150]])
```

행렬을 분해하기 위해 행렬 **b**를 열 기준으로 세 개의 **1**차원 배열로 분리합니다.

```
c = b[:,0]
```

```
d = b[:,1]
```

```
e = b[:,2]
```

열벡터로 만들어서 계산하려면 **2**차원 배열로 변경해야 합니다. 원소가 하나로 구성된 배열이므로 **1**번 축 즉 열에 **newaxis**를 넣어서 **3**개의 **1**차원 배열을 **2**차원 배열로 변경합니다.

```
c = c[:,np.newaxis]
```

```
d = d[:,np.newaxis]
```

```
e = e[:,np.newaxis]
```

```
c
```

```
array([[1],
       [4],
       [7]])
```

행렬곱을 구하면 열벡터로 계산된 결과가 3개 만들어집니다.

```
f = a @ c
```

```
g = a @ d
```

```
h = a @ e
```

```
f
```

```
array([[ 30],
       [ 66],
       [102]])
```

3개의 열벡터를 하나의 행렬로 연결하려면 함수concatenate를 사용합니다. 열 단위 즉 수평으로 결합을 하기 위해 **axis=1**를 지정하면 두 행렬의 행렬곱 한 결과와 같은 것을 알 수 있습니다.

```
i = np.concatenate([f,g,h],axis=1)
```

```
i
```

```
array([[ 30,  36,  42],
       [ 66,  81,  96],
       [102, 126, 150]])
```

벡터의 내적과 행렬곱을 분리해서 계산하기 위해 추가적인 함수 matmul을 제공합니다.

```
np.matmul(a,b)
```

```
array([[ 30,  36,  42],
       [ 66,  81,  96],
       [102, 126, 150]])
```

두 함수의 차이는 matmul은 행렬이 들어올 경우만 연산이 수행됩니다.

```
try :
    np.matmul(a,2)
except Exception as e :
    print(e)
```

```
Scalar operands are not allowed, use '*' instead
```

```
np.dot(a,2)
```

```
array([[ 2,  4,  6],
       [ 8, 10, 12],
       [14, 16, 18]])
```

행렬을 벡터로dot 연산: vdot연산

행렬의 모든 원소를 1차원인 벡터로 변환해서 벡터의 내적을 구하는 연산에 대해 알아봅니다.

예제 3 행렬의 수직으로 닷연산을 하기

2행 2열의 다차원 배열로 행렬을 두개를 만듭니다. 함수 vdot은 두 행렬을 먼저 벡터로 변환한 후에 내적을 구합니다. 벡터의 내적은 순서를 바꿔도 동일합니다.

```
x = np.array([[3,4],[5,6]])
```

```
y = np.array([[2,5],[7,8]])
```

```
np.vdot(x,y)
```
109

이 함수에서는 두 배열의 각 원소를 검색한 후에 곱하고 이를 전부 더한 값이 실행됩니다.

```
v1 = x[0,0] * y[0,0]
```

```
v2 = x[0,1] * y[0,1]
```

```
v3 = x[1,0] * y[1,0]
```

```
v4 = x[1,1] * y[1,1]
```

```
v1 + v2 + v3 + v4
```
109

복소수로 배열을 만들 경우는 배열의 원소를 바꿔서 함수 **vdot**으로 처리된 결과가 켤레복소수인 것을 알 수 있습니다.

```
a1 = np.array([[3+2j,4+2j],[5+2j,6+2j]])
```

```
a2 = np.array([[2+3j,5+3j],[7+3j,8+3j]])
```

```
np.vdot(a1,a2)
```
(133+10j)

```
np.vdot(a2,a1)
```
(133-10j)

행렬 연산: inner /outer/cross

2차원 배열인 행렬에서도 함수 inner, outer, cross를 적용해서 처리할 수 있습니다. 실행된 결과가 1차원 배열인 벡터와 어떻게 다른 지 확인해 봅니다.

행렬의 inner 연산

두 행렬의 A, B가 있을 때 inner연산은 dot 연산과 동일한 결과입니다. 행렬을 분해해서 내적을 구하는 것과도 동일합니다. 뒤에 있는 행렬의 열 기준으로 분리해서 닷연산을 구하나 앞에 있는 행렬의 행 기준으로 분리해서 닷연산을 실행해도 동일한 결과입니다.

$$AB = (Ab_1 \quad Ab_2 \quad \cdots \quad Ab_p) = \begin{bmatrix} a_1 B \\ a_2 B \\ \vdots \\ a_n B \end{bmatrix}$$

예제 1 행렬의 inner 연산

두 개의 2행 2열의 2차원 배열을 만듭니다.

```
a = np.array([[3,4],[5,6]])
```

```
a
```
```
array([[3, 4],
       [5, 6]])
```

```
b = np.array([[5,6],[6,7]])
```

```
b
```
```
array([[5, 6],
       [6, 7]])
```

두 번째 열을 인덱스 검색으로 분리해서 **dot** 연산을 수행하면 1차원 배열로 처리됩니다. 실제 열벡터로 처리되어야 하지만 다차원 배열은 행벡터를 기준으로 배열을 만들어서 변환이 되지 않습니다. 그래서 **reshape**를 사용해서 2차원 배열로 변경합니다.

```
np.dot(a,b[0])
```

```
array([39, 61])
```

```
np.dot(a,b[0].reshape(2,1))
```

```
array([[39],
       [61]])
```

```
np.dot(a,b[1])
```

```
array([46, 72])
```

```
np.dot(a,b[1].reshape(2,1))
```

```
array([[46],
       [72]])
```

함수 **inner**와 **dot**으로 처리한 결과가 동일합니다.

```
np.inner(a,b)
```

```
array([[39, 46],
       [61, 72]])
```

```
np.dot(a,b)
```

```
array([[39, 46],
       [61, 72]])
```

행렬 연산: outer

두 행렬이 있을 때 두 행렬을 벡터로 만들고 이 벡터들을 브로드 캐스팅한 배열을 만든 후에 각 배열의 원소를 곱한 결과를 처리하는 함수가 outer입니다.

▶ 예제 2 행렬의 outer 연산

두 개의 배열을 만들어서 outer 연산을 수행합니다.

```
a = np.array([[1,2],[3,4]])
```

```
b = np.array([[3,2],[3,4]])
```

```
np.outer(a,b)
array([[ 3,   2,   3,   4],
       [ 6,   4,   6,   8],
       [ 9,   6,   9,  12],
       [12,   8,  12,  16]])
```

두 번째 배열을 열을 기준으로 두개를 분리해서 계산한 후에 하나의 배열로 만드는 concatenate 함수로 처리하면 같은 결과가 나옵니다.

```
c = np.outer(a,b[0])
```

```
d = np.outer(a,b[1])
```

```
np.concatenate([c,d],axis=1)
array([[ 3,   2,   3,   4],
       [ 6,   4,   6,   8],
       [ 9,   6,   9,  12],
       [12,   8,  12,  16]])
```

행렬 연산: cross

두 행렬의 행을 기준으로 가져와서 벡터 간의 **cross** 연산을 처리합니다. 계산결과는 하나의 차원이 축소된 벡터로 표시합니다.

예제 3 행렬의 cross 연산

두 개의 2차원 배열을 만들어서 **cross** 함수를 실행하여 하나의 1차원 배열을 표시합니다.

```
x = np.array([[3,4],[5,6]])
```

```
y = np.array([[2,5],[7,8]])
```

```
np.cross(x,y)
```
```
array([ 7, -2])
```

행렬을 **cross** 처리하는 방식을 알아보면 두 개의 행렬의 행을 중심으로 가져와서 1차원 배열 즉 벡터의 **cross**를 처리한 결과의 값입니다.

```
np.cross(x[0],y[0])
```
```
array(7)
```

```
np.cross(x[1],y[1])
```
```
array(-2)
```

이 함수의 결과가 스칼라로 표시되었습니다. 이를 배열로 합쳐서 1차원 배열로 통합하려면 **reshape** 메소드로 1차원 배열로 변환한 후에 하나의 배열로 통합을 **concatenate** 함수를 사용합니다.

```
z1 = np.cross(x[0],y[0]).reshape(1)
```

```
z2 = np.cross(x[1],y[1]).reshape(1)
```

```
np.concatenate([z1,z2])
```

```
array([ 7, -2])
```

04 행렬식(determinant), 역행렬(Inverse Matrix) 처리하기

선행대수는 원소별로 나눗셈을 처리할 수 있지만 행렬 간의 나눗셈은 별도로 없습니다. 유사하게 나눗셈을 처리하는 방법은 역행렬을 구해서 처리하는 방식입니다.

먼저 행렬식을 사용해서 역행렬을 계산할 수 있는지 알아봅니다. 행렬식이 0이 아닌 경우에 역행렬을 만들 수 있습니다. 또한 역행렬을 구할 수 없을 때에는 의사 역행렬을 구하는 방법을 사용할 수 있습니다.

행렬식을 알아보고 역행렬과 유사 역행렬을 구하는 방법을 알아봅니다.

행렬식

행렬식(determinant)은 정사각행렬일 때 이 원소들을 대응해서 값을 구하는 방식입니다. 정사각행렬이 아닌 경우에는 행렬식을 계산할 수 없습니다. 행렬식으로 계산하면 벡터와 행렬 간의 닷연산을 통해 선형 변환한 결과의 부피를 구할 수 있습니다. 또한 행렬식을 사용해서 연립방정식의 해를 구할 때도 사용합니다.

행렬식 구하기

넘파이 모듈에서 선형대수가 다양한 연산은 `linalg` 모듈 내에 다양한 함수가 있습니다. 이중에서 행렬식은 **det**함수로 계산합니다.

예제 1 행렬식 구하기

먼저 2행 2열 즉 행과 열의 길이가 같은 정사각 행렬이 배열을 만듭니다. 이 배열을 det 함수의 인자로 전달해서 행렬식의 값을 계산합니다.

부동소수점 방식으로 계산해서 소수점 이하의 아주 작은 값이 생깁니다. 2행 2열의 배열이라 행렬식의 공식대로 구하면 3 * 2 – 1 * 2를 계산해서 4가 나옵니다. 동일한 결과의 값인지 allclose 함수를 사용해서 비교합니다. True라서 같은 값인 것을 알 수 있습니다.

```
a = np.array([[3,1],[2,2]])
```

```
np.linalg.det(a)
```
4.000000000000001

```
np.allclose(4.0,np.linalg.det(a) )
```
True

3차 정사각행렬 행렬식 구하기

행렬이 차원이 커질 경우 행렬식을 구할 때는 소행렬식을 사용해서 행렬식을 구할 수 있습니다. 3행 3열의 배열을 소행렬식으로 계산하기 위해 첫 번째 행을 제외하고 나머지 두 개의 행을 2행 2열로 만들어서 소행렬식을 구하고 첫 번째 행의 값을 곱한 후에 부호를 조정하면 행렬식 계산과 같습니다.

행렬의 인덱스를 1부터 시작해서 3까지 사용하겠습니다. 원소의 인덱스는 첫 번째 첨자가 행의 정보를 말하고 두 번째 첨자가 열의 정보를 말합니다.

a_{11} 과 만나지 않는 2행, 3행과 2열, 3열의 2행 2열의 행렬을 가지고 소행렬식을 구한 후에 곱합니다. 행과 열의 인덱스를 더하면 2가 나와 부호인 –1의 제곱을 하면 부호가 +입니다.

a_{12} 과 만나지 않는 2행. 3행과 1열, 3열의 조합으로 만들어진 2행 2열의 행렬의 소행렬식을 구한 후에 두 인덱스를 더하면 3입니다. 이를 –1에 3제곱하면 –1이 나와 부호는 마이너스(–) 입니다.

a_{13} 도 동일하게 구합니다. 인덱스를 더하면 짝수가 나와 부호는 플러스(+) 입니다. 모든 구한 결과를 더하면 행렬식과 동일한 값이 나옵니다.

$$det \begin{bmatrix} a_{11} & a_{12} & a_{13} \\ a_{21} & a_{22} & a_{23} \\ a_{31} & a_{32} & a_{33} \end{bmatrix}$$

$$= a_{11} \, det \begin{bmatrix} a_{22} & a_{23} \\ a_{32} & a_{33} \end{bmatrix} - a_{12} \, det \begin{bmatrix} a_{21} & a_{23} \\ a_{31} & a_{33} \end{bmatrix} + a_{13} \, det \begin{bmatrix} a_{21} & a_{22} \\ a_{31} & a_{32} \end{bmatrix}$$

그림 4-9 소행렬식 계산하기

예제 2 소행렬식 구하기

3행 3열의 하나의 배열을 만듭니다.

```
b = np.array([[3,1,3],[2,2,3],[1,1,1]])
```

```
b
```
```
array([[3, 1, 3],
       [2, 2, 3],
       [1, 1, 1]])
```

소행렬식을 구하는 방식대로 행렬식을 구해서 첫 번째 행의 원소와 곱합니다.

```
3* np.linalg.det(b[1:, 1:])
```
```
-3.0
```

```
np.linalg.det(b[1:, ::2])
```
```
-1.0
```

```
3* np.linalg.det(b[1:, :2])
```
```
0.0
```

이 배열의 행렬식은 **det**함수로 계산하면 −2가 나옵니다. 각각의 소행렬식을 계산한 것에 부호를 반영해서 계산하면 행렬식으로 계산한 결과와 같습니다.

```
np.linalg.det(b)
```

 -2.0

```
-3 + 1 + 0
```

 -2

4.2

역행렬(Inverse Matrix)

역행렬을 구할 때 행렬식의 결괏값으로 나누는 것은 매우 중요합니다. 행렬식이 **0**이 나오면 수학적인 계산이 불가해서 역행렬을 계산하지 못합니다. 이제 행렬식의 공식을 2행 2열의 행렬을 가지고 알아봅니다.

역행렬을 구하는 산식

역행렬은 기존 행렬에 위 첨자로 −1을 붙여서 표시합니다. 이 역행렬은 행렬식을 구해서 분모가 되고 수반행렬을 구해서 분자가 됩니다. 아직 수반행렬은 배우지 않았지만 간단한 공식이므로 구하는 방식을 간단하게 알아봅니다.

수반행렬을 보면 주 대각선의 원소를 서로 교환하고 반대 대각선의 원소는 부호를 바꾸는 것을 확인할 수 있습니다. 이를 행렬식으로 나눈 결과가 행렬식입니다.

$$A^{-1} = \frac{1}{ad-bc}\begin{bmatrix} d & -b \\ -c & a \end{bmatrix} = \begin{bmatrix} \dfrac{d}{ad-bc} & -\dfrac{b}{ad-bc} \\ -\dfrac{c}{ad-bc} & \dfrac{a}{ad-bc} \end{bmatrix}$$

$$= \frac{adj\ A}{det\ A}$$

그림 4-10 역행렬 공식 알아보기

예제 1 역행렬 구하기

위의 산식을 알아보기 위해 먼저 **2**행 **2**열의 배열을 만듭니다.

이 배열의 행렬식을 구하면 **0**입니다. 이 행렬은 역행렬을 계산할 수 없습니다. 간단하게 행렬식을 계산하면 **3 * 6 – 2 * 6**을 계산하면 **0**이 나옵니다.

```
a = np.array([[3,2],[6,4]])
```

```
np.linalg.det(a)
```
 0.0

3행 **3**열의 행렬을 만듭니다. 행렬식을 구하면 **0**이 **-9**가 나옵니다. 역행렬을 구할 수 있습니다.

```
b = np.array([[1,2,3],[4,5,6],[3,2,4]])
```

```
np.linalg.det(b)
```
 -9.000000000000002

넘파이 모듈에서 역행렬은 **linalg** 모듈 내에 있는 함수 **inv** 로 계산합니다. 위에서 만든 배열을 인자로 전달해서 역행렬을 계산합니다.

역행렬의 특징은 원 행렬과의 행렬곱을 계산하면 단위행렬이 만들어집니다. 계산된 결과가 단위행렬인지 확인하기 위해 함수 **allclose**를 사용해서 비교하면 단위행렬이라는 것을 알 수 있습니다.

```
bi = np.linalg.inv(b)
```

```
bb = np.dot(b, bi)
```

```
np.allclose(np.eye(3),bb)
```
 True

역행렬의 교환법칙

위에서 구한 원행렬과 역행렬의 행렬곱 연산은 반대로 계산해도 동일한 단위행렬이 나옵니다. 단위행렬은 보통 대문자 I로 사용하지만 대문자 E로도 표기하는 경우도 있습니다. 대수의 법칙에 따라 동일한 결과가 나오므로 교환법칙이 성립합니다.

$$A^{-1} = A^{-1} A = E$$

예제 2 역행렬의 교환법칙

하나의 2행 2열의 행렬을 만듭니다.

```
a = np.array([[1,2],[3,4]])
```

```
a
```
```
array([[1, 2],
       [3, 4]])
```

이 행렬을 역행렬을 inv 함수에 인자로 전달해서 역행렬을 계산합니다.

```
ai = np.linalg.inv(a)
```

```
ai
```
```
array([[-2. ,  1. ],
       [ 1.5, -0.5]])
```

원 행렬과 역행렬의 행렬곱으로 계산하면 소수점 이하의 값이 나옵니다. 이 값이 주 대각선의 원소가 1이고 나머지 원소가 0인지 eye 함수를 사용해서 단위행렬을 만든 후에 값을 비교합니다.

```
x = np.dot(a, ai)
```

```
x
```
```
array([[1.00000000e+00, 1.11022302e-16],
       [0.00000000e+00, 1.00000000e+00]])
```

```
np.allclose(np.eye(2), x)
```

```
True
```

교환법칙이 성립하려면 반대방향의 계산도 단위행렬이어야 합니다. 소수점 이하의 숫자가 나오지만 단위행렬과 비교하면 동일한 원소의 값을 가집니다.

```
y = np.dot(ai,a)
```

```
y
```

```
array([[1.0000000e+00, 4.4408921e-16],
       [0.0000000e+00, 1.0000000e+00]])
```

```
np.allclose(np.eye(2), y)
```

```
True
```

두 개의 행렬곱된 단위행렬이 동일한 값인지도 다시 확인하면 True인 것을 알 수 있습니다. 이 방법으로 부동소수점 계산의 오차가 생겨도 실제 값과 같은지 확인할 수 있습니다.

```
np.allclose(x, y)
```

```
True
```

4.3

역행렬에 대한 분배 처리

두 행렬 A, B의 행렬곱을 하면 하나의 행렬이 만들어집니다. 이를 -1을 위 첨자로 사용해서 역행렬을 표시할 수 있습니다. 이 산식을 전개하면 두 행렬의 위치가 변경되고 각 행렬마다 위 첨자를 사용해서 역행렬을 표시합니다. 두 산식의 동일한지는 예제를 가지고 알아봅니다.

$$(AB)^{-1} = B^{-1}A^{-1}$$

예제 1 역행렬기호 분배하기

두 개의 2행 2열의 배열을 만듭니다. 두 행렬의 행렬식을 계산하면 **0**이 아니므로 두 행렬은 역행렬을 계산할 수 있습니다.

```
a = np.array([[1,2],[3,4]])
```

```
np.linalg.det(a)
```
-2.0000000000000004

```
b = np.array([[3,4],[1,2]])
```

```
np.linalg.det(b)
```
2.0000000000000004

두 행렬의 역행렬을 계산해서 변수에 할당합니다.

```
ai = np.linalg.inv(a)
```

```
bi = np.linalg.inv(b)
```

두 행렬의 행렬곱을 한 결과에 대한 역행렬을 계산합니다. 위에서 계산한 역행렬을 반대로 방향을 바꿔서 행렬곱 연산을 수행합니다. 두 결과를 비교하면 동일한 값이 나옵니다. 위의 산식이 성립하는 것을 알 수 있습니다.

```
ab = np.linalg.inv(np.dot(a, b))
```

```
ba = np.dot(bi,ai)
```

```
np.allclose(ab,ba)
```
True

두 행렬과 두 행렬의 역행렬의 닷 연산 결과는 단위행렬

두 행렬을 가지고 행렬곱을 한 결과와 두 행렬의 역행렬을 행렬곱을 한 결과를 가지고 다시 행렬곱을 하면 단위행렬이 나옵니다.

$$AB(B^{-1}A^{-1}) \ = \ E$$

위 산식의 괄호를 다르게 묶어서 처리하면 A(BB^{-1})A^{-1} 이므로 BB^{-1} 이 결과가 단위행렬 I인 변형되고 나머지 AA^{-1} 을 처리하면 다시 단위행렬입니다.

예제 2 두 행렬 처리 알아보기

앞에서 만들어진 두 개의 행렬을 조회하고 이를 가지고 닷연산을 처리하고 변수에 할당합니다.

```
a
```
```
array([[1, 2],
       [3, 4]])
```
```
b
```
```
array([[3, 4],
       [1, 2]])
```
```
c = np.dot(a,b)
```

역행렬을 만들어진 것을 조회하고 두 역행렬에 대해서도 닷연산을 수행하고 변수에 할당합니다.

```
bi
```
```
array([[ 1. , -2. ],
       [-0.5,  1.5]])
```
```
ai
```
```
array([[-2. ,  1. ],
       [ 1.5, -0.5]])
```
```
d = np.dot(bi, ai)
```

두 결과를 다시 닷연산을 실행하면 단위행렬이 만들어진 것을 볼 수 있으며 이는 위의 산식과 동일한 처리결과를 알려줍니다.

```
e = np.dot(c,d)
```

```
e
```
```
array([[1., 0.],
       [0., 1.]])
```

수반행렬(Adjoint, Adjugated Matrix)

2행 2열의 역행렬은 단순해서 공식을 암기할 수 있지만 행렬의 원소들이 많아지면 역행렬을 계산할 때 힘듭니다.

역행렬의 공식이 수반행렬의 원소에 행렬식을 나눕니다. 이 수반행렬은 먼저 여인수행렬을 만들어 전치한 행렬입니다. 여인수행렬의 각 원소는 여인수입니다. 이 여인수는 소행렬식을 사용해서 계산합니다. 어떻게 계산을 하는지 알아봅니다.

소행렬식 (Minor Determinant)

행렬이 주어지면 이중에 특정 i번째 행, j번째 열을 제외하고 행렬식을 계산합니다. 이 소행렬식은 i번째 행과 j번째 열이 값을 구한 소행렬식이 됩니다.

먼저 3행 3열의 행렬을 가지고 첫 번째 행과 첫 번째 열을 가지고 소행렬식을 구해봅니다. 1행과 1열을 제외한 나머지 원소를 가지고 행렬식을 구하면 소행렬식의 값입니다.

$$M_{11} = \begin{vmatrix} a_{11} & a_{12} & a_{13} \\ a_{21} & a_{22} & a_{23} \\ a_{31} & a_{32} & a_{33} \end{vmatrix} = \begin{vmatrix} a_{22} & a_{23} \\ a_{32} & a_{33} \end{vmatrix} a_{22} \ a_{23} \ - \ a_{23} \ a_{32}$$

예제 1 소행렬식

하나의 3행 3열의 행렬을 다차원 배열로 만듭니다.

```
ma  = np.arange(1,10).reshape(3,3)
```

```
ma
```
```
array([[1, 2, 3],
       [4, 5, 6],
       [7, 8, 9]])
```

0행과 **0**열을 기준으로 소행렬식을 계산하기 위해 기존 행렬에서 소행렬식으로 계산되는 데이터를 추출하기 위한 인덱스를 별도의 배열로 만들어 봅니다.

행과 열을 팬시검색으로 사용할 때는 순서쌍을 만들므로 첫 번째 행의 자리는 열벡터로 사용하기 위해 2차원 배열을 만듭니다. 열은 1차원 배열로 처리합니다.

```
list(range(0))
```
```
[]
```

```
a = np.array(list(range(0)) + list(range(1,3)))[:,np.newaxis]
```

```
a
```
```
array([[1],
       [2]])
```

```
b = np.array(list(range(0)) + list(range(1,3)))
```

```
b
```
```
array([1, 2])
```

이 인덱스를 위에서 만들어진 다차원 배열에 넣어서 검색하면 첫 번째 행과 첫 번째 열을 제외한 다차원 배열이 조회됩니다. 이 다차원 배열을 가지고 행렬식을 계산하면 소행렬식이 나옵니다.

```
ja = ma[a,b]
```

```
ja
```

```
array([[5, 6],
       [8, 9]])
```

```
np.linalg.det(ja)
```

```
-2.9999999999999996
```

여인수 (Cofactor)

여인수는 행렬의 i번째 행과 j 번째 인덱스를 제외한 소행렬식을 계산하고 여기에 부호를 붙입니다. 부호는 행과 열의 인덱스를 더한 후에 -1에 제곱을 해서 계산합니다. 인덱스의 합이 짝수이면 플러스(+)이고 홀수이면 마이너스(-) 입니다.

여인수의 위치는 행과 열의 인덱스에 해당하는 곳의 원소입니다.

$$C_{ij} = (-1)^{i+j} |M_{ij}|$$

예제 2 여인수 알아보기

위에서 소행렬식을 계산했습니다. 넘파이 다차원 배열은 인덱스를 0부터 시작하므로 0행과 0열을 제외한 소행렬식을 구했습니다. 여인수를 구할 때 행과 열의 인덱스를 더해서 -1에 제곱을 하면 1이 나오므로 소행렬식이 계산된 결과가 그대로 여인수가 됩니다.

```
cofactor = (-1)**(0+0) * np.linalg.det(ja)
```

```
cofactor
```

```
-2.9999999999999996
```

수반행렬(Adjoint Matrix)

행렬에 있는 모든 여인수를 구하면 여인수행렬이 만들어 집니다. 이 여인수행렬의 전치행렬로 만들면 수반행렬입니다.

행렬A를 가지고 모든 여인수를 만든 여인수행렬은 기존 행과의 형상이 같습니다. 각 원소가 여인수를 구한 값으로 대체됩니다. 아래의 수식에서는 각 여인수를 표시합니다.

$$adj\, A \;=\; \left[\, C_{ij} \,\right]^T = \begin{bmatrix} c_{11} & c_{12} & \dots & c_{1n} \\ c_{21} & c_{22} & \dots & c_{2n} \\ \vdots & \vdots & & \vdots \\ c_{n1} & c_{n2} & \dots & c_{nn} \end{bmatrix}$$

$$= \begin{bmatrix} c_{11} & c_{21} & \dots & c_{n1} \\ c_{21} & c_{22} & \dots & c_{n2} \\ \vdots & \vdots & & \vdots \\ c_{1n} & c_{2n} & \dots & c_{nn} \end{bmatrix}$$

4.5

의사 역행렬(Inverse Matrix)

역행렬은 정사각행렬 중에 행렬식이 **0**이 아닌 경우에만 구할 수 있습니다. 특정 행렬이 역행렬이 없을 때에 역행렬을 임의로 계산하는 것을 의사 역행렬입니다.

예제 1 의사 역행렬

3행 3열로 모든 원소가 **1**인 배열을 만듭니다. 이 배열의 행렬식을 계산하면 **0**입니다. 이는 이 행렬은 역행렬을 만들 수 없습니다.

이 행렬을 가지고 역행렬을 만들고 싶으면 `linalg` 모듈의 `pinv` 함수를 사용해서 의사 역행렬을 구합니다.

```
a = np.ones((3,3))
```

```
np.linalg.det(a)
```

```
0.0
```

```
np.linalg.pinv(a)
```

```
array([[0.11111111, 0.11111111, 0.11111111],
       [0.11111111, 0.11111111, 0.11111111],
       [0.11111111, 0.11111111, 0.11111111]])
```

이 행렬의 역행렬을 구하면 역행렬을 계산할 수 없어 예외가 발생합니다. 이런 행렬을 먼저 행렬식을 계산해서 0인지 먼저 확인해야 합니다.

```
try :
    np.linalg.inv(a)
except Exception as e :
    print(e)
```

```
Singular matrix
```

05 Tensordot 연산 확인하기

지금까지는 주로 벡터와 행렬에 대한 표기법인 선형대수를 기반으로 알아봤습니다. 텐서곱도 기존 벡터와 행렬의 곱을 처리할 수 있습니다. 추가적인 텐서곱 연산도 알아봅니다. 또 다른 텐서에 대한 연산을 kron 함수로 처리하는 방법도 알아봅니다.

5.1

벡터와 행렬연산을 tensordot으로 알아보기

텐서 연산과 행렬곱 연산을 처리할 때 추가적인 기능에 대해서 알아봅니다.

 예제 1 닷 연산 확인하기

임의의 난수로 배열을 만드는 random 모듈에서 특정 정수를 전달해서 배열을 만듭니다. 이때 사용하는 함수가 randint입니다. 2행 2열의 형상을 튜플로 만들어서 인자를 전달합니다. 생성되는 정수의 범위를 1부터 10까지로 지정해서 이 숫자의 범위에서 특정 숫자를 선택하게 만듭니다.

이 함수를 사용해서 두 개의 배열을 2행 2열로 만듭니다.

```
x = np.random.randint(1,10,(2,2))
```

```
x
```

```
array([[1, 2],
       [8, 8]])
```

```
y = np.random.randint(1,10,(2,2))
```

```
y
```

```
array([[7, 1],
       [1, 1]])
```

누 행렬의 행렬곱을 dot 연산으로 실행합니다. 이를 tensordot 함수로 처리하려면 매개변수 axes에 1을 지정합니다. 실행된 결과는 dot 연산과 동일합니다.

```
np.dot(x,y)
```

```
array([[ 9,   3],
       [64, 16]])
```

```
np.tensordot(x,y, axes=1)
```

```
array([[ 9,   3],
       [64, 16]])
```

벡터의 내적을 구하는 inner 함수를 사용해도 동일한 결과가 나옵니다. 이 inner 함수와 동일한 처리를 하려면 axes에 (-1, -1)를 인자로 전달합니다.

```
np.inner(x,y)
```

```
array([[ 9,   3],
       [64, 16]])
```

```
np.tensordot(x,y, axes=(-1,-1))
```

```
array([[ 9,   3],
       [64, 16]])
```

2.5

확장하는 텐서곱 연산

배열을 가지고 새로운 연산을 알아봅니다. 두 개의 배열을 계산해서 확대하는 계산을 알아 봅니다.

그림처럼 두 개의 2차원 배열이 있으면 이를 4차원 배열로 만들어서 계산하는 연산이 텐서 곱 연산입니다. 이는 두 개의 공간이 합쳐져서 확장된 공간을 만드는 연산입니다.

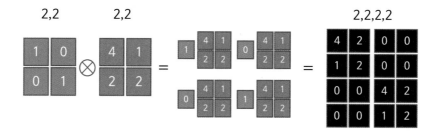

그림 4-11 텐서 프로덕트 연산 이해하기

예제 1 텐서 프로덕트

두 개의 2행 2열의 2차원 배열을 만듭니다.

```
x = np.random.randint(1,10,(2,2))
```

```
x
```

```
array([[7, 1],
       [8, 1]])
```

```
y = np.random.randint(1,10,(2,2))
```

```
y
```

```
array([[6, 8],
       [2, 9]])
```

텐서곱은 **axes** 매개변수에 **0**을 넣습니다. 만들어진 배열의 형상을 확인하면 **4**차원 배열이 만들어집니다.

```
a = np.tensordot(x,y, axes=0)
```

```
a.shape
```
 (2, 2, 2, 2)

내부의 원소를 확인하면 첫 번째 행렬의 원소와 두 번째 행렬의 원소의 곱을 4차원으로 배열로 확장한 값을 알 수 있습니다.

이 텐서곱은 현재 머신러닝과 딥러닝에서는 많이 사용하지 않지만 공간을 확장할 때 사용합니다.

```
a
```
array([[[[42, 56],
         [14, 63]],

        [[6, 8],
         [2, 9]]],

       [[[48, 64],
         [16, 72]],

        [[6, 8],
         [2, 9]]]])

5.3

축소하는 텐서곱 연산(tensor double contraction)

텐서곱을 가지고 차원을 축소하는 방법을 알아봅니다. 이번 계산은 2차원 행렬일 경우에는 이를 수축해서 벡터로 만듭니다. 그 다음에 dot연산을 통해 스칼라 값을 구해서 차원을 축소합니다.

 예제 1 텐서 더블 컨트랙트

두 개의 2행 2열의 다차원 배열로 행렬을 만듭니다.

```
x = np.random.randint(1,10,(2,2))
```

```
x
```

```
array([[7, 6],
       [1, 8]])
```

```
y = np.random.randint(1,10,(2,2))
```

```
y
```

```
array([[5, 4],
       [4, 7]])
```

이 행렬에 대해 축소 계산하려면 tensordot 함수에 axes=2를 넣어서 처리하면 스칼라 값이 계산이 됩니다. 차원이 축소되어 스칼라 값을 반환합니다.

```
a = np.tensordot(x,y, axes=2)
```

```
a.shape
```

```
()
```

```
a
```

```
array(119)
```

다시 3차원 배열을 두개를 만듭니다.

```
c = np.random.randint(1,10,(2,2,2))
```

```
c
```
```
array([[[9, 6],
        [5, 2]],

       [[1, 2],
        [2, 3]]])
```

```
d = np.random.randint(1,10,(2,2,2))
```

```
d
```
```
array([[[1, 4],
        [3, 9]],

       [[5, 4],
        [1, 4]]])
```

이 배열이 계산이 처리되는 것을 알아보기 위해 3차원 배열을 2차원으로 축소한 후에 2차원 배열들 간의 행렬곱을 계산합니다. 결과를 확인하면 하나의 차원의 축소된 2차원 배열이 나옵니다.

```
np.dot(c.reshape(2,4), d.reshape(4,2))
```
```
array([[ 54, 118],
       [ 20,  42]])
```

```
b = np.tensordot(c,d, axes=2)
```

```
b
```
```
array([[ 54, 118],
       [ 20,  42]])
```

5.4

kron연산 처리하기

앞에서 내적과 외적 등의 행렬곱 연산을 알아봤습니다. 이제 1차원과 2차원 배열 간에 크로네커(kronecker) 곱을 처리하는 함수를 알아봅니다.

예제 1 kron 함수 처리하기

3개의 원소를 가진 두 개의 1차원 배열을 만듭니다.

```
ll = np.arange(1,4)
```

```
ls = np.array([10,20,30])
```

이를 kron 함수의 계산에 두 개의 1차원 배열을 인자로 전달하면 두 개의 원소의 개수를 곱한 만큼의 원소가 생깁니다.

첫 번째 배열의 각각의 원소를 두 번째 배열에 다 곱해서 원소의 개수를 만듭니다. 그래서 총 9개의 원소가 만들어집니다.

```
np.kron(ll, ls)
```
```
array([10, 20, 30, 20, 40, 60, 30, 60, 90])
```

이 kron함수의 작동원리를 알아봅니다. 먼저 첫 번째 배열의 원소를 3배로 만들기 위해 **repeat**함수를 사용합니다. 동일한 원소가 연속해서 3개씩 만들어집니다.

이번에는 두 번째 배열을 **tile** 함수를 사용해서 동일한 원소를 3배로 만듭니다.

이 두 개의 배열을 곱하면 9개의 원소를 가진 1차원 배열이 만들어집니다.이런 처리방식으로 배열을 변형하는 것이 **kron** 함수의 산식입니다.

```
ll_ = np.repeat(ll,3)
```

```
ll_
```

```
array([1, 1, 1, 2, 2, 2, 3, 3, 3])
```

```
ls_ = np.tile(ls, 3)
```

```
ls_
```

```
array([10, 20, 30, 10, 20, 30, 10, 20, 30])
```

```
ll_ * ls_
```

```
array([10, 20, 30, 20, 40, 60, 30, 60, 90])
```

두 **1**차원 배열을 **outer** 함수로 계산하면 **3**행 **3**열의 배열을 만듭니다. 내부의 원소는 동일합니다. 함수 **kron**은 이를 **1**차원으로 계산하는 것이 **outer** 함수와 차이가 있습니다.

```
np.outer(ll,ls)
```

```
array([[10, 20, 30],
       [20, 40, 60],
       [30, 60, 90]])
```

이번에는 **2**차원 배열의 처리하는 방식을 알아봅니다. 먼저 **2**행 **2**열의 **2**차원 배열을 두 개를 만듭니다.

```
x = np.array([1,2,3,4]).reshape(2,2)
```

```
x
```

```
array([[1, 2],
       [3, 4]])
```

```
y = np.eye(2)
```

```
y
```

```
array([[1., 0.],
       [0., 1.]])
```

두 2차원 배열을 인자로 전달해서 kron함수를 계산하면 4행 4열의 2차원 배열이 만들어집니다.

```
np.kron(x,y)
```

```
array([[1., 0., 2., 0.],
       [0., 1., 0., 2.],
       [3., 0., 4., 0.],
       [0., 3., 0., 4.]])
```

어떻게 이런 결과가 나왔는지 알아봅니다. 2행 2열의 2차원 배열을 수직 축으로 2배 만듭니다. 그러면 동일한 행이 하나씩 추가됩니다. 이를 다시 수평축으로 원소를 반복 처리하면 4행 4열의 배열이 만들어집니다.

```
x_ = np.repeat(x,2, axis=0)
```

```
x_
```

```
array([[1, 2],
       [1, 2],
       [3, 4],
       [3, 4]])
```

```
x_ = np.repeat(x_,2, axis=1)
```

```
x_
```

```
array([[1, 1, 2, 2],
       [1, 1, 2, 2],
       [3, 3, 4, 4],
       [3, 3, 4, 4]])
```

두 번째 행렬은 동일한 배열을 타일을 사용해서 4행 4열의 배열로 만듭니다.

```
y_ = np.tile(y,(2,2))
```

```
y_
```

```
array([[1., 0., 1., 0.],
       [0., 1., 0., 1.],
       [1., 0., 1., 0.],
       [0., 1., 0., 1.]])
```

이 두 배열을 multiply 함수로 곱하면 kron함수를 사용한 2차원 배열 계산과 같습니다.

```
np.multiply(x_,y_)
```

```
array([[1., 0., 2., 0.],
       [0., 1., 0., 2.],
       [3., 0., 4., 0.],
       [0., 3., 0., 4.]])
```

2차원 배열을 outer 함수를 사용해서 4행 4열을 만들려면 첫 번째 행렬을 열벡터로 만들고 두 번째 행렬을 행벡터로 형상을 변경합니다. 그 다음에 연산을 하면 4행 4열 2차원 배열인 행렬을 만듭니다. 만들어진 결과를 해당되는 숫자는 맞지만 인덱스 위치가 kron 함수와 처리된 결과가 다릅니다.

```
x.reshape(4,1)
```

```
array([[1],
       [2],
       [3],
       [4]])
```

```
y.reshape(1,4)
```

```
array([[1., 0., 0., 1.]])
```

```
np.outer(x,y)
```

```
array([[1., 0., 0., 1.],
       [2., 0., 0., 2.],
       [3., 0., 0., 3.],
       [4., 0., 0., 4.]])
```

```
np.dot(x.reshape(4,1), y.reshape(1,4))
```

```
array([[1., 0., 0., 1.],
       [2., 0., 0., 2.],
       [3., 0., 0., 3.],
       [4., 0., 0., 4.]])
```

06 einsum 연산 확인하기

아인슈타인의 합은 선형대수학을 물리학에 응용하면서 좌표계에 관한 공식을 다룰 때 유용한 표기규칙으로 선형대수를 편리하게 계산할 수 있는 방법입니다. 어떻게 이 함수를 사용해서 선행대수 계산을 처리하는지 알아봅니다.

이 함수는 텐서플로우나 파이토치 등에 동일한 이름으로 함수를 제공합니다.

6.1

하나의 배열을 변경하기

특정 산식에 대한 정보를 문자열로 표시해서 하나의 배열의 전치행렬 등 하나의 행렬에 대한 연산을 알아봅니다.

예제 1 하나 배열의 연산 처리하기

2행 3열의 2차원 배열을 만듭니다.

```
A = np.array([[1,2,3], [4,5,6]])
```

```
A
```
```
array([[1, 2, 3],
       [4, 5, 6]])
```

다차원 배열 객체에는 전치행렬을 조회하는 속성 T가 있습니다. 이를 조회하면 열이 행이 되고 행이 열이 되는 전치행렬을 조회할 수 있습니다.

```
A.T
```
```
array([[1, 4],
       [2, 5],
       [3, 6]])
```

이 함수를 문자열로 연산하는 기호를 작성하고 두 번째에 변경되는 행렬을 전달합니다.

먼저 전달된 2행 2열의 배열의 축을 문자열로 지정하고 ->표시 다음에 연산 된 결과의 축을 문자열로 지정합니다. 두 개의 문자를 변경해서 전치행렬을 처리하는 것과 같습니다.

```
np.einsum("ij->ji", A)
```
```
array([[1, 4],
       [2, 5],
       [3, 6]])
```

이번에는 하나의 1차원 배열을 받아서 결과가 아무것도 표시를 하지 않으면 전달된 배열의 모든 원소를 합산한 결과를 보여줍니다.

0부터 9까지의 원소를 가지는 1차원 배열을 만들어서 einsum 함수에 하나의 축을 표시하고 -> 다음에 축에 대한 변환을 지정하지 않고 실행하면 45라는 원소들이 합산된 결과를 반환합니다. 이를 sum 함수에 1차원 배열을 전달해서 계산한 결과와 같습니다.

```
AA = np.arange(10)
```
```
np.einsum('i->', AA)
```
45

```
np.sum(AA)
```
45

2차원 배열도 원소들의 합을 구할 수 있는지 알아봅니다. 두 개의 축을 문자열에 지정합니다. -> 다음에 아무런 축에 정보를 주지 않고 einsum 함수를 실행하면 모든 배열의 원소를 합산한 값을 반환합니다.

```
A__ = np.array([[1, 1, 1],
                [3, 2, 4],
                [7, 5, 8]])
```

```
np.einsum("ij->", A__)
```

32

```
np.sum(A__)
```

32

이번에는 2차원 배열을 1차원 배열로 변환하면 어떻게 처리하는지 알아봅니다.

문자열 내에 입력은 두 개축을 표시하고 출력은 행을 표시하는 하나의 축을 표시합니다. 함수를 실행하면 행의 원소를 합산한 1차원 배열을 반환합니다. 조금 혼란스러울 수 있지만 sum 함수에서 행의 원소를 합산하는 경우는 axis=1로 지정해서 처리하는 것입니다.

```
np.einsum("ij->i", A__)
```

array([3, 9, 20])

```
np.sum(A__, axis=1)
```

array([3, 9, 20])

열의 원소를 합산할 때는 반대로 처리합니다. 두 경우의 계산결과가 동일한 것을 알 수 있습니다.

```
np.einsum("ij->j", A__)
```

array([11, 8, 13])

```
np.sum(A__, axis=0)
```

array([11, 8, 13])

하나의 행렬에 대각선의 합도 구할 수 있습니다. 대각선의 합을 계산할 때는 두개의 축에 동일한 문자로 표시합니다. 이 함수를 실행한 결과와 trace 함수를 처리한 결과를 확인하

면 같은 값인 것을 알 수 있습니다.

```
np.einsum("ii", A__)
```
11

```
np.einsum("ii ->", A__)
```
11

```
np.trace(A__)
```
11

대각선의 원소를 배열로 출력하려면 -> 다음에 축을 문자로 표시합니다. 이는 **diag** 함수의 결과와 동일합니다.

```
np.einsum("ii ->i", A__)
```
array([1, 2, 8])

```
np.diag(A__)
```
array([1, 2, 8])

6.2

두 개의 1차원 배열 연산을 알아보기

선형대수에 벡터 단위의 연산을 einsum 함수를 사용해서 계산을 해봅니다.

▶ 예제 1 두 개 1차원 배열의 연산 처리하기

10개의 원소를 가진 두 개의 1차원 배열을 만듭니다.

```
C = np.arange(10)
```

```
D = np.arange(5, 15)
```

두 개의 1차원 배열을 전달하고 수식을 표현하는 문자열은 쉼표로 분리해서 두 개의 1차원 배열과 개수를 맞춥니다. 두 1차원 배열의 곱은 형상이 동일하므로 동일한 문자로 지정합니다. 실행한 결과를 확인하면 두 벡터의 원소끼리 곱셈을 처리한 결과입니다.

```
np.einsum('i,i->i', C, D)
```
```
array([  0,   6,  14,  24,  36,  50,  66,  84, 104, 126])
```

1차원 배열의 내적은 스칼라 값입니다. 두 개의 동일한 벡터의 형상을 표시하고 -> 다음의 결과에 대한 형상을 지정하지 않으면 내적의 값을 계산합니다. 벡터곱으로 내적을 구한 결과와 같습니다.

```
np.einsum('i,i->', C, D)
```
```
510
```

```
np.dot(C,D)
```
```
510
```

두 개의 1차원 배열을 계산한 결과가 1차원 배열로 표시할 때는 두 개의 형상이 다르므로 두 개의 다른 문자를 사용하고 결과도 배열을 표시하므로 문자로 지정한 후에 실행하면 하나의 배열로 결과를 출력합니다.

```
np.einsum('i,j->i', C, D)
```
```
array([  0,  95, 190, 285, 380, 475, 570, 665, 760, 855])
```

이 산식의 계산되는 방식을 알아보면 첫 번째 행렬을 10행 10열로 만듭니다. 각 행마다 동일한 값으로 구성합니다.

```
C.reshape(10,1).repeat(10,axis=1)
```

```
array([[0, 0, 0, 0, 0, 0, 0, 0, 0, 0],
       [1, 1, 1, 1, 1, 1, 1, 1, 1, 1],
       [2, 2, 2, 2, 2, 2, 2, 2, 2, 2],
       [3, 3, 3, 3, 3, 3, 3, 3, 3, 3],
       [4, 4, 4, 4, 4, 4, 4, 4, 4, 4],
       [5, 5, 5, 5, 5, 5, 5, 5, 5, 5],
       [6, 6, 6, 6, 6, 6, 6, 6, 6, 6],
       [7, 7, 7, 7, 7, 7, 7, 7, 7, 7],
       [8, 8, 8, 8, 8, 8, 8, 8, 8, 8],
       [9, 9, 9, 9, 9, 9, 9, 9, 9, 9]])
```

두 번째 배열은 10행 1열을 가진 열벡터로 변경한 후에 행렬곱을 계산하면 1차원 배열입니다.

```
np.dot(C.reshape(10,1).repeat(10,axis=1), D.reshape(10,1)).T[0]
```

```
array([  0,  95, 190, 285, 380, 475, 570, 665, 760, 855])
```

이번에는 두 번째 배열을 기준의 결과를 배열로 만들겠습니다.

```
np.einsum('i,j->j', C, D)
```

```
array([225, 270, 315, 360, 405, 450, 495, 540, 585, 630])
```

두 번째 배열을 행벡터로 만든 후에 10개를 반복해서 10행 10열로 변경합니다.

```
D.reshape(1,10).repeat(10,axis=0)
```

```
array([[ 5,  6,  7,  8,  9, 10, 11, 12, 13, 14],
       [ 5,  6,  7,  8,  9, 10, 11, 12, 13, 14],
       [ 5,  6,  7,  8,  9, 10, 11, 12, 13, 14],
       [ 5,  6,  7,  8,  9, 10, 11, 12, 13, 14],
       [ 5,  6,  7,  8,  9, 10, 11, 12, 13, 14],
       [ 5,  6,  7,  8,  9, 10, 11, 12, 13, 14],
       [ 5,  6,  7,  8,  9, 10, 11, 12, 13, 14],
       [ 5,  6,  7,  8,  9, 10, 11, 12, 13, 14],
       [ 5,  6,  7,  8,  9, 10, 11, 12, 13, 14],
       [ 5,  6,  7,  8,  9, 10, 11, 12, 13, 14]])
```

이를 두 배열을 행렬곱으로 계산하면 1차원 배열이 만들어집니다.

```
np.dot(C.reshape(1,10), D.reshape(1,10).repeat(10,axis=0))[0]
array([225, 270, 315, 360, 405, 450, 495, 540, 585, 630])
```

1차원 배열을 전달해서 2차원 배열로 만드는 방법을 알아봅니다. 두 개의 1차원 배열은 쉼표로 구분합니다. 이 문자를 붙여서 결과에 표시하면 10행 10열의 배열이 만들어집니다.

```
np.einsum('i,j->ij', C, D)
array([[  0,   0,   0,   0,   0,   0,   0,   0,   0,   0],
       [  5,   6,   7,   8,   9,  10,  11,  12,  13,  14],
       [ 10,  12,  14,  16,  18,  20,  22,  24,  26,  28],
       [ 15,  18,  21,  24,  27,  30,  33,  36,  39,  42],
       [ 20,  24,  28,  32,  36,  40,  44,  48,  52,  56],
       [ 25,  30,  35,  40,  45,  50,  55,  60,  65,  70],
       [ 30,  36,  42,  48,  54,  60,  66,  72,  78,  84],
       [ 35,  42,  49,  56,  63,  70,  77,  84,  91,  98],
       [ 40,  48,  56,  64,  72,  80,  88,  96, 104, 112],
       [ 45,  54,  63,  72,  81,  90,  99, 108, 117, 126]])
```

두 벡터의 외적을 구하는 outer 함수를 사용해서 계산하면 위와 동일한 결과를 볼 수 있습니다.

```
np.outer(C, D)
array([[  0,   0,   0,   0,   0,   0,   0,   0,   0,   0],
       [  5,   6,   7,   8,   9,  10,  11,  12,  13,  14],
       [ 10,  12,  14,  16,  18,  20,  22,  24,  26,  28],
       [ 15,  18,  21,  24,  27,  30,  33,  36,  39,  42],
       [ 20,  24,  28,  32,  36,  40,  44,  48,  52,  56],
       [ 25,  30,  35,  40,  45,  50,  55,  60,  65,  70],
       [ 30,  36,  42,  48,  54,  60,  66,  72,  78,  84],
       [ 35,  42,  49,  56,  63,  70,  77,  84,  91,  98],
       [ 40,  48,  56,  64,  72,  80,  88,  96, 104, 112],
       [ 45,  54,  63,  72,  81,  90,  99, 108, 117, 126]])
```

외적을 행렬곱 연산으로 표시하면 첫 번째 배열은 열벡터로, 두 번째 배열은 행벡터로 변환해서 계산하면 10행 10열의 행렬이 나옵니다. 위의 함수와 동일한 결과가 나오는 것을

볼 수 있습니다.

```
np.dot(C.reshape(10,1), D.reshape(1,10))
```
```
array([[  0,   0,   0,   0,   0,   0,   0,   0,   0,   0],
       [  5,   6,   7,   8,   9,  10,  11,  12,  13,  14],
       [ 10,  12,  14,  16,  18,  20,  22,  24,  26,  28],
       [ 15,  18,  21,  24,  27,  30,  33,  36,  39,  42],
       [ 20,  24,  28,  32,  36,  40,  44,  48,  52,  56],
       [ 25,  30,  35,  40,  45,  50,  55,  60,  65,  70],
       [ 30,  36,  42,  48,  54,  60,  66,  72,  78,  84],
       [ 35,  42,  49,  56,  63,  70,  77,  84,  91,  98],
       [ 40,  48,  56,  64,  72,  80,  88,  96, 104, 112],
       [ 45,  54,  63,  72,  81,  90,  99, 108, 117, 126]])
```

계산된 결과를 반대방향으로 바꾸면 전치행렬의 결과가 나옵니다. **outer** 함수로 계산할 때는 두 번째 벡터를 열벡터로 만들고 첫 번째 벡터를 행벡터로 만들어서 계산을 하면 같은 결과가 나옵니다.

```
np.einsum('i,j->ji', C, D)
```
```
array([[ 0,  5, 10, 15, 20, 25, 30, 35, 40, 45],
       [ 0,  6, 12, 18, 24, 30, 36, 42, 48, 54],
       [ 0,  7, 14, 21, 28, 35, 42, 49, 56, 63],
       [ 0,  8, 16, 24, 32, 40, 48, 56, 64, 72],
       [ 0,  9, 18, 27, 36, 45, 54, 63, 72, 81],
       [ 0, 10, 20, 30, 40, 50, 60, 70, 80, 90],
       [ 0, 11, 22, 33, 44, 55, 66, 77, 88, 99],
       [ 0, 12, 24, 36, 48, 60, 72, 84, 96, 108],
       [ 0, 13, 26, 39, 52, 65, 78, 91, 104, 117],
       [ 0, 14, 28, 42, 56, 70, 84, 98, 112, 126]])
```

```
np.outer(D.reshape(10,1), C.reshape(1,10))
```
```
array([[ 0,  5, 10, 15, 20, 25, 30, 35, 40, 45],
       [ 0,  6, 12, 18, 24, 30, 36, 42, 48, 54],
       [ 0,  7, 14, 21, 28, 35, 42, 49, 56, 63],
       [ 0,  8, 16, 24, 32, 40, 48, 56, 64, 72],
       [ 0,  9, 18, 27, 36, 45, 54, 63, 72, 81],
       [ 0, 10, 20, 30, 40, 50, 60, 70, 80, 90],
       [ 0, 11, 22, 33, 44, 55, 66, 77, 88, 99],
       [ 0, 12, 24, 36, 48, 60, 72, 84, 96, 108],
       [ 0, 13, 26, 39, 52, 65, 78, 91, 104, 117],
       [ 0, 14, 28, 42, 56, 70, 84, 98, 112, 126]])
```

두 개의 2차원 배열 연산을 알아보기

두 개의 2차원 배열을 인자로 받아서 행렬곱 등 선형대수의 계산을 einsum 함수로 계산해봅니다.

 예제 1 두 개의 2차원 배열 연산 처리하기

두 개의 2차원 배열을 만듭니다.

```
E = np.arange(10).reshape(2,5)
```

```
F = np.arange(5, 15).reshape(2,5)
```

동일한 배열을 가지고 동일한 원소 별로 계산을 수행해봅니다. 두 개의 배열을 문자열로 지정하면 동일한 형상을 가지므로 쉼표로 구분해서 행과 열을 ij로 표시합니다. 계산된 결과도 형상이 같은 ij로 처리되도록 표시하면 두 배열의 원소 별 곱셈 결과를 계산합니다.

```
np.einsum('ij,ij->ij', E, F)
```
```
array([[  0,   6,  14,  24,  36],
       [ 50,  66,  84, 104, 126]])
```

행렬곱을 계산하려면 앞의 행렬의 열과 뒤의 행렬의 행의 원소의 개수가 동일해야 합니다. 그리고 계산된 결과는 앞의 행렬의 행과 뒤에 행렬의 열을 가진 행렬을 만듭니다. 실제 행렬도 동일하게 맞추게 위해 두 번째 행렬은 전치행렬로 변환했습니다.

두 행렬을 einsum과 dot 연산으로 계산한 결과가 같은 것을 알 수 있습니다.

```
np.einsum('ij,jk->ik', E, F.T)
```
```
array([[ 80, 130],
       [255, 430]])
```

```
np.dot(E, F.T)
```

```
array([[ 80, 130],
       [255, 430]])
```

1차원 배열과 2차원 배열을 만듭니다.

```
A_ = np.array([0, 1, 2])
```

```
B_ = np.array([[ 0,  1,  2,  3],
               [ 4,  5,  6,  7],
               [ 8,  9, 10, 11]])
```

이 두 배열을 행은 i로 지정하고 열은 j로 지정합니다. 계산된 결과를 배열로 지정하지 않아 스칼라인 정수 값으로 나옵니다. 두 배열을 곱한 후에 덧셈한 결과를 처리합니다.

```
np.einsum('i,ij->', A_, B_)
```

```
98
```

두 배열의 원소를 전부 더해도 위와 다른 값이 나옵니다.

```
np.sum(A_) + np.sum(B_)
```

```
69
```

위의 계산 결과와 동일하게 처리를 하려면 앞의 1차원 배열을 열벡터로 만들어서 곱한 후에 배열의 모든 원소를 합산한 결과입니다.

```
(A_.reshape(3,1) * B_).sum()
```

```
98
```

다른 방식으로 처리하려면 A_ 행렬에 np.newaxis 로 축을 추가합니다.

```
A_[:, np.newaxis]
```

```
array([[0],
       [1],
       [2]])
```

두 번째 행렬은 형상이 3행 4열이므로 두 행렬의 곱셈을 수행하면 브로드 캐스팅이 발생해서 모든 원소 별로 곱셈을 처리합니다. 최종 결과는 3행 4열로 만들어집니다.

만들어진 배열의 원소들을 sum 메소드로 합산하면 위의 einsum함수와 처리가 같습니다.

```
A_[:, np.newaxis] * B_
```
```
array([[ 0,  0,  0,  0],
       [ 4,  5,  6,  7],
       [16, 18, 20, 22]])
```

```
(A_[:, np.newaxis] * B_).sum()
```
98

두 배열을 계산한 결과를 행으로 결과를 나타내려면 -> 다음에 행의 축인 i를 붙입니다. 두 개의 배열을 곱한 후에 행으로 덧셈한 결과를 보여줍니다.

```
np.einsum('i,ij->i', A_, B_)
```
array([0, 22, 76])

```
(A_[:, np.newaxis] * B_).sum(axis=1)
```
array([0, 22, 76])

반대로 열을 기준으로 합산을 하려면 -> 다음에 j를 지정합니다.

```
np.einsum('i,ij->j', A_, B_)
```
array([20, 23, 26, 29])

```
(A_[:, np.newaxis] * B_).sum(axis=0)
```
array([20, 23, 26, 29])

하나의 2차원 배열을 만듭니다. 그리고 전치행렬을 확인합니다.

```
x = np.array([1,2,3,4]).reshape(2,2)
```

```
x.T
```

```
array([[1, 3],
       [2, 4]])
```

동일한 배열을 넣어서 행렬곱을 처리해봅니다. 두 축의 행과 열에 동일한 문자를 넣으면
예외가 발생합니다.

```
try :
    np.einsum('ii,ii->ii', x,x)
except Exception as e :
    print(e)
```

einstein sum subscripts string includes output subscript 'i' multiple times

동일한 행렬을 문자열로 표시하면 두 개의 배열의 원소를 그대로 곱한 결과를 표시합니다.

```
np.einsum('ij,ij->ij', x,x)
```

```
array([[ 1,  4],
       [ 9, 16]])
```

```
x * x
```

```
array([[ 1,  4],
       [ 9, 16]])
```

동일한 배열을 사용할 때 하나는 전치행렬로 처리해서 곱셈을 수행할 때는 문자열의 축 정
보인 행과 열을 바꾸어야 합니다.

```
np.einsum('ij,ji->ij', x,x)
```

```
array([[ 1,  6],
       [ 6, 16]])
```

```
x * x.T
```

```
array([[ 1,  6],
       [ 6, 16]])
```

배열과 전치행렬의 행렬곱을 구할 때는 문자열에 축 정보를 다르게 표시해야 합니다.

```
np.einsum('ij,jk->ik', x,x.T)
```

```
array([[ 5, 11],
       [11, 25]])
```

```
np.dot(x ,x.T)
```

```
array([[ 5, 11],
       [11, 25]])
```

행렬곱을 구한 이후 행과 열을 기준으로 덧셈을 한 결과도 만들 수 있습니다.

두 개의 1차원 배열을 만듭니다. 이 두 배열의 행렬곱을 구합니다.

```
x = np.array([1,3,4,2]).reshape(2,2)
```

```
y = np.array([1,2,4,2]).reshape(2,2)
```

```
np.dot(x,y)
```

```
array([[13,  8],
       [12, 12]])
```

행렬곱을 한 다음에 행의 원소별로 합산을 합니다. 이 방식을 einsum에서는 결과에 행(i)만 표시하면 계산을 합니다.

```
np.dot(x,y).sum(axis=1)
```

```
array([21, 24])
```

```
np.einsum("ij,jk->i",x,y)
```

```
array([21, 24])
```

행렬곱을 분리해서 행벡터와 열벡터로 각각의 원소를 구한 후에 행단위로 합산을 한 결과와 동일합니다.

```
np.dot(x[0], y[:,0]) + np.dot(x[0], y[:,1])
```

21

```
np.dot(x[1], y[:,0]) + np.dot(x[1], y[:,1])
```

24

이번에는 행렬곱을 한 후에 열로 합산한 결과입니다. 이를 einsum에는 두 번째 행렬의 열 (k)를 표시합니다. 두 배열을 행렬곱을 한 후에 열의 원소를 합산한 결과입니다.

```
np.dot(x,y).sum(axis=0)
```

array([25, 20])

```
np.einsum("ij,jk->k",x,y)
```

array([25, 20])

이를 검증하기 위해 y의 배열의 전치행렬을 알아봅니다. 이 전치행렬을 기준으로 앞의 배열인 x에 저장된 곳의 벡터와 행렬곱을 처리한 후 합산한 결과와 동일합니다.

```
y.T
```

array([[1, 4],
       [2, 2]])

```
np.dot(y.T[0], x[0]) + np.dot(y.T[0], x[1])
```

25

```
np.dot(y.T[1], x[0]) + np.dot(y.T[1], x[1])
```

20

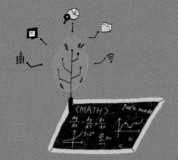

CHAPTER **05**

다차원 배열의 구조 변경하기

다차원 배열을 만들면 기본 구조는 확정됩니다. 배열을 정렬을 수행하면 내부의 인덱스가 재생성 되어 내부의 구조를 변경하는 것입니다. 단순히 다른 형상을 변경할 수도 있고 원소와 형상을 같이 변경할 수도 있습니다.

또한 여러 개의 배열을 하나로 결합해서 처리도 할 수 있습니다. 하나의 배열을 여러 개의 배열로 분리도 할 수 있습니다. 배열을 연산하려면 크기가 맞지 않는 경우에는 패딩을 처리해서 확장도 가능합니다.
이번 장에서는 배열의 구조를 어떻게 변경하는지 알아봅니다.

■ 변경 및 결합 주요 함수
■ 내부 조작 함수
■ 배열의 padding

01 변경 및 결합 주요 함수

하나의 다차원 배열을 생성한 후에 기존에 만들어진 원소를 그대로 유지한 상태에서 형상을 바꾸어 사용할 수 있습니다. 다차원 배열의 메타 정보의 형상을 변경해서 해당 배열의 차원에 맞춰서 처리하는 것입니다.

또한 두 개의 배열을 하나로 결합도 가능합니다. 하나의 배열을 여러 개로 분리도 가능합니다. 어떻게 배열의 형태를 바꾸는지 알아봅니다.

1.1

변형 및 변경 함수

다차원 배열을 만들어서 단순하게 차원만을 변형하는 함수와 원소의 개수를 늘리거나 줄이는 함수가 있습니다. 이들은 특정 형태로 변형이 가능한 객체를 제공합니다. 특정 조건에 따라 원소를 추출해서 배열의 형상을 만들어주는 함수도 있습니다. 이 장에서는 다음과 같은 함수들을 알아봅니다.

📝 예제 1 배열의 형상 변경하기

0부터 15까지의 16개 원소를 가진 1차원 배열을 함수 arange로 생성합니다.

```
x = np.arange(16)
```

```
x
```

```
array([ 0,  1,  2,  3,  4,  5,  6,  7,  8,  9, 10, 11, 12, 13, 14, 15])
```

2차원 배열로 형상(shape)만 변경하는 reshape 메소드는 동일한 원소의 개수에 맞도록 다른 형상을 인자로 전달합니다. 반환된 것을 확인하면 형상에 맞춰서 변경된 것을 알 수 있습니다. 원소의 개수보다 적거나 많게 인자를 넣으면 변형되지 않습니다.

```
x1 = x.reshape(2,8)
```

```
x1
```

```
array([[ 0,  1,  2,  3,  4,  5,  6,  7],
       [ 8,  9, 10, 11, 12, 13, 14, 15]])
```

16개의 원소를 가진 배열에 20개의 원소를 가진 배열로 형상을 변경하면 예외를 발생시킵니다. 원소의 길이가 16개이므로 20개로 변환할 수 없다는 메시지입니다.

```
try :
    x2 = x.reshape(4,5)
except Exception as e :
    print(e)
```

```
cannot reshape array of size 16 into shape (4,5)
```

2차원을 3차원으로 형상을 변경할 때도 전체의 원소 개수가 맞아야 합니다. 보통 전체의 원소의 개수는 형상에 있는 모든 숫자를 곱한 결과와 같습니다.

```
y = x.reshape(2,2,4)
```

```
y
```

```
array([[[ 0,  1,  2,  3],
        [ 4,  5,  6,  7]],

       [[ 8,  9, 10, 11],
        [12, 13, 14, 15]]])
```

형상을 변경할 때 트릭을 사용할 수 있습니다. 형상에 인자로 첫 번째는 정수 4를 전달했지만 두 번째는 –1로 지정하면 이 배열의 원소의 개수에 맞게 자동으로 형상을 만듭니다.

```
y1 = x.reshape(4,-1)
```

```
y1
```

```
array([[ 0,  1,  2,  3],
       [ 4,  5,  6,  7],
       [ 8,  9, 10, 11],
       [12, 13, 14, 15]])
```

3차원 배열로 변형할 때 −1을 두 번 사용하면 예외를 발생시킵니다. 형상을 바꿀 때는 한 번만 −1을 사용해서 처리해야 합니다.

```
try :
    y2 = x.reshape(2,-1,-1)
except Exception as e :
    print(e)
```

```
can only specify one unknown dimension
```

3차원 배열로 바꿀 때 −1을 하나만 정의하면 자동으로 형상의 정보를 세팅해서 변형시킵니다.

```
y2 = x.reshape(2,2,-1)
```

```
y2
```
```
array([[[ 0,  1,  2,  3],
        [ 4,  5,  6,  7]],

       [[ 8,  9, 10, 11],
        [12, 13, 14, 15]]])
```

예제 2 배열의 크기를 늘리기 및 줄이기

4개의 원소를 가진 1차원 배열을 arrange 함수로 만듭니다. 원소는 0부터 3까지 4개의 원소를 가집니다.

```
a = np.arange(4)
```

```
a
```
```
array([0, 1, 2, 3])
```

위에 만들어진 다차원 배열을 resize 인자로 전달해서 8개의 원소를 가진 배열로 변경하기 위하여 새롭게 만들어진 배열을 만듭니다. 이때 원소는 기존 원소를 사용해서 8개의 원소의 값을 채웁니다. 이 함수의 처리는 reshape과 달리 배열의 원소를 확장 시킵니다.

```
np.resize(a,8)
```

```
array([0, 1, 2, 3, 0, 1, 2, 3])
```

위의 처리결과는 동일한 1차원 배열 두 개를 결합하는 것과 같습니다.

```
np.append(a,a)
```

```
array([0, 1, 2, 3, 0, 1, 2, 3])
```

4개의 원소를 가진 1차원 배열을 하나 만듭니다. 이번에는 **resize** 메소드에 튜플로 2차원 배열로 확대합니다. 첫 번째 행은 기존 원소를 유지하지만 나머지 행은 **0**으로 초깃값을 처리합니다.

```
b = np.arange(4)
```

```
b.resize((4,4))
```

```
b
```

```
array([[0, 1, 2, 3],
       [0, 0, 0, 0],
       [0, 0, 0, 0],
       [0, 0, 0, 0]])
```

8개의 원소를 가진 1차원 배열을 만듭니다. 이번에는 **resize** 메소드를 사용해서 배열의 크기를 변경합니다. 이때는 **refcheck=False**을 전달해서 기존 배열의 레퍼런스를 참조하지 않도록 지정해야 원본 배열을 변경할 수 있습니다.

```
c = np.arange(8)
```

```
c
```

```
array([0, 1, 2, 3, 4, 5, 6, 7])
```

```
c.resize(4, refcheck=False)
```

```
c
```

```
array([0, 1, 2, 3])
```

16개의 원소를 가지는 1차원 배열을 만듭니다. 이 배열의 **resize** 메소드로 원소의 개수가 작게 2차원 배열인 3행 3열이 배열로 변경합니다.

원본 배열을 변경하므로 **refcheck=False**를 전달해서 처리합니다.

```
d = np.arange(16)
```

```
d
```

```
array([ 0,  1,  2,  3,  4,  5,  6,  7,  8,  9, 10, 11, 12, 13, 14, 15])
```

```
d.resize(3,3, refcheck=False)
```

```
d
```

```
array([[0, 1, 2],
       [3, 4, 5],
       [6, 7, 8]])
```

9개의 1차원 배열을 만들었습니다. 4행 4열의 이차원 배열로 확대하면 기존 원소는 다 들어가고 나머지는 **0**으로 채워집니다.

형상에 맞춰서 배열을 만들어서 기존 8이 값이 3번째 행의 첫 번째 원소가 된 것을 알 수 있습니다. 그 이후의 원소는 없어서 **0**으로 세팅 된 것을 알 수 있습니다.

```
e = np.arange(9)
```

```
e.resize(4,4)
```

```
e
```

```
array([[0, 1, 2, 3],
       [4, 5, 6, 7],
       [8, 0, 0, 0],
       [0, 0, 0, 0]])
```

이 배열의 실제 저장된 것을 1차원 배열로 확인하면 확장된 원소가 **0**으로 채워진 것을 알 수 있습니다.

```
e.flatten()
```

```
array([0, 1, 2, 3, 4, 5, 6, 7, 8, 0, 0, 0, 0, 0, 0, 0])
```

 예제 3 격자를 사용해서 확장 처리하기

원소의 개수가 다른 두 개의 1차원 배열을 만듭니다.

```
x = np.arange(3)
```

```
y = np.arange(4)
```

1차원 배열을 두 개를 **meshgrid** 함수의 인자로 전달하면 첫 번째 1차원배열은 수직으로 확장됩니다. 두 번째 인자로 전달된 배열은 수평적으로 확장됩니다. 두 배열의 결과는 동일한 형상을 유지하는 2차원 배열이 만들어집니다.

```
x_, y_ = np.meshgrid(x,y)
```

```
x_
```
```
array([[0, 1, 2],
       [0, 1, 2],
       [0, 1, 2],
       [0, 1, 2]])
```

```
y_
```
```
array([[0, 0, 0],
       [1, 1, 1],
       [2, 2, 2],
       [3, 3, 3]])
```

위의 격자에 대한 처리를 concatenate 함수를 사용해서 처리하려면 먼저 1차원 배열을 2차원 배열로 변경해야 합니다. 하나의 행을 가진 배열과 하나의 열을 가진 배열로 변형한 후에 4개의 배열을 리스트에 넣어서 축(axis)을 전달해서 실행하면 4행 3열의 2차원 배열이 만들어집니다.

```
x_1 = x.reshape(1,-1)
```

```
np.concatenate([x_1, x_1, x_1,x_1])
```

```
array([[0, 1, 2],
       [0, 1, 2],
       [0, 1, 2],
       [0, 1, 2]])
```

```
y_1 = y.reshape(-1,1)
```

```
np.concatenate([y_1, y_1, y_1,y_1], axis=1)
```

```
array([[0, 0, 0, 0],
       [1, 1, 1, 1],
       [2, 2, 2, 2],
       [3, 3, 3, 3]])
```

예제 4 격자 객체를 사용한 확장처리하기

객체를 생성한 클래스를 확인할 때는 메타 클래스 **type**이나 속성 **__class__**로 확인할 수 있습니다.

```
type(np.mgrid)
```

```
numpy.lib.index_tricks.nd_grid
```

```
np.mgrid.__class__
```

```
numpy.lib.index_tricks.nd_grid
```

두 개의 원소를 가진 배열과 4 개의 원소를 가진 배열을 먼저 만듭니다. 이 두 배열을 브로드 캐스팅하려면 **2**차원 배열로 형상을 변형해야 합니다.

그 다음에 **broadcast_arrays** 함수에 인자로 전달해서 동일한 형상을 가진 배열로 만듭니다.

```
np.arange(10,30,10)
```

```
array([10, 20])
```

```
np.arange(1,5)
```

```
array([1, 2, 3, 4])
```

```
np.broadcast_arrays(np.arange(10,30,10).reshape(2,1),
                    np.arange(1,5).reshape(1,4))
```

```
[array([[10, 10, 10, 10],
        [20, 20, 20, 20]]), array([[1, 2, 3, 4],
        [1, 2, 3, 4]])]
```

새롭게 두 개의 배열을 만들어주는 **mgrid**클래스에 색인연산을 통해 두 개의 객체가 생성되도록 슬라이스를 지정하고 실행하면 두 개의 배열의 만들어집니다. 위에 사용한 **broadcast_arrays**함수의 실행 결과가 같은 것을 알 수 있습니다.

```
a,b = np.mgrid[10:30:10, 1:5]
```

```
a
```

```
array([[10, 10, 10, 10],
       [20, 20, 20, 20]])
```

```
b
```

```
array([[1, 2, 3, 4],
       [1, 2, 3, 4]])
```

색인연산으로 만들어지므로 실제 **slice** 클래스로 만들어서 **mgrid** 클래스에 전달해서 실행하는 것과 동일합니다.

```
s1 = slice(10,30,10)
```

```
s2 = slice(1,5)
```

```
a_,b_ = np.mgrid[s1, s2]
```

```
a_
```

```
array([[10, 10, 10, 10],
       [20, 20, 20, 20]])
```

```
b_
```

```
array([[1, 2, 3, 4],
       [1, 2, 3, 4]])
```

전달된 정보를 그대로 2차원 배열로 바꾸는 ogrid도 있습니다. 즉 축만 추가해서 차원을 변경하는 기능을 수행합니다.

```
type(np.ogrid)
```

```
numpy.lib.index_tricks.nd_grid
```

```
c,d = np.ogrid[10:30:10, 1:5]
```

```
c
```

```
array([[10],
       [20]])
```

```
d
```

```
array([[1, 2, 3, 4]])
```

위에서 1차원 배열을 broadcast_arrays 함수로 처리할 때 형상을 변형했는데 ogrid로 처리한 결과를 사용해서 브로드캐스팅을 할 수 있습니다.

```
e,f = np.broadcast_arrays(c,d)
```

```
e
```

```
array([[10, 10, 10, 10],
       [20, 20, 20, 20]])
```

```
f
```

```
array([[1, 2, 3, 4],
       [1, 2, 3, 4]])
```

예제 5 특정 조건만 추출하기

3행 2열의 2차원인 다차원 배열을 하나 만듭니다.

```
a = np.array([[1,3],[2,5],[3,7]])
```

```
a
array([[1, 3],
       [2, 5],
       [3, 7]])
```

함수 compress에 리스트에 인자로 전달하면 0은 False로 인식하고 1은 True로 인식합니다. 이를 배열에 매칭시켜서 해당되는 위치의 원소를 추출합니다. 팬시검색에서 행과 열의 정보를 배열로 전달해서 하나의 원소를 추출하는 결과와 같습니다.

```
np.compress([0,1],a)
array([3])
```

```
a[[0],[1]]
array([3])
```

모든 원소의 개수와 동일한 리스트를 지정해서 두 번째와 세 번째 원소만 추출하려고 1을 지정하면 2차원 배열에서 2개의 원소를 검색해서 하나의 배열로 만들어 줍니다.

```
np.compress([0,1,1,0,0,0],a)
array([3, 2])
```

축(axis)을 지정해서 검색할 때는 행과 열에 맞도록 리스트를 지정해야 합니다. 먼저 axis=0으로 할 때는 0축이 원소가 3이므로 리스트의 원소도 3개를 지정합니다. 두 번째 원소를 추출하려고 리스트에 두 번째 원소가 1입니다. 축을 지정해서 처리할 때는 동일한 차원을 유지하는 것을 알 수 있습니다.

```
np.compress([0,1,0],a, axis=0)
```

```
array([[2, 5]])
```

축을 axis=1을 전달하면 2개의 원소를 지정합니다. 두 번째에 1을 지정해서 두 번째 열의 정보를 가져옵니다.

```
np.compress([0,1],a, axis=1)
```

```
array([[3],
       [5],
       [7]])
```

이번에는 extract 함수에 배열을 전달해서 원소를 꺼내는 방법을 알아봅니다. 먼저 만들어진 배열의 값을 mod 연산을 통해 3 이하의 나머지 값으로 변경합니다.

이를 extract 함수에 넣으면 0이 아닌 값이 True여서 해당되는 원소를 추출합니다.

```
cond = np.mod(a,3)
```

```
cond
```

```
array([[1, 0],
       [2, 2],
       [0, 1]])
```

```
np.extract(cond,a)
```

```
array([1, 2, 5, 7])
```

이와 같은 배열을 하나 더 만들어서 다시 추출하면 동일한 결과가 나오는 것을 알 수 있습니다.

```
cc = np.array([[1,0],[1,1],[0,1]])
```

```
np.extract(cc,a)
```

```
array([1, 2, 5, 7])
```

예제 6 내부의 1인 차원을 없애기

하나의 열을 가진 **2**차원 배열이 들어간 **3**차원 배열을 하나 만듭니다. 내부의 형상을 확인하면 **0**차원인 깊이는 **1**이고 행의 길이는 **3**, 열의 길이는 **1**인 것을 알 수 있습니다.

```
x = np.array([[[0], [1], [2]]])
```

```
x
```
```
array([[[0],
        [1],
        [2]]])
```

```
x.shape
```
```
(1, 3, 1)
```

다차원 배열에서 축의 차원이 **1**인 것을 없애서 차원을 축소할 필요가 있습니다. 이때 축소하는 함수 **squeeze**에 배열을 전달해서 사용합니다. 축에 대한 정보를 지정하지 않으면 축에 정보가 **1**인 것을 전부 제거해서 **1**차원 배열로 반환합니다.

깊이를 제거하려면 **axis=0**을 지정해서 처리합니다. 그러면 **3**행 **1**열의 **2**차원 배열을 반환합니다.

마지막 축을 제거하려면 **axis=2**를 전달해서 처리하면 **1**행 **3**열의 **2**차원 배열이 만들어집니다.

```
np.squeeze(x)
```
```
array([0, 1, 2])
```

```
np.squeeze(x,axis=0)
```
```
array([[0],
       [1],
       [2]])
```

```
np.squeeze(x,axis=2)
```
```
array([[0, 1, 2]])
```

2행 1열의 2차원 배열을 하나 만듭니다. 1번 축의 1을 제거하려면 정수로 1을 주고 처리할 수도 있습니다.

```
y = np.array([[0], [1]])
```

```
y.shape
(2, 1)
```

```
np.squeeze(y,1)
array([0, 1])
```

이 함수의 차원이 축소가 안 되는 경우도 있습니다. 각 축에 1이 없을 때에는 차원을 축소하지 못합니다. 축의 번호를 지정해서 처리하면 축소를 하지 못해서 예외를 발생하기도 합니다. 축의 정보가 1인 경우를 확인해서 차원을 축소해야 합니다.

```
z = np.array([[0,2], [1,3]])
```

```
np.squeeze(z)
array([[0, 2],
       [1, 3]])
```

```
try :
    np.squeeze(z, 1)
except Exception as e :
    print(e)
```

```
cannot select an axis to squeeze out which has size not equal to one
```

1.2
배열 내의 원소 반복하기

다차원 배열을 생성한 후에 내부의 원소들을 규칙적으로 늘리는 경우도 있습니다. 어떻게 원소들을 추가하는지 알아봅니다.

예제 1 원소를 추가해서 배열 확장하기

1차원 배열을 `linspace` 함수로 만듭니다. 이 함수는 마지막 숫자도 포함되어서 원소를 만듭니다.

이 배열을 `repeat` 함수에 2를 주고 원소를 확장하면 기존 원소들이 2개씩 만들어져서 총 **10**개의 원소가 됩니다.

```
a = np.linspace(1,5,5, dtype=np.int32)
```

```
a
```
```
array([1, 2, 3, 4, 5])
```

```
np.repeat(a,2)
```
```
array([1, 1, 2, 2, 3, 3, 4, 4, 5, 5])
```

이 함수에서 정수로 인자를 지정한 것은 실제 동일한 원소의 수만큼 2를 원소로 만들어서 처리하는 것과 동일합니다.

1차원 배열에서 특정 원소만 확장할 때는 필요한 위치의 원소의 값만 양수로 지정하고 필요 없는 곳은 **0**으로 지정하면 전체의 원소가 축소된 배열을 반환합니다.

```
np.repeat(a,[2,2,2,2,2])
```

```
array([1, 1, 2, 2, 3, 3, 4, 4, 5, 5])
```

```
np.repeat(a,[2,0,0,0,0])
```

```
array([1, 1])
```

이번에는 2차원 배열일 때 원소의 반복을 처리하는 방법을 알아봅니다. 먼저 2행 2열의 2차원 배열을 하나 만듭니다.

```
b = np.linspace(1,4,4, dtype=np.int32).reshape(2,2)
```

```
b
```

```
array([[1, 2],
       [3, 4]])
```

수직 축은 0번 축이므로 axis=0을 지정해서 반복하면 각 행이 하나씩 반복해서 4행 2열의 다차원 배열을 반환합니다.

```
np.repeat(b,2, axis=0)
```

```
array([[1, 2],
       [1, 2],
       [3, 4],
       [3, 4]])
```

수평축 axis=1을 지정해서 배열을 확장하면 열이 2개 증가한 것을 알 수 있습니다.

```
np.repeat(b,2, axis=1)
```

```
array([[1, 1, 2, 2],
       [3, 3, 4, 4]])
```

반복하는 회수를 배열로 지정해서 처리할 수도 있습니다. 수직 축이나 수평축으로 반복할 때도 행과 열의 위치에 맞도록 리스트에 정수를 지정해서 반복합니다. 먼저 수직 축에 첫 번째 행은 2번 두 번째 행은 3번 반복하려면 리스트에 2와 3을 입력합니다. 결과는 5행 2열의 다차원 배열입니다.

수평축으로 확장을 할 때는 첫 번째 열은 2이고 두 번째 열은 3을 지정해서 처리하면 2행 5열의 다차원 배열이 만들어집니다.

```
np.repeat(b,[2,3], axis=0)
```
```
array([[1, 2],
       [1, 2],
       [3, 4],
       [3, 4],
       [3, 4]])
```

```
np.repeat(b,[2,3], axis=1)
```
```
array([[1, 1, 2, 2, 2],
       [3, 3, 4, 4, 4]])
```

예제 2 배열의 크기에 맞춰 늘리기

2행 2열의 2차원 배열을 하나 만듭니다. 이 배열을 원소만 두 배를 증가하려면 함수 **tile** 에 배열과 정수 2를 인자로 전달합니다. 가로 방향으로 동일한 배열이 두 배가 된 것을 알 수 있습니다.

```
e = np.arange(4).reshape(2,2)
```

```
e
```
```
array([[0, 1],
       [2, 3]])
```

```
np.tile(e,2)
```
```
array([[0, 1, 0, 1],
       [2, 3, 2, 3]])
```

함수 **tile**에 수직과 수평으로 확장하려면 인자로 배열을 전달합니다. 리스트의 원소를 2 를 두 개 지정하면 이 배열을 수직으로 두 배와 수평으로 두 배를 만듭니다.

```
np.tile(e,[2,2])
```

```
array([[0, 1, 0, 1],
       [2, 3, 2, 3],
       [0, 1, 0, 1],
       [2, 3, 2, 3]])
```

3차원 배열로 확장도 가능합니다. 이때는 리스트에 3개의 원소를 정의해서 전달합니다. 2차원 배열의 수직과 수평으로 2배가 만들어진 후에 깊이가 동일한 2차원 배열이 하나 더 만들어지는 것을 알 수 있습니다.

```
np.tile(e,[2,2,2])
```

```
array([[[0, 1, 0, 1],
        [2, 3, 2, 3],
        [0, 1, 0, 1],
        [2, 3, 2, 3]],

       [[0, 1, 0, 1],
        [2, 3, 2, 3],
        [0, 1, 0, 1],
        [2, 3, 2, 3]]])
```

배열 결합하는 함수

두 개의 다른 배열도 하나의 배열로 통합해서 사용할 수 있습니다. 어떤 방식을 사용해서 배열을 하나로 결합하는지 알아봅니다.

 예제 1 두 배열을 단순히 결합하기

6개의 원소를 가지는 2행 3열의 다차원 배열을 두 개를 만듭니다.

```
a = np.linspace(1,6,6, dtype=np.int32).reshape(2,3)
```

```
a
```

```
array([[1, 2, 3],
       [4, 5, 6]], dtype=int32)
```

```
b = np.linspace(7,13,6, dtype=np.int32).reshape(2,3)
```

```
b
```

```
array([[ 7,  8,  9],
       [10, 11, 13]], dtype=int32)
```

두 배열의 2행 3열로 같은 형상을 가집니다. 두 배열을 리스트에 넣어서 함수 concatenate에 인자로 전달하면 수직 축으로 연결한 하나의 배열을 만듭니다. 만들어진 배열을 확인하면 수직 축인 행이 추가되어 4행 3열을 만듭니다.

```
np.concatenate([a,b])
```

```
array([[ 1,  2,  3],
       [ 4,  5,  6],
       [ 7,  8,  9],
       [10, 11, 13]], dtype=int32)
```

```
np.concatenate([a,b], axis=0)
```

```
array([[ 1,  2,  3],
       [ 4,  5,  6],
       [ 7,  8,  9],
       [10, 11, 13]], dtype=int32)
```

다른 2행 4열의 다차원 배열을 하나 더 만듭니다. 이를 concatenate 함수에 인자로 전달해서 연결을 하려면 예외를 발생시킵니다. 이 이유는 기본으로 axis=0 즉 수직으로 연결하려면 열의 개수가 같아야 하기 때문입니다.

```
c = np.linspace(7,15,8, dtype=np.int32).reshape(2,4)
```

```
c
```

```
array([[ 7,  8,  9, 10],
       [11, 12, 13, 15]], dtype=int32)
```

```
try :
    np.concatenate([a,c], axis=0)
except Exception as e :
    print(e)
```

```
all the input array dimensions for the concatenation axis must match exactl
y, but along dimension 1, the array at index 0 has size 3 and the array at
index 1 has size 4
```

예외를 해결하려면 수평축인 **axis=1**을 지정해서 처리해야 합니다. 동일한 형상을 가진 두 배열을 결합하면 **2행 6열**이 배열이 되고 예외가 발생했던 배열을 연결하면 **2행 7열**의 배열이 만들어집니다.

```
np.concatenate([a,b], axis=1)
```

```
array([[ 1,  2,  3,  7,  8,  9],
       [ 4,  5,  6, 10, 11, 13]], dtype=int32)
```

```
np.concatenate([a,c], axis=1)
```

```
array([[ 1,  2,  3,  7,  8,  9, 10],
       [ 4,  5,  6, 11, 12, 13, 15]], dtype=int32)
```

예제 2 배열을 쌓기

3개의 원소를 가지는 **1차원 배열**을 두 개를 만듭니다. 수직 축으로 이 배열을 쌓기 위해 **stack** 함수를 사용합니다. 1차원 배열이 두 개 쌓이면 2차원 배열로 변경된 것을 알 수 있습니다. 이런 이유는 2차원 배열인 행렬의 원소는 1차원 배열이 행으로 쌓여서 구성하기 때문입니다.

```
x = np.array([1,2,3])
```

```
y = np.array([4,5,6])
```

```
np.stack([x,y])
```
```
array([[1, 2, 3],
       [4, 5, 6]])
```

```
np.stack([x,y],axis=0)
```
```
array([[1, 2, 3],
       [4, 5, 6]])
```

4개의 원소를 가진 1차원 배열을 만듭니다. 수직 축으로 쌓기 위해 **stack** 함수에 인자로 전달해서 실행하면 예외가 발생합니다. 수직 축으로 배열의 쌓이려면 열 원소의 개수가 일치해야 합니다.

```
z = np.array([7,8,9,10])
```

```
try :
    np.stack([x,z],axis=0)
except Exception as e :
    print(e)
```
```
all input arrays must have the same shape
```

열의 개수가 일치하는 두 개의 1차원 배열을 수평축으로 쌓기 위해 **axis＝1**을 지정합니다. 3행 2열의 배열이 만들어집니다.

4개의 원소를 가진 배열을 수평축으로 쌓을 때도 예외를 발생합니다. 이때는 행의 원소의 개수가 불일치하기 때문에 발생합니다.

```
np.stack([x,y], axis=1)
```
```
array([[1, 4],
       [2, 5],
       [3, 6]])
```

```
try :
    np.stack([x,z],axis=1)
except Exception as e :
    print(e)
```

all input arrays must have the same shape

축에 대한 매개변수를 임의로 축(axis=-1)으로 지정하면 1차원 배열인 경우는 수평 축인 열을 기준으로 만들어집니다.

```
np.stack([x,y], axis=-1)
```

```
array([[1, 4],
       [2, 5],
       [3, 6]])
```

예제 3 축 지정 없이 배열을 쌓기

축을 지정해서 사용하면 가끔 혼란스러울 수도 있습니다. 축을 지정하지 않고 차원이 같으면 쌓을 수 있는 함수를 제공합니다.

먼저 수직 축으로 쌓는 **vstack** 함수를 알아봅니다. 두 개의 **1차원** 배열을 수직 축으로 쌓으면 두 개의 행을 가진 배열이 만들어집니다. **2차원** 배열을 수직 축으로 쌓으려면 열의 원소의 개수가 동일하게 쌓아야 합니다.

```
a = np.vstack([x,y])
```

```
a
```

```
array([[1, 2, 3],
       [4, 5, 6]])
```

```
np.vstack([a,a])
```

```
array([[1, 2, 3],
       [4, 5, 6],
       [1, 2, 3],
       [4, 5, 6]])
```

위에서 만든 2차원 배열을 리스트를 내포한 리스트로 만들면 3차원 배열로 쌓입니다. 3차원 배열의 원소는 2차원 배열입니다. 두 개의 2차원 배열을 가진 3차원 배열이라는 것을 알 수 있습니다.

```
np.vstack([[a,a]])
```

```
array([[[1, 2, 3],
        [4, 5, 6]],

       [[1, 2, 3],
        [4, 5, 6]]])
```

수평축으로 처리할 때는 hstack 함수를 사용합니다. 1차원 배열을 전달하려면 하나의 1차원 배열에 원소만 추가하면 됩니다.

```
b = np.hstack([x,y])
```

```
b
```

```
array([1, 2, 3, 4, 5, 6])
```

```
np.hstack([b,b])
```

```
array([1, 2, 3, 4, 5, 6, 1, 2, 3, 4, 5, 6])
```

1행 6열의 2차원 배열로 변경한 후에 수평으로 쌓으면 행의 원소가 늘어나는 것을 알 수 있습니다. 수평 축으로 쌓는 것은 행의 원소를 추가하는 것입니다.

```
c = b.reshape(1,6)
```

```
np.hstack([c,c])
```

```
array([1, 2, 3, 4, 5,6,1,2, 3, 4, 5,6])
```

축을 기준으로 처리하는 함수에는 추가적으로 row_stack과 column_stack 함수도 있습니다. 수직으로 쌓을 때는 row_stack 함수를 사용하고 수평으로 쌓을 때는 columns_stack 함수를 사용합니다.

```
np.row_stack([a,a])
```

```
array([[1, 2, 3],
       [4, 5, 6],
       [1, 2, 3],
       [4, 5, 6]])
```

```
np.column_stack([b,b])
```

```
array([[1, 1],
       [2, 2],
       [3, 3],
       [4, 4],
       [5, 5],
       [6, 6]])
```

예제 4 축을 확대하기

위에서 만들어진 2차원 배열을 3차원 배열로 쌓을 때는 dstack 함수를 사용합니다. 2차원 배열을 인자로 전달해서 실행하면 3차원 배열이 만들어집니다.

```
a
```

```
array([[1, 2, 3],
       [4, 5, 6]])
```

```
np.dstack([a,a])
```

```
array([[[1, 1],
        [2, 2],
        [3, 3]],

       [[4, 4],
        [5, 5],
        [6, 6]]])
```

3행 1열의 새로운 열벡터를 두 개를 만듭니다.

```
x = np.array([[1],[2],[3]])
```

```
x
```

```
array([[1],
       [2],
       [3]])
```

```
y = np.array([[2],[3],[4]])
```

```
y
```

```
array([[2],
       [3],
       [4]])
```

이를 **dstack** 함수에 넣어서 쌓으면 두개의 열의 수평축으로 합쳐져서 표시되는 것을 알
수 있습니다.

```
np.dstack([x,y])
```

```
array([[[1, 2]],

       [[2, 3]],

       [[3, 4]]])
```

 1.4

배열 분리하는 함수

선형대수에서 큰 배열을 작은 배열로 분리해서 계산을 합니다. 넘파이 모듈의 다차원 배열도 하나의 배열을 분리해서 처리할 수 있습니다.

 예제 1 하나의 배열을 분리하기

1차원 배열을 만든 후에 2행 3열의 다차원 배열로 형상을 변경합니다.

```
a = np.linspace(1,6,6, dtype=np.int32).reshape(2,3)
```

```
a
```
```
array([[1, 2, 3],
       [4, 5, 6]])
```

배열을 수직으로 쌓으려면 **vstack** 함수에 리스트에 배열이 할당된 변수를 지정해서 실행합니다. 수직 방향이므로 **0**번 축을 기준으로 배열이 결합됩니다.

```
b = np.vstack([a,a])
```

```
b
```
```
array([[1, 2, 3],
       [4, 5, 6],
       [1, 2, 3],
       [4, 5, 6]])
```

이 배열을 행을 기준으로 나누려면 **split** 함수에 정수 2을 넣어서 2번째 행의 전 배열과 후의 배열로 분리합니다.

```
x,y = np.split(b,[2])
```

```
x
```
```
array([[1, 2, 3],
       [4, 5, 6]])
```

```
y
```
```
array([[1, 2, 3],
       [4, 5, 6]])
```

특정 행을 기준으로 분리할 때는 리스트에 두 개의 정수 1과 3을 전달합니다. 그러면 **0**행을 가진 배열과 **1**번과 **2**번 행을 가진 배열, 그리고 **3**번 행을 가진 배열로 분리됩니다.

```
a,b,c = np.split(b,[1,3])
```

```
a
```
```
array([[1, 2, 3]])
```

```
b
```
```
array([[4, 5, 6],
       [1, 2, 3]])
```

```
c
```
```
array([[4, 5, 6]])
```

다시 **2**행 **3**열의 다차원 배열을 하나 더 만듭니다.

```
bb = np.linspace(1,6,6, dtype=np.int32).reshape(2,3)
```

```
bb
```
```
array([[1, 2, 3],
       [4, 5, 6]])
```

이 배열을 수평축으로 분리하기 위해 축의 정보를 **1**로 지정합니다. 리스트에 정수 **2**만 있

어서 3번째 열을 기준으로 두 개의 배열로 분리된 것을 알 수 있습니다.

```
h1,h2 = np.split(bb,[2], axis=1)
```

```
h1
```

```
array([[1, 2],
       [4, 5]])
```

```
h2
```

```
array([[3],
       [6]])
```

예제 2 배열을 분리하기

두 개의 2차원 배열을 만들어서 **vstack** 함수로 하나의 배열을 만듭니다.

```
v1 = np.array([[1,2,3],[4,5,6]])
```

```
v2 = np.array([[11,12,13],[14,15,16]])
```

```
v = np.vstack([v1,v2])
```

```
v
```

```
array([[ 1,  2,  3],
       [ 4,  5,  6],
       [11, 12, 13],
       [14, 15, 16]])
```

수직 축으로 분리할 때는 함수 **vsplit**에 분리하는 행의 기준을 전달하면 동일한 형상의 배열의 분리됩니다.

```
x,y = np.vsplit(v,[2])
```

```
x
```

```
array([[1, 2, 3],
       [4, 5, 6]])
```

```
y
```

```
array([[11, 12, 13],
       [14, 15, 16]])
```

수직으로 세 개의 배열로 분리도 가능합니다. 이때 분리되는 위치를 리스트 내에 정수로 지정해서 처리합니다.

```
x1,y1,z1 = np.vsplit(v,[1,3])
```

```
x1
```

```
array([[1, 2, 3]])
```

```
y1
```

```
array([[ 4,  5,  6],
       [11, 12, 13]])
```

```
z1
```

```
array([[14, 15, 16]])
```

수평축으로 분리하기 위해 위에서 만들어진 배열을 hstack 함수를 사용해서 수평축으로 결합합니다.

```
h = np.hstack([v1,v2])
```

```
h
```

```
array([[ 1,  2,  3, 11, 12, 13],
       [ 4,  5,  6, 14, 15, 16]])
```

수평축으로 분리하는 **hsplit** 함수에 인덱스 정보를 리스트로 전달해서 **3**개의 배열로 분리합니다.

```
x2,y2,z2 = np.hsplit(h,[1,3])
```

```
x2
```

```
array([[1],
       [4]])
```

```
y2
```

```
array([[2, 3],
       [5, 6]])
```

```
z2
```

```
array([[11, 12, 13],
       [14, 15, 16]])
```

▶ 예제 3 배열에 축과 형상을 주고 분리하기

4행 **4**열의 **2**차원 배열을 만듭니다.

```
a = np.arange(16).reshape(4,4)
```

```
a
```

```
array([[ 0,  1,  2,  3],
       [ 4,  5,  6,  7],
       [ 8,  9, 10, 11],
       [12, 13, 14, 15]])
```

함수 **array_split**에 배열을 넣고 분리하는 인덱스 정보와 축을 지정합니다. 반환하는 결과를 확인하면 리스트에 두 개의 배열을 원소로 분리한 것을 알 수 있습니다.

```
c = np.array_split(a,(2,), axis=0)
```

```
c
```

```
[array([[0, 1, 2, 3],
        [4, 5, 6, 7]]), array([[ 8,  9, 10, 11],
        [12, 13, 14, 15]])]
```

이번에는 인덱스 정보를 3으로 바꿔서 분리합니다. 첫 번째 배열은 2행 4열의 배열이고 두 번째 배열은 1행 4열의 배열입니다.

```
c_ = np.array_split(a,(3,), axis=0)
```

```
c_
```

```
[array([[ 0,  1,  2,  3],
        [ 4,  5,  6,  7],
        [ 8,  9, 10, 11]]), array([[12, 13, 14, 15]])]
```

동일한 배열을 수평 축으로도 분리가 가능합니다. 인덱스 정보가 2이므로 4행 2열 두 개의 배열로 분리된 것을 알 수 있습니다.

```
d = np.array_split(a,(2,), axis=1)
```

```
d[0]
```

```
array([[ 0,  1],
       [ 4,  5],
       [ 8,  9],
       [12, 13]])
```

```
d[1]
```

```
array([[ 2,  3],
       [ 6,  7],
       [10, 11],
       [14, 15]])
```

배열 쌓기 도우미 객체

행과 열을 기준으로 배열을 쌓아서 처리하는 방식을 알아봅니다. 이 방식을 사용하면 두 개의 클래스에서 색인연산 표기법으로 배열을 확장할 수 있습니다.

넘파이 모듈에 배열을 확장하는 다양한 함수를 제공합니다. 이 변형 함수에 대해서는 뒤에서 자세히 알아봅시다. 먼저 배열을 변형을 클래스로 하는 방식부터 알아봅니다.

예제 1 행단위로 처리

1차원 배열을 하나 만들고 형상을 바로 변환해서 2차원 배열로 변환합니다. 또 1차원 배열도 하나 더 만듭니다.

```
a = np.arange(6).reshape(2,3)
```

```
b = np.arange(3)
```

넘파이 모듈에 행으로 배열을 쌓을 수 있는 클래스인 r_ 가 있습니다. 이 클래스는 두 개의 배열을 인자로 전달하면 두 배열을 행단위로 추가한 새로운 배열을 반환을 처리합니다. 이 클래스가 어디에 있는지 type 클래스로 확인합니다.

```
np.r_
```
```
<numpy.lib.index_tricks.RClass at 0x2ac7b7fe710>
```

```
type(np.r_)
```
```
numpy.lib.index_tricks.RClass
```

두 배열을 하나의 배열로 통합할 때는 대괄호 기호를 사용해서 두 개의 배열을 인자로 전달해야 합니다. 2차원 배열과 1차원 배열을 전달하면 예외를 발생시킵니다. 이는 동일한 형상을 가질 경우만 배열을 행단위로 쌓을 수 있습니다.

```
try :
    np.r_[a,b]
except Exception as e :
    print(e)
```

all the input arrays must have same number of dimensions, but the array at index 0 has 2 dimension(s) and the array at index 1 has 1 dimension(s)

동일한 형상을 가진 배열을 만들기 위해 random 모듈에 있는 randn 함수를 사용해서 2행 3열 배열을 하나 만듭니다. 이 두 배열을 r_에 전달하면 4행 3열의 배열을 반환합니다.

```
c = np.random.randn(2,3)
```

```
np.r_[a,c]
```

```
array([[ 0.        ,  1.        ,  2.        ],
       [ 3.        ,  4.        ,  5.        ],
       [ 2.16460623,  0.83381835, -0.87913713],
       [ 0.38626617,  2.56943661, -0.81360297]])
```

예제 2 열단위로 처리

먼저 c_ 이 어떤 클래스인지 확인합니다. 앞에서 만든 두 개의 2차원 배열을 사용해서 열을 기반으로 결합을 하면 2행 6열의 배열이 만들어진 것을 확인할 수 있습니다.

```
np.c_
```

```
<numpy.lib.index_tricks.CClass at 0x2ac7b7fe780>
```

```
type(np.c_)
```

```
numpy.lib.index_tricks.CClass
```

```
np.c_[a,c]
```

```
array([[ 0.        ,  1.        ,  2.        ,  2.16460623,  0.83381835,
        -0.87913713],
       [ 3.        ,  4.        ,  5.        ,  0.38626617,  2.56943661,
        -0.81360297]])
```

예제 3 행과 열을 조합해서 처리

1차원 배열을 하나 더 만듭니다. 먼저 2행 3열 두 개의 배열을 행단위로 결합하고 4행 3열
이 배열을 만든 후에 열을 기준으로 즉 수평 축으로 4열 1차원 배열을 결합하면 4행 4열의
배열이 만들어집니다.

```
d = np.arange(4)
```

```
np.c_[np.r_[a,c],d]
```

```
array([[ 0.        ,  1.        ,  2.        ,  0.        ],
       [ 3.        ,  4.        ,  5.        ,  1.        ],
       [ 2.16460623,  0.83381835, -0.87913713,  2.        ],
       [ 0.38626617,  2.56943661, -0.81360297,  3.        ]])
```

02 내부 조작 함수

다차원 배열이 만들어지면 원소의 값을 가지고 정렬을 할 수도 있습니다. 또한 다른 배열로 변환도 가능합니다. 배열 내의 원소를 이동시킬 수도 있습니다.

이런 함수나 메소드를 사용해서 배열 내의 원소들을 조정해 봅니다.

정렬 함수

다차원 배열도 내부의 원소를 기준으로 처리를 할 때는 순서대로 정렬을 해서 사용할 수 있습니다.

예제 1 배열을 정렬하기

원소가 6개인 1차원 배열을 만듭니다. 이 배열의 순서를 조정할 때는 random 모듈의 shuffle 함수를 사용해서 원소들을 임의로 위치를 바꿉니다.

```
a = np.linspace(1,6,6, dtype=np.int32)
```

```
a
```
```
array([1, 2, 3, 4, 5, 6])
```

```
np.random.shuffle(a)
```

```
a
```
```
array([6, 5, 4, 1, 2, 3])
```

정렬하는 함수에 배열을 인자로 전달하면 작은 수부터 큰 수로 정렬합니다.

```
b = np.sort(a)
```

```
b
```
```
array([1, 2, 3, 4, 5, 6])
```

정렬 함수는 새로운 사본을 만들어서 반환합니다. 원본 배열은 아무런 변경이 없습니다. 배열의 메소드 **sort**로 정리하면 내부의 배열을 변경합니다. 이제 다시 내부의 값도 정렬된 것을 알 수 있습니다.

```
a
```
```
array([6, 5, 4, 1, 2, 3])
```
```
a.sort()
```

```
a
```
```
array([1, 2, 3, 4, 5, 6])
```

1차원 다차원 배열을 하나 더 만든 후에 다시 **shuffle** 함수를 사용해서 임의로 섞습니다.

```
bb = np.linspace(1,6,6, dtype=np.int32)
```

```
bb
```
```
array([1, 2, 3, 4, 5, 6])
```
```
np.random.shuffle(bb)
```

```
bb
```
```
array([6, 5, 3, 4, 1, 2])
```

이번에는 값을 정렬을 하지 않고 인덱스 정렬은 **argsort** 함수를 사용합니다. 기존 원본 배열의 인덱스를 가지고 정렬한 배열을 반환합니다.

이 배열의 인덱스를 가지고 원본 배열의 값을 조회하면 작은 값부터 차례대로 출력되는 것을 볼 수 있습니다.

```
c = np.argsort(bb)
```

```
c
```

array([4, 5, 2, 3, 1, 0], dtype=int64)

```
bb[c[0]]
```

1

```
bb[c[1]]
```

2

임의 난수를 가지고 2차원 배열을 만듭니다. 이때는 random.randn함수를 사용해서 정규 분포에 해당하는 값을 원소로 만듭니다.

```
d = np.random.randn(3,4)
```

```
d
```

array([[0.14347153, -0.59365036, 0.28558578, 1.57187591],
       [-0.33491425, -0.18621171, -0.96583627, -0.12798826],
       [-0.20775826, -0.91666505, -0.68249821, -0.79824763]])

축을 기준으로 정렬도 가능합니다. 정렬을 1번 축을 지정하면 행을 고정해서 행의 모든 값을 가지고 정렬을 합니다. 정렬된 결과를 보면 작은 수부터 큰 수 순서로 정렬됩니다.

축을 기준으로 병합하거나 분해하는 것과 축의 개념과 반대로 처리하는 것을 알 수 있습니다. 축을 지정할 때 내부의 원소를 가지고 처리할 때는 축을 지정하는 것과 반대로 처리하는 것을 잘 이해해야 합니다.

```
np.sort(d, axis=1)
```

array([[-0.59365036, 0.14347153, 0.28558578, 1.57187591],
       [-0.96583627, -0.33491425, -0.18621171, -0.12798826],
       [-0.91666505, -0.79824763, -0.68249821, -0.20775826]])

정렬을 axis= 0 축으로 하면 열을 고정해서 열의 원소를 정렬합니다.

```
np.sort(d, axis=0)
```

```
array([[-0.33491425, -0.91666505, -0.96583627, -0.79824763],
       [-0.20775826, -0.59365036, -0.68249821, -0.12798826],
       [ 0.14347153, -0.18621171,  0.28558578,  1.57187591]])
```

예제 2 다양한 배열을 정렬하기

이번에는 문자열을 배열에 넣어서 다차원 배열을 만듭니다. 문자열도 정렬이 되는지 알아
봅니다. 한글로 만들어졌을 때는 한글의 자음과 모음의 순서에 따라 정렬됩니다.

```
v1 = np.array(['문','홍','강'])
```

```
np.sort(v1)
```

```
array(['강', '문', '홍'], dtype='<U1')
```

```
v2 = np.array(['소을','가고','도나'])
```

```
np.sort(v2)
```

```
array(['가고', '도나', '소을'], dtype='<U2')
```

이 두 배열을 하나로 합칠 때는 파이썬이 **zip** 클래스를 사용합니다. 두 개의 배열을 **zip**에
인자로 전달해서 새로운 객체를 만들면 순서쌍을 구성합니다. 이 순서쌍이 전부 문자열이
라서 덧셈 연산을 수행하면 두 개의 문자열이 하나의 문자열로 합쳐집니다. 이를 빈 리스
트의 원소로 넣습니다.

만들어진 배열을 가지고 다차원 배열을 다시 만듭니다. 이를 정렬하면 한글의 자음과 모음
의 순서에 맞춰서 정렬됩니다.

```
res = []
for f,l  in zip(v1,v2) :
    res.append(l + f )
```

```
res
```
```
['소을문', '가고홍', '도나강']
```

```
v3 = np.array(res)
```

```
v3
```
```
array(['소을문', '가고홍', '도나강'], dtype='<U3')
```

```
np.sort(v3)
```
```
array(['가고홍', '도나강', '소을문'], dtype='<U3')
```

두 개의 문자열을 원소로 가진 배열을 전달해서 정렬을 처리할 수 있습니다. 이때는 **lexsort** 함수에 인자로 전달합니다. 두 개의 배열이 하나로 합쳐져서 정렬을 한 후에 두 배열의 인덱스로 정렬된 것을 전달합니다. 처리된 결과가 위의 정렬 결과와 동일합니다.

```
np.lexsort((v1,v2))
```
```
array([1, 2, 0])
```

2.2

다차원 배열 변환 및 변경하기

넘파이 모듈은 다차원 배열인 **ndarray**와 행렬을 처리하는 **matrix** 클래스가 있습니다. 이들은 서로 자료형을 교환할 수 있습니다. 또한 다차원 배열을 만든 후에 내부의 원소의 값이나 위치를 변경해 봅시다.

예제 1 배열 클래스 변경하기

먼저 **matrix** 클래스로 배열을 생성하면 항상 2차원 배열이 만들어집니다. 이 **matrix** 클래스는 행렬 객체를 만들어서 처리하는 클래스입니다. 만들어진 객체가 어떤 클래스로 생

성되었는지 메타 클래스**type**으로 확인할 수 있습니다.

```
m = np.matrix([1,2,3,4])
```

```
m
```

```
matrix([[1, 2, 3, 4]])
```

```
type(m)
```

```
numpy.matrix
```

다차원 배열인 ndarray 클래스로 변환할 때는 **asarray** 함수를 사용합니다.

```
a = np.asarray(m)
```

```
a
```

```
array([[1, 2, 3, 4]])
```

```
type(a)
```

```
numpy.ndarray
```

다시**matrix**클래스로 변환할 때는 **asmatrix**함수로 변환합니다.

```
m1 = np.asmatrix(a)
```

```
m1
```

```
matrix([[1, 2, 3, 4]])
```

다차원 배열은 함수 **asarray**로 만듭니다. 기존에 만들어진 다차원 배열을 가지고 **asarray** 함수로 변환하면 기존에 있는 다차원 배열을 그대로 반환합니다.

다른 객체로 변환하려면 자료형을 **dtype** 매개변수에 지정해서 다른 다차원 배열로 만들어야 새로운 객체를 생성할 수 있습니다.

```
b = np.array([3,4,5,6])
```

```
b.dtype
```

```
dtype('int64')
```

```
c = np.asarray(b,dtype='float')
```

```
c
```

```
array([3., 4., 5., 6.])
```

```
c.dtype
```

```
dtype('float64')
```

1차원 다차원 배열을 하나 만듭니다. 함수 **mat**을 사용해서 1차원 다차원 배열을 **matrix** 클래스의 객체로 변환합니다. 행렬을 처리하는 것은 항상 2차원 배열로 변환합니다.

```
bb = np.linspace(1,6,6, dtype=np.int32)
```

```
bb
```

```
array([1, 2, 3, 4, 5, 6], dtype=int32)
```

```
mm = np.mat(bb)
```

```
mm
```

```
matrix([[1, 2, 3, 4, 5, 6]], dtype=int32)
```

예제 2 배열 원소의 값 변경

다차원 배열을 **ones** 함수로 만들면 모든 원소의 값이 **1**입니다. 모든 원소를 다른 값으로 변경하려면 **fill** 메소드를 사용해서 변경합니다.

```
o = np.ones(10)
```

```
o
```
```
array([1., 1., 1., 1., 1., 1., 1., 1., 1., 1.])
```

```
o.fill(100)
```

```
o
```
```
array([100., 100., 100., 100., 100., 100., 100., 100., 100., 100.])
```

다른 함수 **full**은 기존 배열의 형상과 변경된 값을 인자로 전달하면서 새로운 다차원 배열을 생성합니다.

```
a = np.full(o.shape, 99.)
```

```
a
```
```
array([99., 99., 99., 99., 99., 99., 99., 99., 99., 99.])
```

예제 3 배열 원소에 대한 위치 변경하기

2행 2열의 2차원 배열을 하나 만듭니다.

```
array = np.arange(4).reshape((2,2))
```

```
array
```
```
array([[0, 1],
       [2, 3]])
```

열을 기준으로 좌우를 **fliplr** 함수로 바꿉니다. 또한 행을 기준으로 위와 아래를 **flipud** 함수로 위치를 바꿉니다.

```
np.fliplr(array)
```

```
array([[1, 0],
       [3, 2]])
```

```
np.flipud(array)
```

```
array([[2, 3],
       [0, 1]])
```

3차원 배열을 하나 만듭니다.

```
array1 = np.arange(8).reshape((2,2,2))
```

```
array1
```

```
array([[[0, 1],
        [2, 3]],

       [[4, 5],
        [6, 7]]])
```

3차원은 좌우를 바꿀 때는 세 번째 축을 기준으로 위치를 바꿉니다. 상하 변경은 두 번째 축을 기준으로 위치를 바꿉니다.

```
np.fliplr(array1)
```

```
array([[[2, 3],
        [0, 1]],

       [[6, 7],
        [4, 5]]])
```

```
np.flipud(array1)
```

```
array([[[4, 5],
        [6, 7]],

       [[0, 1],
        [2, 3]]])
```

예제 4 배열 원소에 회전시키기

하나의 2차원 배열을 만듭니다.

```
m = np.array([[1,2],[3,4]], int)
```

```
m
```
```
array([[1, 2],
       [3, 4]])
```

먼저 90도를 기준으로 원소를 회전하는 함수rot90를 사용해서 원소를 회전합니다. 시계 반대방향으로 회전을 하는 것을 알 수 있습니다.

```
np.rot90(m)
```
```
array([[2, 4],
       [1, 3]])
```

180도를 회전하려면 인자에 2를 지정합니다. 270도 회전은 3을 넣고 처리합니다. 360도 는 4를 넣고 처리하면 원소들이 원래 자리에 그대로 있습니다.

```
np.rot90(m,2)
```
```
array([[4, 3],
       [2, 1]])
```

```
np.rot90(m,3)
```
```
array([[3, 1],
       [4, 2]])
```

```
np.rot90(m,4)
```
```
array([[1, 2],
       [3, 4]])
```

이번에는 원소의 자리를 이동하는 roll 함수를 알아봅니다. 이동하는 횟수와 이동하는 축 을 지정해서 회전을 시킬 수 있습니다.

1차원 배열을 만들어서 1칸 이동을 시키면 우측으로 이동을 하는 것을 볼 수 있습니다.

```
l = np.arange(1,11)
```

```
np.roll(l,1)
```
```
array([10,  1,  2,  3,  4,  5,  6,  7,  8,  9])
```

1차원 배열을 reshape 함수로 2차원 배열로 변경합니다.

```
ll = np.reshape(l,(2,5))
```

```
ll
```
```
array([[ 1,  2,  3,  4,  5],
       [ 6,  7,  8,  9, 10]])
```

2차원 배열을 1칸 회전을 시킵니다. 작동된 것을 보면 1차원 배열처럼 1칸을 이동한 후에 이를 2행 5열의 형상에 맞춰서 보여주는 것을 알 수 있습니다.

```
s = np.roll(ll, 1)
```

```
s
```
```
array([[10,  1,  2,  3,  4],
       [ 5,  6,  7,  8,  9]])
```

```
s.flatten()
```
```
array([10,  1,  2,  3,  4,  5,  6,  7,  8,  9])
```

두 칸을 우측으로 이동합니다. 1차원 배열의 2칸을 이동한 것과 동일하고 이를 형상에 맞춰서 두 개의 행으로 표시한 것을 알 수 있습니다.

```
np.roll(ll, 2)
```

```
array([[ 9, 10,  1,  2,  3],
       [ 4,  5,  6,  7,  8]])
```

```
np.roll(ll, 2).flatten()
```

```
array([ 9, 10,  1,  2,  3,  4,  5,  6,  7,  8])
```

이 함수에 축을 **0**번으로 지정해서 실행하면 행 단위로 이동을 하는 것을 볼 수 있습니다.

```
np.roll(ll, 1, axis=0)
```

```
array([[ 6,  7,  8,  9, 10],
       [ 1,  2,  3,  4,  5]])
```

```
np.roll(ll, 1, axis=0).flatten()
```

```
array([ 6,  7,  8,  9, 10,  1,  2,  3,  4,  5])
```

축에 **1**을 지정하면 하나의 행을 기준으로 행 내의 원소가 이동한 것을 알 수 있습니다.

```
np.roll(ll, 1, axis=1)
```

```
array([[ 5,  1,  2,  3,  4],
       [10,  6,  7,  8,  9]])
```

```
np.roll(ll, 1, axis=1).flatten()
```

```
array([ 5,  1,  2,  3,  4, 10,  6,  7,  8,  9])
```

배열 내의 원소 점검하기

다차원 배열의 원소들이 상태를 확인하는 함수들을 사용해서 어떤 원소인지 알아봅니다.

예제 1 숫자 값 체크

임의의 난수를 생성하는 **random.randn** 함수를 사용해서 3행 5열의 배열을 만듭니다. 이 배열의 값들이 전부 실수 값으로 만들어집니다. 내부의 원소들이 전부 실수인지 **isreal** 함수로 확인합니다.

```
m = np.random.randn(3,5)
```

```
m
```
```
array([[-1.33538049,  1.35364126, -1.51628494,  0.96066108, -0.48526836],
       [-0.01390562, -1.16356996, -0.17705748, -1.70110368,  0.22327142],
       [ 0.9295063 , -0.96870455,  0.41981469, -0.14013011, -0.52879405]])
```

```
np.isreal(m)
```
```
array([[ True,  True,  True,  True,  True],
       [ True,  True,  True,  True,  True],
       [ True,  True,  True,  True,  True]])
```

무한대 여부는 **isinf** 함수로 확인하면 결측 값이 들어와 있는지 **isnan** 함수로 확인합니다. 위에서 만들어진 다차원 배열에 실수 값이 들어와 있으므로 거짓으로 표시합니다.

```
np.isinf(m)
```
```
array([[False, False, False, False, False],
       [False, False, False, False, False],
       [False, False, False, False, False]])
```

```
np.isnan(m)
```

```
array([[False, False, False, False, False],
       [False, False, False, False, False],
       [False, False, False, False, False]])
```

배열을 만들 때 복소수 값을 넣었습니다. 복소수는 **iscomplex**로 확인할 수 있습니다. 복소수가 들어오면 **real**은 실수부의 숫자를 확인하고 허수는 **imag** 속성으로 확인할 수 있습니다.

```
x = np.array([1,2+3j,3,4],dtype=np.complex64)
```

```
np.iscomplex(x)
```

```
array([False,  True, False, False])
```

```
x.real
```

```
array([1., 2., 3., 4.], dtype=float32)
```

```
x.imag
```

```
array([0., 3., 0., 0.], dtype=float32)
```

▶ 예제 2 제로 값 체크

3행 5열의 다차원 배열을 **zeros** 함수로 만들면 원소가 전부 **0**으로 처리됩니다. 이 배열의 원소가 **0**이 아닌 경우를 점검하기 위해 *nonzero* 함수를 사용하면 **0**에 아닌 값이 없어서 빈 다차원 배열을 표시합니다.

```
a = np.zeros((3,5))
```

```
a
```

```
array([[0., 0., 0., 0., 0.],
       [0., 0., 0., 0., 0.],
       [0., 0., 0., 0., 0.]])
```

```
np.nonzero(a)
```

```
(array([], dtype=int64), array([], dtype=int64))
```

위에서 만들어진 배열의 **2**행 **2**열과 **2**행 **3**열의 값을 변경한 후에 **nonzero**함수를 실행하면
인덱스 정보를 배열로 보여줍니다.

```
a[2,2] = 100
```

```
a[2,3] = 99
```

```
a
```

```
array([[  0.,    0.,    0.,    0.,    0.],
       [  0.,    0.,    0.,    0.,    0.],
       [  0.,    0.,  100.,   99.,    0.]])
```

```
np.nonzero(a)
```

```
(array([2, 2], dtype=int64), array([2, 3], dtype=int64))
```

03 배열의 padding 처리

다차원 배열의 축을 추가하지 않고 내부의 원소들을 정해진 규칙에 따라 추가할 수 있습니다. 이런 처리 방식을 패딩(padding)이라고 합니다. 딥러닝이 컨볼루션을 처리할 때도 이런 패딩 규칙을 사용해서 외곽의 배열을 확장합니다. 기존 배열을 가지고 추가되는 원소의 값을 규칙적으로 추가하는지 알아봅니다.

패딩 되는 원소가 상수 처리

패딩을 처리하는 방식을 알아보기 위해서 먼저 기존 행렬을 사용해서 패딩 하는 방식부터 알아봅니다. 그 다음에 실제 패딩 함수를 사용해서 배열을 변경합니다.

 예제 1 배열을 확장해서 패딩 처리하기

2행 2열의 다차원 배열을 하나 만듭니다.

```
x = np.arange(1,5).reshape(2,2)
```

```
x
```

```
array([[1, 2],
       [3, 4]])
```

기존 행렬을 패딩 처리하기 위해 3행 3열의 형상을 인자로 **zeros** 함수에 전달해서 모든 원소의 값이 **0**인 배열을 만듭니다.

모든 원소가 **0**인 행렬을 영행렬이므로 2행 2열을 슬라이스로 검색한 후에 기존에 만든 배열을 할당해서 값을 변경합니다. 이를 조회하면 3열과 3행만 **0**인 원소로 구성된 배열을 볼 수 있습니다.

```
z = np.zeros((3,3))
```

```
z
```

```
array([[0., 0., 0.],
       [0., 0., 0.],
       [0., 0., 0.]])
```

```
z[:2, :2] = x
```

```
z
```

```
array([[1., 2., 0.],
       [3., 4., 0.],
       [0., 0., 0.]])
```

이제 패딩으로 처리하는 함수를 사용해서 행과 열에 **0**을 추가해 봅니다. 첫 번째 인자는 데이터를 배열로 넣습니다. 두 번째 인자는 패딩 되는 폭입니다. 정수로 넣으면 전체 축에 패딩 되는 원소의 값을 추가합니다. 모드 constant를 넣으면 **0**이 값으로 추가합니다. 패딩 폭을 **0**으로만 지정해서 추가되는 원소가 없습니다.

```
np.pad(x,0,"constant")
```
```
array([[1, 2],
       [3, 4]])
```

패딩 폭에 튜플로 **0**, **1**을 지정하면 하단과 우측에 **0**을 추가합니다.

```
np.pad(x,(0,1),"constant")
```
```
array([[1, 2, 0],
       [3, 4, 0],
       [0, 0, 0]])
```

패딩 폭에 **1**, **0**을 지정하면 좌측과 상단에 **0**으로 추가됩니다. 모든 것에 하나의 **0**으로 추가할 때는 패딩 폭을 **1,1**을 지정합니다.

```
np.pad(x,(1,0),"constant")
```

```
array([[0, 0, 0],
       [0, 1, 2],
       [0, 3, 4]])
```

```
np.pad(x,(1,1),"constant")
```

```
array([[0, 0, 0, 0],
       [0, 1, 2, 0],
       [0, 3, 4, 0],
       [0, 0, 0, 0]])
```

패딩 폭을 정수 1로 주면 튜플 1, 1로 지정한 것과 같은 처리를 합니다.

```
np.pad(x,1,"constant")
```

```
array([[0, 0, 0, 0],
       [0, 1, 2, 0],
       [0, 3, 4, 0],
       [0, 0, 0, 0]])
```

더 많은 원소를 패딩 하려면 패딩 폭을 튜플로 조정합니다. 패딩 폭을 3,3으로 지정하면 기존 배열의 원소를 3,3 만큼 추가됩니다.

```
np.pad(x,(3,3),"constant")
```

```
array([[0, 0, 0, 0, 0, 0, 0, 0],
       [0, 0, 0, 0, 0, 0, 0, 0],
       [0, 0, 0, 0, 0, 0, 0, 0],
       [0, 0, 0, 1, 2, 0, 0, 0],
       [0, 0, 0, 3, 4, 0, 0, 0],
       [0, 0, 0, 0, 0, 0, 0, 0],
       [0, 0, 0, 0, 0, 0, 0, 0],
       [0, 0, 0, 0, 0, 0, 0, 0]])
```

특정 부분만 추가하려면 튜플이 값을 조정합니다. 좌측과 상단에 패딩을 추가적으로 더하려면 3,0을 지정합니다. 또한 우측과 하단을 더 많이 추가하려면 0과 3을 지정합니다.

```
np.pad(x,(3,0),"constant")
```

```
array([[0, 0, 0, 0, 0],
       [0, 0, 0, 0, 0],
       [0, 0, 0, 0, 0],
       [0, 0, 0, 1, 2],
       [0, 0, 0, 3, 4]])
```

```
np.pad(x,(0,3),"constant")
```

```
array([[1, 2, 0, 0, 0],
       [3, 4, 0, 0, 0],
       [0, 0, 0, 0, 0],
       [0, 0, 0, 0, 0],
       [0, 0, 0, 0, 0]])
```

3.2

기존 배열의 원소로 패딩 하기

패딩을 할 때 기존에 전달을 받은 배열의 값으로 확장도 가능합니다. 이때는 모드를 조정
해야 합니다.

예제 1 기존의 값으로 패딩 처리하기

하나의 2차원 배열을 만듭니다.

```
x = np.arange(1,5).reshape(2,2)
```

```
x
```

```
array([[1, 2],
       [3, 4]])
```

모드를 **edge**로 변경하면 전달된 배열에 확장되는 부분만 만나는 원소들이 패딩 되는 원소
의 값으로 추가됩니다.

```
np.pad(x,(0,1),"edge")
```

```
array([[1, 2, 2],
       [3, 4, 4],
       [3, 4, 4]])
```

```
np.pad(x,(1,0),"edge")
```

```
array([[1, 1, 2],
       [1, 1, 2],
       [3, 3, 4]])
```

사방을 패딩 하면 추가되는 원소의 만나는 배열의 원소 값을 추가합니다. 더 많은 원소를
패딩 폭에 추가해도 edge 모두는 만나는 값을 추가되는 원소의 값으로 할당합니다.

```
np.pad(x,(1,1),"edge")
```

```
array([[1, 1, 2, 2],
       [1, 1, 2, 2],
       [3, 3, 4, 4],
       [3, 3, 4, 4]])
```

```
np.pad(x,(3,3),"edge")
```

```
array([[1, 1, 1, 1, 2, 2, 2, 2],
       [1, 1, 1, 1, 2, 2, 2, 2],
       [1, 1, 1, 1, 2, 2, 2, 2],
       [1, 1, 1, 1, 2, 2, 2, 2],
       [3, 3, 3, 3, 4, 4, 4, 4],
       [3, 3, 3, 3, 4, 4, 4, 4],
       [3, 3, 3, 3, 4, 4, 4, 4],
       [3, 3, 3, 3, 4, 4, 4, 4]])
```

배열의 값을 최댓값과 최솟값으로도 패딩 할 수 있습니다. 행과 열의 만드는 곳은 행의 원
소 중에 최댓값과 최솟값을 선택해서 확장합니다.

직접적으로 만나지 않는 곳은 현재 배열의 최댓값과 최솟값을 기준으로 확장된 원소의 값
으로 할당합니다.

```
np.pad(x,(3,3),"maximum")
```

```
array([[4, 4, 4, 3, 4, 4, 4, 4],
       [4, 4, 4, 3, 4, 4, 4, 4],
       [4, 4, 4, 3, 4, 4, 4, 4],
       [2, 2, 2, 1, 2, 2, 2, 2],
       [4, 4, 4, 3, 4, 4, 4, 4],
       [4, 4, 4, 3, 4, 4, 4, 4],
       [4, 4, 4, 3, 4, 4, 4, 4],
       [4, 4, 4, 3, 4, 4, 4, 4]])
```

```
np.pad(x,(3,3),"minimum")
```

```
array([[1, 1, 1, 1, 2, 1, 1, 1],
       [1, 1, 1, 1, 2, 1, 1, 1],
       [1, 1, 1, 1, 2, 1, 1, 1],
       [1, 1, 1, 1, 2, 1, 1, 1],
       [3, 3, 3, 3, 4, 3, 3, 3],
       [1, 1, 1, 1, 2, 1, 1, 1],
       [1, 1, 1, 1, 2, 1, 1, 1],
       [1, 1, 1, 1, 2, 1, 1, 1]])
```

3.3

배열 확장을 특정 계산 결과로 하기

패딩을 처리할 때 배열 내의 원소의 값을 기준으로 계산된 결과인 평균과 중앙값을 기준으로 원소를 추가합니다.

예제 1 계산된 값을 사용해서 패딩하고

2차원 배열을 하나 만듭니다.

```
x = np.arange(1,5).reshape(2,2)
```

```
x
```

```
array([[1, 2],
       [3, 4]])
```

모드를 **mean**으로 처리하면 만나는 곳을 평균값으로 처리합니다. 대각으로 만나는 곳은 평균을 구하고 소수점을 반올림하지 않고 절사의 값으로 할당합니다.

```
np.pad(x,(0,1),"mean")
```
```
array([[1, 2, 2],
       [3, 4, 4],
       [2, 3, 2]])
```

```
np.pad(x,(1,0),"mean")
```
```
array([[2, 2, 3],
       [2, 1, 2],
       [4, 3, 4]])
```

전후좌우로 배열을 확장할 경우에도 행과 열의 평균값을 구성해서 확장되는 것을 볼 수 있습니다.

```
np.pad(x,(1,1),"mean")
```
```
array([[2, 2, 3, 2],
       [2, 1, 2, 2],
       [4, 3, 4, 4],
       [2, 2, 3, 2]])
```

```
np.pad(x,(3,3),"mean")
```
```
array([[2, 2, 2, 2, 3, 2, 2, 2],
       [2, 2, 2, 2, 3, 2, 2, 2],
       [2, 2, 2, 2, 3, 2, 2, 2],
       [2, 2, 2, 1, 2, 2, 2, 2],
       [4, 4, 4, 3, 4, 4, 4, 4],
       [2, 2, 2, 2, 3, 2, 2, 2],
       [2, 2, 2, 2, 3, 2, 2, 2],
       [2, 2, 2, 2, 3, 2, 2, 2]])
```

중앙값으로 처리할 때는 모드를 **median**으로 지정합니다. 패딩된 값을 보면 중앙값에 근접한 값을 선택해서 할당한 것을 알 수 있습니다.

```
np.pad(x,(3,3),"median")
```

```
array([[2, 2, 2, 2, 3, 2, 2, 2],
       [2, 2, 2, 2, 3, 2, 2, 2],
       [2, 2, 2, 2, 3, 2, 2, 2],
       [2, 2, 2, 1, 2, 2, 2, 2],
       [4, 4, 4, 3, 4, 4, 4, 4],
       [2, 2, 2, 2, 3, 2, 2, 2],
       [2, 2, 2, 2, 3, 2, 2, 2],
       [2, 2, 2, 2, 3, 2, 2, 2]])
```

딥러닝 머신러닝을 위한 **파이썬**
Numpy 넘파이

CHAPTER **06**

넘파이 모듈의 자료형 이해하기

앞 장에서는 자료형으로 벡터와 행렬을 만들어서 계산을 해보았습니다. 다차원 배열을 만들 때 특별하게 자료형을 지정하지 않으면 원소들을 추론해서 자료형을 할당했습니다.

이번에는 넘파이 모듈에서 다차원 배열의 원소가 숫자 이외의 자료형도 알아보고 자료형을 지정하는 방법도 알아봅니다. 특히, 날짜와 문자 자료형에 대한 처리도 알아봅니다.

■ dtype으로 자료형 객체 생성하기
■ 날짜 자료형
■ 문자 자료형

01 dtype으로 자료형 객체 생성하기

넘파이 모듈에는 자료형을 만드는 클래스 dtype이 있습니다. 다차원 배열이 만들어질 때 dtype 속성에 이 클래스의 객체가 들어갑니다. 어떻게 이 클래스를 사용해서 객체를 만드는지 알아봅니다.

1.1

np. dtype 클래스 이해하기

다차원 배열은 하나의 자료형을 기준으로 모든 원소를 만들어서 관리합니다. 이는 하나의 자료형만 가진 배열을 만든다는 뜻입니다. 이제 넘파이 모듈 내에 자료형을 관리하는 dtype 클래스가 어떤 일을 하는지 알아봅니다.

 예제 1 dtype 클래스 알아보기

먼저 넘파이 모듈에 있는 **np.dtype** 클래스를 확인합니다. 그리고 이 **dtype** 클래스에 인자로 **np.int32** 클래스를 전달해서 객체를 생성합니다. 생성된 결과를 확인하면 **dtype**(int32)라는 것을 알 수 있습니다.

```
np.dtype
```
```
numpy.dtype
```

```
d = np.dtype(np.int32)
```

```
d
```
```
dtype('int32')
```

다차원 배열을 만드는 함수 **array**에 리스트와 추가적으로 자료형을 매개변수 **dtype**에 할당해서 만듭니다.

만들어진 배열의 **dtype** 속성을 확인하면 **dtype** 클래스의 객체라는 것을 알 수 있습니다.

```
a = np.array([1,2,3,4], dtype=d)
```

```
a
```
```
array([1, 2, 3, 4])
```

```
a.dtype
```
```
dtype('int32')
```

예제 2 자료형 클래스 알아보기

넘파이 모듈의 대표적인 정수 클래스는 **np.int_** 입니다. 이 클래스는 기본으로 **int32**입니다. 이 클래스의 상속관계를 **mro** 메소드로 확인할 수 있습니다. 리스트에 나온 것을 보면 다양한 클래스를 상속해서 만들어진 것을 알 수 있습니다.

먼저 **numpy.int32**은 기본 클래스이고 8비트를 기준으로 4바이트로 숫자를 표시합니다. 일반적인 정수는 양수와 음수를 가져서 정수(signedinteger)을 상속합니다. 정수를 표시하는 대표적인 클래스인 정수(integer)를 상속합니다. 숫자들이 최상위 클래스는 수(number)입니다. 자료형을 관리하는 대표적인 클래스 제너릭(generic)도 상속합니다. 마지막으로 파이썬의 최상위 클래스인 **object** 클래스를 상속합니다.

```
np.int_
```
```
numpy.int32
```

```
np.int_.mro()
```
```
[numpy.int32,
 numpy.signedinteger,
 numpy.integer,
 numpy.number,
 numpy.generic,
 object]
```

이 모든 클래스의 상속관계를 함수 **issubclass**를 사용해서 확인합니다. 결과가 True라서 상속관계가 성립합니다.

```
issubclass(np.int32,np.signedinteger)
```
```
True
```

```
issubclass(np.integer,np.number)
```
```
True
```

```
issubclass(np.number, np.generic)
```
```
True
```

파이썬 정수 **int** 클래스로 **100**의 정수 객체를 만듭니다. 또한 **int32** 클래스로 **100**을 생성합니다. 두 클래스가 다르지만 덧셈연산을 실행하면 결과가 **200**이 나옵니다. 두 클래스는 전부 정수를 표시해서 정수의 값을 계산할 수 있도록 구현되어 있습니다.

```
p_i = int(100)
```

```
p_i
```
```
100
```

```
n_i = np.int32(100)
```

```
n_i
```
```
100
```

```
p_i + n_i
```
```
200
```

이번에는 메모리 크기를 줄이기 위해 2 바이트 정수로 처리하는 **np.int16** 클래스를 매개변수 dtype에 직접 지정했습니다. 이 배열에서 관리하는 하나의 원소에 대한 바이트 크기를 **itemsize** 속성으로 확인하면 2바이트라는 것을 알 수 있습니다.

이 배열이 data 속성 내의 nbytes 속성을 확인하면 5개의 원소가 차지한 전체 바이트를 알 수 있습니다. 2바이트의 원소가 5개라 10바이트로 만들어진 것을 알 수 있습니다.

```
a = np.array([1,2,3,4,5],dtype=np.int16)
```

```
a.strides, a.itemsize
```
```
((2,), 2)
```

```
a.data.nbytes
```
10

이번에는 제일 큰 바이트인 클래스 **np.int64**를 자료형으로 지정합니다. 5개의 원소가 8바이트로 만들어지므로 메모리 크기는 **40**바이트입니다. 2바이트로 만든 객체보다 **4**배나 더 많은 메모리를 차지하는 것을 알 수 있습니다. 메모리를 줄이려면 적절하게 자료형을 선택해야 합니다.

```
b = np.array([1,2,3,4,5],dtype=np.int64)
```

```
b.strides, b.itemsize
```
```
((8,), 8)
```

```
b.data.nbytes
```
40

자료형 클래스 구조 이해하기

다차원 배열은 하나의 자료형으로 원소를 구성합니다. 어떤 자료형들을 구성하는지 알아봅니다. 이 자료형은 클래스입니다. 파이썬 클래스와 넘파이 모듈의 클래스가 어떻게 다른지 알아봅니다.

 예제 1 자료형 클래스 구조 알아보기

넘파이 모듈 내의 클래스를 구성하는 최상위 클래스는 **np.generic**입니다. 보통 파이썬의 최상위 클래스는 **object**입니다. 이 generic 클래스의 상속관계를 **__bases__** 속성을 통해 확인할 수 있습니다. 이 속성을 확인하면 파이썬의 최상위 클래스 **object**를 상속한 것을 알 수 있습니다.

```
np.generic
```
```
numpy.generic
```

```
np.generic.__bases__
```
```
(object,)
```

넘파이 모듈의 object 클래스인 **np.object_**가 어떤 클래스를 상속해서 구성했는지 알아봅니다. 이 **object_** 클래스의 상속관계를 **__bases__** 속성으로 확인하면 넘파이 모듈의 최상위 클래스인 **generic**입니다.

또한 넘파이 모듈에 있는 **np.object** 클래스를 확인하면 **object**입니다. 이는 파이썬 클래스의 **object**입니다. 파이썬의 최상위 클래스이므로 **__bases__** 속성을 상속관계를 확인하면 아무런 것이 없는 빈 튜플을 반환합니다. 이처럼 넘파이 내부의 상속관계가 파이썬과 차이가 있다는 것을 알 수 있습니다.

```
np.object_, np.object
```

```
(numpy.object_, object)
```

```
np.object_.__bases__, np.object.__bases__
```

```
((numpy.generic,), ())
```

이번에는 파이썬에 많이 사용하는 문자열 **str** 클래스를 넣고 **dtype** 클래스의 객체를 만들어봅니다. 만들어진 객체의 자료형은 유니코드 문자열이라는 뜻으로 대문자 U로 표시합니다. 이 객체의 이름을 name 속성으로 확인하면 **str** 문자열을 보여줍니다.

```
s = np.dtype(str)
```

```
s
```

```
dtype('<U')
```

```
s.name
```

```
'str'
```

위의 자료형을 가지고 두 개의 문자열을 원소로 가지는 다차원 배열을 만듭니다. 하나의 문자열을 가지므로 자료형을 확인하면 대문자 U 다음에 정수 1이 붙습니다. 이 문자열 원소를 관리할 때 하나의 문자만 가지는 원소만 관리하는 것을 알 수 있습니다.

다차원 배열을 만들 때 각 원소의 길이도 고정해서 만들어지는 것을 알 수 있습니다.

```
a = np.array(['a','b'], dtype=s)
```

```
a.dtype
```

```
dtype('<U1')
```

이 배열의 하나의 문자만 가진 문자열 원소를 관리하는지 알아봅니다. 첫 번째 원소를 3개의 문자를 가진 문자열로 갱신합니다. 결과를 확인하면 하나의 문자만 갱신된 것을 알 수 있습니다. 이는 모든 원소가 하나의 문자로만 구성되어서 갱신을 해도 하나의 문자만 변경되는 것을 알 수 있습니다.

```
a[0] = 'cde'
```

```
a.dtype
```

```
dtype('<U1')
```

```
a
```

```
array(['c', 'b'], dtype='<U1')
```

이번에는 파이썬 바이트 문자열을 원소로 가지는 배열을 만듭니다. 바이트 문자열은 문자열 앞에 소문자 b를 붙여서 만듭니다.

생성된 배열의 자료형을 확인하면 대문자 S와 정수 1이 붙어서 자료형을 표시하는 것을 알 수 있습니다. 이때도 각 원소에는 하나의 문자만 들어갈 수 있습니다..

```
b = np.array([b'a',b'b'])
```

```
b.dtype
```

```
dtype('S1')
```

파이썬에는 문자라는 자료형이 별도로 없습니다. 모든 것은 문자열로 처리합니다. 넘파이 모듈에서는 문자를 처리하는 **character** 클래스를 제공합니다. 이 클래스의 상속관계를 확인하면 **flexible** 클래스입니다. 하지만 이 클래스로 객체를 만들려면 예외를 발생시킵니다. 이 클래스는 객체를 만들 수 없다는 것을 알 수 있습니다.

```
np.character
```

```
numpy.character
```

```
np.character.__bases__
```

```
(numpy.flexible,)
```

```
try :
    c = np.character('a')
except Exception as e :
    print(e)
```

```
cannot create 'numpy.character' instances
```

이 character 클래스는 문자를 관리하는 자료형을 만들 때만 사용합니다. 두 개의 문자열 원소를 가지는 배열의 자료형을 문자형으로 지정합니다. 만들어진 배열을 확인하면 하나의 문자를 가지는 바이트 문자열이라는 것을 알 수 있습니다.

```
dc = np.dtype(np.character)
```

```
da = np.array(['a','b'], dtype=dc)
```

```
da
```

```
array([b'a', b'b'], dtype='|S1')
```

정수 자료형 구조 이해하기

수학에서 자연수는 부호가 없는 양의 정수를 의미합니다. 넘파이 모듈에서도 자연수를 처리할 때는 unsigned를 추가해서 표시할 수 있습니다. 정수 클래스가 int이면 앞에 u를 더붙여서 uint로 처리합니다. 기본적인 정수 자료형을 표에서 확인합니다.

클래스 명	세부설명
bool_	한 바이트의 Boolean을 보관하고 실제 값은 True/False를 가집니다.
int_	정수의 기본 타입으로 os에 맞춰 int64나 int32로 지정됩니다.
intc	c언어의 int 처리(int32나 int64)
int8	한 바이트의 정수 (-128 to 127)
ln16	두 바이트의 정수 (-32768 to 32767)
Int32	네 바이트의 정수(-2147483648 to 2147483647)
Int64	8 바이트의 정수 (-9223372036854775808 to 9223372036854775807)

이제 정수와 자연수 중에 하나의 클래스인 int32를 가지고 상속관계를 mro 메소드로 확인합니다. 이때 다양한 상속관계를 리스트로 보여줘서 보다 보기 좋게 출력하려고 pprint 모듈을 사용합니다.

이 클래스도 파이썬 object, 넘파이 모듈의 generic 부터 signedinteger 클래스를 상속한 것을 알 수 있습니다. 정수라는 것은 0과 음수와 양수로 구성되어서 signedinteger 클래스로 구성한 것을 알 수 있습니다.

```
import pprint
```

```
pprint.pprint(np.int32.mro())
```
```
[<class 'numpy.int32'>,
 <class 'numpy.signedinteger'>,
 <class 'numpy.integer'>,
 <class 'numpy.number'>,
 <class 'numpy.generic'>,
 <class 'object'>]
```

그 다음에 음수가 없는 `uint32` 클래스의 상속관계를 확인합니다. 부호가 없는 unsinedinteger 클래스를 상속한 것을 알 수 있습니다. 그 상위의 클래스는 부호가 있는 경우와 동일한 것을 알 수 있습니다. 부호가 없다는 것은 수학의 자연수를 처리할 수 있다는 것을 알 수 있습니다.

```
pprint.pprint(np.uint32.mro())
```
```
[<class 'numpy.uint32'>,
 <class 'numpy.unsignedinteger'>,
 <class 'numpy.integer'>,
 <class 'numpy.number'>,
 <class 'numpy.generic'>,
 <class 'object'>]
```

실수 및 복소수 자료형 구조 이해하기

실수와 복소수도 넘파이 모듈에서는 길이가 세분화됩니다.

클래스 명	세부설명
float_	float64에 대한 짧은 표현
float16	반정도 실수: sign bit, 5 bits exponent, 10 bits mantissa
float32	단일 정보 실수: sign bit, 8 bits exponent, 23 bits mantissa
float64	더블 정보 실수: sign bit, 11 bits exponent, 52 bits mantissa
Complex_	복소수의 대표 표현
Complex64	복소수의 실수와 허수 : two 32-bit floats
Complex128	복소수의 실수와 허수 : two 64-bit floats

실수와 복소수 클래스의 상속관계를 확인합니다. 수 체계를 구성하는 최상위 클래스인 number 다음에 inexact 클래스에서 실수와 복소수가 flolting, complexfloating 클래스로 분리되는 것을 알 수 있습니다.

```
pprint.pprint(np.float64.mro())
```

```
[<class 'numpy.float64'>,
 <class 'numpy.floating'>,
 <class 'numpy.inexact'>,
 <class 'numpy.number'>,
 <class 'numpy.generic'>,
 <class 'float'>,
 <class 'object'>]
```

```
pprint.pprint(np.complex64.mro())
```

```
[<class 'numpy.complex64'>,
 <class 'numpy.complexfloating'>,
 <class 'numpy.inexact'>,
 <class 'numpy.number'>,
 <class 'numpy.generic'>,
 <class 'object'>]
```

02 날짜 자료형

데이터를 분석할 때는 시계열 데이터를 많이 처리합니다. 넘파이 모듈에서도 날짜를 처리하는 자료형을 지원합니다. 이 자료형이 어떻게 사용되는지 알아봅니다.

2.1

날짜처리

날짜는 년도(Y), 월(M), 일(D) 등의 기준을 만듭니다. 그 다음에 시간이 있으면 시, 분, 초등을 넣어서 만들 수 있습니다.

예제 1 날짜 클래스 알아보기

넘파이 모듈은 2개의 클래스 np.datetime64와 timedelta64을 제공합니다. 먼저 날짜를 처리하는 클래스를 확인합니다.

```
np.datetime64
```

numpy.datetime64

```
print(np.datetime64)
```

<class 'numpy.datetime64'>

이 클래스도 다차원 배열에서 사용하는 다양한 속성과 메소드를 제공합니다.

```
count = 0

for i in dir(np.datetime64) :
    if not i.startswith("_") :
        count += 1
        print(i, end=", ")
        if count % 5  == 0 :
            print()
```

```
T, all, any, argmax, argmin,
argsort, astype, base, byteswap, choose,
    compress, conj
shape,          queeze, std,
strides, sum, swapaxes, take, tobytes,
tofile, tolist, tostring, trace, transpose,
var, view,
```

날짜 클래스로 하나의 객체를 만듭니다. 문자열로 **2018**을 전달해서 객체를 만듭니다. 이 객체의 자료형을 보면 **M8**[**Y**]로 표시해서 년도만 처리하는 원소를 가진 것을 확인할 수 있습니다.

```
y = np.datetime64('2018')
```

```
y, y.dtype
```

```
(numpy.datetime64('2018'), dtype('<M8[Y]'))
```

이번에는 년도와 월을 문자열로 전달합니다. 자료형을 확인하면 **M8**[**M**]로 표시해서 년도 다음에 월까지 들어간 것을 알 수 있습니다.

```
ym = np.datetime64('2018-11')
```

```
ym, ym.dtype
```

```
(numpy.datetime64('2018-11'), dtype('<M8[M]'))
```

연월일을 전부 문자열에 넣어서 인자로 전달하면 자료형에 일을 표시하는 **D**로 표시됩니다.

```
ymd = np.datetime64('2018-11-15')
```

```
ymd, ymd.dtype
```

```
(numpy.datetime64('2018-11-15'), dtype('<M8[D]'))
```

이제 3개의 날짜를 전달해서 다차원 배열을 만듭니다. 이제 자료형을 **datatime64**로 전달합니다. 만들어진 배열을 확인하면 **datetime64**이면서 일자까지 지정된 원소를 가진 배열이라는 것을 알 수 있습니다.

```
a = np.array(['2018-11-15', '2018-12-15','2010-01-15'],
dtype=np.datetime64)
```

```
a
```

```
array(['2018-11-15', '2018-12-15', '2010-01-15'], dtype='datetime64[D]')
```

날짜와 시간의 간격을 처리하는 **timedelta64**를 셀에 넣어 확인해 봅니다. 클래스나 함수의 정보를 빈 셀에 이름을 넣어서 확인하면 가장 기본적인 상태만 알려줍니다.

```
np.timedelta64
```

```
numpy.timedelta64
```

두 개의 날짜 객체를 만들어서 두 날짜의 차이를 계산합니다. 이 결과는 두 날짜의 차를 일수로 표시합니다. 처리된 결과의 자료형은 **datetime64**입니다. 보통 두 날짜의 일수를 줄리안 데이(julian day)라고 부릅니다. 두 날짜 사이의 일수는 2018-11-15에서 2016-11-15까지의 일수로 변환한 후에 빼면 730일이 나옵니다.

나온 값을 **print** 함수로 출력하면 730일수라고 표시해줍니다.

```
delta = np.datetime64('2018-11-15') - np.datetime64('2016-11-15')
```

```
delta, delta.dtype
```

```
(numpy.timedelta64(730,'D'), dtype('<m8[D]'))
```

```
print(delta)
```

```
730 days
```

1차원 배열을 만드는 **arrange** 함수를 사용해서 날짜를 기준으로 배열도 만들 수 있습니다. 시작일과 종료일을 넣어서 생성할 수도 있지만 시작 월과 종료 월을 넣어서 **dtype**에 일자로 지정해도 배열의 원소는 일자로 만들어집니다.

```
a = np.arange('2019-02', '2019-03', dtype='datetime64[D]')
```

```
a
```

```
array(['2019-02-01', '2019-02-02', '2019-02-03', '2019-02-04',
       '2019-02-05', '2019-02-06', '2019-02-07', '2019-02-08',
       '2019-02-09', '2019-02-10', '2019-02-11', '2019-02-12',
       '2019-02-13', '2019-02-14', '2019-02-15', '2019-02-16',
       '2019-02-17', '2019-02-18', '2019-02-19', '2019-02-20',
       '2019-02-21', '2019-02-22', '2019-02-23', '2019-02-24',
       '2019-02-25', '2019-02-26', '2019-02-27', '2019-02-28'],
      dtype='datetime64[D]')
```

2.2

시간에 대한 처리

날짜를 처리할 때는 연월일에 추가해서 시분초도 처리할 수 있습니다. 세부적인 시, 분, 초에 대한 처리를 알아봅니다. 시간을 표시할 때는 소문자 h, 분을 표시할 때는 소문자 m, 초를 표시할 때는 소문자 s를 사용합니다.

예제 1 시간 처리 알아보기

먼저 **datetime64** 클래스에 문자열로 **2018-12-01T01**을 지정해서 객체를 만듭니다. 하나의 날짜가 만들어지면 첫 번째 시간까지 만들어집니다. 이 객체의 자료형을 **dtype** 속성으로 확인하면 시간표시인 h까지 만들어진 것을 알 수 있습니다.

```
h = np.datetime64('2018-12-01T01')
```

```
h
```
numpy.datetime64('2018-12-01T01','h')

```
h.dtype
```
dtype('<M8[h]')

```
print(h.dtype)
```
datetime64[h]

이번에는 시간과 분을 T 다음에 콜론으로 구분해서 넣습니다. 이번에 만들어진 객체는 소문자 m이 표시되어 시간과 분까지 만들어진 것을 알 수 있습니다.

```
m = np.datetime64('2018-12-01T01:01')
```

```
m
```
numpy.datetime64('2018-12-01T01:01')

```
m.dtype
```
dtype('<M8[m]')

```
print(m.dtype)
```
datetime64[m]

초 단위를 처리할 때도 분을 표시한 다음에 콜론을 쓰고 초를 입력합니다. 만들어진 객체의 자료형에 영어 소문자 s가 표시되어 초까지 시간이 만들어진 것을 알 수 있습니다.

```
s = np.datetime64('2018-12-01T01:01:01')
```

```
s
```
numpy.datetime64('2018-12-01T01:01:01')

```
print(s.dtype)
```

```
datetime64[s]
```

두 개의 날짜에 날짜와 시간을 문자열로 지정해서 만듭니다. 이 객체를 빼면 초 단위로 계산된 **timedelta** 클래스의 객체가 만들어집니다.

```
s1 = np.datetime64('2018-12-01T01:31:01')
```

```
s2 = np.datetime64('2018-12-01T01:01:01')
```

```
s3 = s1 - s2
```

```
print(s3)
```

```
1800 seconds
```

```
print(s3.dtype)
```

```
timedelta64[s]
```

두 날짜를 계산한 차이를 다시 더해서 검증하면 동일한 시간이 나오는 것을 알 수 있습니다.

```
s2+s3
```

```
numpy.datetime64('2018-12-01T01:31:01')
```

```
np.datetime64('2018-12-01T01:01:01') + np.timedelta64(1800, 's')
```

```
numpy.datetime64('2018-12-01T01:31:01')
```

특정한 날짜에 대한 주기를 계산할 때는 **timedelta64** 객체에 명확한 주기인 일, 시간, 분, 초를 지정해서 처리해야 합니다.

```
np.datetime64('2019') + np.timedelta64(20, 'D')
```

numpy.datetime64('2019-01-21')

```
np.datetime64('2019') + np.timedelta64(20, 'h')
```

numpy.datetime64('2019-01-01T20','h')

```
np.datetime64('2019') + np.timedelta64(20, 'm')
```

numpy.datetime64('2019-01-01T00:20')

비즈니스 일자 처리

날짜를 표시할 때도 공휴일 등을 제외한 실제 영업하는 일자를 기준으로 만들 수도 있습니다. 어떤 함수들이 영업일을 표시하는지 알아봅니다.

특정 일자를 부여하고 일수를 증가하면 토요일과 일요일을 제외한 평일을 기준으로 날짜를 처리하는 busdat_offset 함수를 제공합니다. 그리고 비즈니스 일자를 별도로 체크하는 함수(is_busday)도 제공합니다.

 예제 1 영업일 처리 알아보기

특정 날짜를 객체로 만듭니다. 2018년 11월에 주말을 제외한 영업을 계산할 수 있습니다. 이때 두 날짜 사이에 영업일을 계산하는 함수 busday_count에 두 날짜를 인자로 전달해서 영업일을 계산합니다.

```
start = np.datetime64('2018-11-01')
```

```
end = np.datetime64('2018-11-30')
```

```
np.busday_count(start,end)
```

21

특정 영업일을 기준으로 다음 영업일을 구하는 함수는 **busday_offset**입니다. 특정 날짜를 인자로 넣고 특정 기간이 지난 후에 영업일을 구할 수 있습니다.

먼저 **2018-11-15**일 다음영업일을 **1**을 전달해서 구합니다. **2**일 전달해서 이 날짜 이후의 두 번째 열을 구하면 **2018-11-19**일이 나옵니다. **2018-11-17**일과 **2018-11-18**일이 휴일인 것을 알 수 있습니다.

```
np.busday_offset('2018-11-15',1)
```
numpy.datetime64('2018-11-16')

```
np.busday_offset('2018-11-15',2)
```
numpy.datetime64('2018-11-19')

```
np.busday_offset('2018-11-15',5)
```
numpy.datetime64('2018-11-22')

매개변수 `roll`에 `forward`, `backward`를 지정해서 영업일을 검색할 수 있습니다. 이때는 첫 번째 영업일을 찾을 때는 **0**을 지정해야 합니다.

```
np.busday_offset('2019-09-21', 0, roll='forward')
```
numpy.datetime64('2019-09-23')

```
np.busday_offset('2019-09-21', 1, roll='forward')
```
numpy.datetime64('2019-09-24')

```
np.busday_offset('2019-09-21', 0, roll='backward')
```
numpy.datetime64('2019-09-20')

```
np.busday_offset('2019-09-21', 1, roll='backward')
```
numpy.datetime64('2019-09-23')

특정 요일을 검색할 때는 매개변수 **weekmask**에 요일에 관한 정보를 문자열로 지정합니다.

```
np.busday_offset('2019-09-19', 0, roll='forward', weekmask='Sun')
```
```
numpy.datetime64('2019-09-22')
```

```
np.busday_offset('2019-09-19', 1, roll='forward', weekmask='Sun')
```
```
numpy.datetime64('2019-09-29')
```

```
np.busday_offset('2019-09-19', 0, roll='forward', weekmask='Mon')
```
```
numpy.datetime64('2019-09-23')
```

두 날짜 사이의 영업일의 기간을 확인하려면 **busday_count** 함수를 사용해서 처리합니다.

```
a = np.busday_count(np.datetime64('2019-07-11'), np.datetime64
('2019-07-18'))
```

```
b = np.busday_count(np.datetime64('2019-07-18'), np.datetime64
('2019-07-11'))
```

```
a, b
```
```
(5, -5)
```

```
np.datetime64('2019-07-11') + np.timedelta64(a+2,'D')
```
```
numpy.datetime64('2019-07-18')
```

특정 날짜가 영업일인지 확인하려면 **is_busday** 함수에 날짜를 넣어서 처리하면 됩니다. 영업일이면 **True** 휴일이면 **False**를 반환합니다.

```
np.is_busday('2018-11-16')
```
```
True
```

```
np.is_busday('2018-11-17')
```
```
False
```

```
np.is_busday(start) , np.is_busday(end)
```
```
(True, True)
```

휴일을 추가적으로 등록하거나 요일별로 표시하는 방법을 바꿀 수도 있습니다. 휴일을 추가적으로 등록할 때는 함수 busdaycalendar에 holidays 매개변수에 휴일을 입력합니다. 달력을 만들 때 시작하는 요일에 대한 표시는 weekmask에 표시됩니다.

```
bdd = np.busdaycalendar(holidays=['2019-01-01','2019-09-23'])
```

```
bdd.holidays
```

```
array(['2019-01-01', '2019-09-23'], dtype='datetime64[D]')
```

```
bdd.weekmask
```

```
array([ True,  True,  True,  True,  True, False, False])
```

한국 내의 달력에 맞추려면 일요일부터 토요일까지 표시되어야 합니다. 매개변수 weekmask를 일요일과 토요일을 0으로 표시합니다.

```
bdc = np.busdaycalendar(holidays=['2019-01-01','2019-09-23'
], weekmask ＝'0111110')
```

```
bdc.weekmask
```

```
array([False,  True,  True,  True,  True,  True, False])
```

03 문자 자료형

다차원 배열도 모든 원소를 문자열로 지정해서 사용할 수 있습니다. 파이썬 문자열이 다차원 배열에서 어떻게 처리되는 지와 다차원 배열과 문자 배열에서 문자열을 어떻게 처리하는지 알아봅니다.

3.1

넘파이 모듈 문자열 알아보기

파이썬 제공하는 문자열과 넘파이 모듈에서 제공하는 문자열 클래스 간의 관계를 알아봅니다. 다차원 배열은 하나의 자료형만 가지는 원소들로 구성됩니다. 문자열도 하나의 자료형이 자료형입니다. 파이썬에는 두 종류의 문자열이 유니코드와 바이트가 있습니다. 이들이 다차원 배열에서 어떻게 사용하는지 알아봅니다.

 예제 1 문자열 자료형 알아보기

넘파이 모듈에서 제공하는 문자열은 np.str_, np.uncode_는 넘파이 클래스이고 np.str, np.uncode는 파이썬 str 클래스입니다.

```
np.str_, np.unicode_
```
```
(numpy.str_, numpy.str_)
```

```
np.str, np.unicode
```
```
(str, str)
```

문자열 클래스 np.str과 np.unicode는 파이썬 문자열 클래스 str와 동일합니다.

다른 두 클래스는 파이썬 str, bytes와 동일하지 않는 것을 알 수 있습니다.

```
np.str is str, np.unicode is str
```

```
(True, True)
```

```
np.str_ is str , np.unicode_ is str
```

```
(False, False)
```

```
np.str_ is bytes , np.unicode_ is bytes
```

```
(False, False)
```

이제 문자열을 원소로 가지는 다차원 배열을 만들어봅니다. 먼저 리스트에 영어문자를 가지는 리스트를 만들고 이를 리스트에 내포했습니다. 자료형은 영문 대문자 S로 넣었습니다.

만들어진 다차원 배열을 보면 문자열 앞에 b가 붙어있는 바이트 문자열로 만들어집니다. 자료형도 대문자 S이고 문자열의 길이는 1입니다. 곧 하나의 문자열을 가진 것을 만든 것을 알 수 있습니다.

```
s = np.array([['a', 'b'],['c', 'd']], dtype='S')
```

```
s
```

```
array([[b'a', b'b'],
       [b'c', b'd']], dtype='|S1')
```

```
s[0,0]
```

```
b'a'
```

2차원 배열이란 행과 열의 인덱스 정보를 지정해서 하나의 원소를 조회한 후에 원소의 자료형을 type 클래스로 확인하면 넘파이 모듈이 bytes_클래스라고 표시합니다. 이 원소의 dtype 속성을 확인하면 문자열로 S1을 표시합니다. 대문자 S가 바이트 문자열이라는 것을 알려줍니다.

```
type(s[0,0])
```

numpy.bytes_

```
s[0,0].dtype
```

dtype('S1')

일반적으로 자료형을 지정하지 않고 문자열을 원소로 갖는 배열을 만듭니다. 이때는 자료형에 대문자 U가 들어가 있습니다. 이 뜻은 유니코드 문자열이라는 정보를 말해줍니다. 넘파이도 파이썬처럼 유니코드 문자열 기준으로 처리합니다.

```
u1 = np.array([['a', 'b'],['c', 'd']])
```

```
u1
```

array([['a', 'b'],
       ['c', 'd']], dtype='<U1')

이번에는 **dtype** 매개변수에 대문자 U로 지정해서 유니코드 문자열 원소를 가진 배열을 만듭니다. 위의 예제처럼 아무런 자료형이 없이 문자열을 원소가 가진 배열을 지정한 것과 같습니다. 배열 내의 문자열 원소를 만들 때 문자의 개수가 명확히 표시되는 이유는 메모리에 데이터가 로딩 되므로 메모리 사이즈를 확정하기 위해 지정하는 것입니다.

```
u2 = np.array([['a', 'b'],['c', 'd']], dtype='U')
```

```
u2
```

array([['a', 'b'],
       ['c', 'd']], dtype='<U1')

자료형을 만드는 **dtype** 클래스에 인자로 **np.str_**클래스를 인자로 전달해서 객체를 만든 후에 다차원 배열의 자료형에 전달합니다. 하나의 문자열만 갖는 리스트를 배열로 처리해서 대문자 U와 문자열 길이가 **1**이라고 표시합니다.

```
ss = np.dtype(np.str_)
```

```
b = np.array([['a', 'b'],['c', 'd']], dtype=ss)
```

```
b
```

```
array([['a', 'b'],
       ['c', 'd']], dtype='<U1')
```

```
print(b.dtype)
```

```
<U1
```

넘파이 모듈에는 문자 단위로 배열을 처리하는 **chararray** 클래스가 있습니다. 이 클래스의 객체를 만들 때 3, 3을 인자로 전달하면 3개의 바이트 문자열을 원소로 갖는 3개의 열 원소를 갖는 배열을 만듭니다.

```
c = np.chararray(3,3)
```

```
c
```

```
chararray(['', '', b'\x00\x00L'], dtype='|S3')
```

```
c.dtype
```

```
dtype('S3')
```

첫 번째 원소를 **abc**로 갱신하면 값을 변경합니다.

```
c[0] = "abc"
```

```
c
```

```
chararray([b'abc', '', b'\x00\x00L'], dtype='|S3')
```

3.2

파이썬 문자열 연계 알아보기

파이썬 문자열로 지정될 경우 어떻게 처리되는지 확인할 필요가 있습니다. 파이썬에서 제공되는 문자열과 넘파이 모듈에서 제공되는 문자열에 대한 처리를 비교해봅니다.

 예제 1 파이썬 문자열 처리하기

리스트에 두 개의 문자열을 원소로 넣고 자료형에 **object**를 지정해서 배열을 만듭니다. 만들어진 배열의 첫 번째 원소의 자료형을 확인하면 **str**입니다. 다차원 배열의 자료형은 **object**로 관리합니다.

```
a = np.array(['abc', '12345'], dtype=object)
```

```
a
```
```
array(['abc', '12345'], dtype=object)
```

```
type(a[0])
```
```
str
```

파이썬 바이트 문자열로 리스트를 만들어서 다차원 배열을 만듭니다. 내부의 원소의 자료형은 **bytes**인 바이트 문자열이라는 것을 알 수 있습니다.

```
b = np.array([b'abc', b'12345'], dtype=object)
```

```
b
```
```
array([b'abc', b'12345'], dtype=object)
```

```
type(b[0])
```
```
bytes
```

다차원 배열을 만들 때 **range** 클래스의 객체를 전달하고 자료형에 **str**을 지정했습니다.

다차원 배열의 자료형을 보면 유니코드로 저장된 것을 알 수 있습니다. 이 배열의 첫 번째 행의 첫 번째 원소를 Hello로 변경하면 처음에 만들어질 때 하나의 문자열만 가진 배열이므로 첫 번째 문자 H만 갱신됩니다. 이처럼 자료형이 1이라는 숫자가 들어가면 원소가 하나로만 된 문자만 갱신됩니다.

```
d = np.array(range(10), dtype=str).reshape(2,5)
```

```
d
```
```
array([['0', '1', '2', '3', '4'],
       ['5', '6', '7', '8', '9']], dtype='<U1')
```

```
d[0,0] = "Hello"
```

```
d
```
```
array([['H', '1', '2', '3', '4'],
       ['5', '6', '7', '8', '9']], dtype='<U1')
```

다차원 배열의 자료형을 5개 문자로 구성된 바이트 문자열을 지정합니다. 만들어진 배열의 첫 번째 원소에 5개의 문자를 가진 단어를 갱신하면 전체 단어가 다 원소로 들어갑니다.

```
d5 = np.array(range(10), dtype='S5').reshape(2,5)
```

```
d5
```
```
array([[b'0', b'1', b'2', b'3', b'4'],
       [b'5', b'6', b'7', b'8', b'9']], dtype='|S5')
```

```
d5[0,0] = "Hello"
```

```
d5
```
```
array([[b'Hello', b'1', b'2', b'3', b'4'],
       [b'5', b'6', b'7', b'8', b'9']], dtype='|S5')
```

이처럼 문자열 자료형을 지정해서 배열을 만들 때 문자열의 길이도 명확히 지정해서 처리해야 합니다. 이번에는 유니코드 16글자가 들어가는 문자열 자료형을 가진 배열을 만듭니다. 첫 번째 행의 첫 번째 열의 원소를 한글 문자열로 변경이 가능합니다.

```
d16 = np.array([["a","b"],["c","d"]],dtype=np.dtype('U16'))
```

```
d16
```

```
array([['a', 'b'],
       ['c', 'd']], dtype='<U16')
```

```
d16[0,0] = "우주론과 빅뱅등 물리학이론"
```

```
d16
```

```
array([['우주론과 빅뱅등 물리학이론', 'b'],
       ['c', 'd']], dtype='<U16')
```

CHAPTER 07

시각화와 수학 함수 알아보기

수학의 함수들을 이해하려면 좌표 평면에 그래프를 그려서 시각화해서 보면 잘 이해할 수 있습니다.

넘파이 모듈은 다양한 수학 함수를 지원합니다. 이 함수들이 어떤 그래프로 그려지는지 같이 알아보면서 함수의 특징을 알아봅니다.

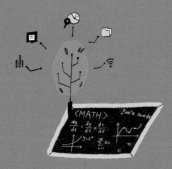

■ 시각화 알아보기
■ 그래프 제목/레이블/범례 처리
■ 활성화 함수를 그래프로 그려 보기

01 시각화 알아보기

다양한 차원의 데이터들은 이해하기가 어렵습니다. 직접 확인해 보면서 그래프로 그려 살펴보면 데이터의 경향을 알 수 있습니다. 파이썬에서 제공하는 기본 그래프 모듈인 matplotlib을 사용해서 어떤 그래프를 그릴 수 있는지 알아봅니다.

1.1

선 그래프 그려 보기

특정 데이터가 어떤 의미가 있는지 확인하려면 그래프를 그려서 추세 등을 확인할 수 있습니다. 데이터의 변화되는 추세선을 잘 이해하기 위해 선 그래프를 먼저 알아봅니다.

예제 1 그래프 이해하기

그래프를 그리려면 **matplotlib** 모듈 내의 **pyplot**을 **import**합니다. 보통 이 모듈에 대한 별칭(alias)은 **plt**로 사용합니다.

주피터 노트북으로 코딩을 실행하면서 그래프도 출력을 하려면 하나의 명령어인 **%matplotlib inline**을 빈 셀에 넣어 실행해야 합니다. 이 명령어를 한 번 실행을 하면 **ipynb** 파일에서 그래프를 항상 출력 결과로 볼 수 있습니다.

```
import matplotlib.pyplot as plt
```

```
%matplotlib inline
```

그래프를 그리려면 그래프가 들어갈 캔버스를 먼저 **figure** 함수로 만듭니다. 보통 캔버스의 크기를 **figsize**에 두 개의 원소를 가진 튜플을 지정합니다. 만들어진 캔버스의 객체를 확인하면 Figure 클래스입니다.

이 캔버스 객체를 show 함수로 출력하면 아무런 그래프를 표시하지 않습니다. Figure 클래스의 객체는 그래프를 그리는 임의의 컨테이너 역할만 합니다.

```
fig = plt.figure(figsize=(8,6))
print(fig)

plt.show()
```

Figure(576x432)

<Figure size 576x432 with 0 Axes>

캔버스에 그래프가 표시되는 객체를 axes 함수로 만듭니다. 이 객체는 Axes 클래스의 객체입니다. Figure 클래스의 객체에 Axes 클래스의 객체가 만들어집니다. 이번에는 show 함수로 출력하면 두 개의 축을 가진 그래프를 표시합니다.

```
fig = plt.figure(figsize=(4,2))
print(fig)
ax = plt.axes()
print(ax)
plt.show()
```

Figure(288x144)
AxesSubplot(0.125,0.125;0.775x0.755)

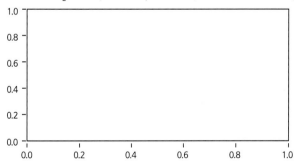

그래프를 그리려면 데이터를 만들어야 합니다. 먼저 수평축에 들어갈 데이터를 1차원 배열로 만듭니다. 이 객체의 원소를 확인하면 110개가 만들어집니다.

```
x = np.arange(1,12,0.1)
```

```
x.shape
```
```
(110,)
```

다음은 수직 축에 들어갈 데이터를 만듭니다. 수평축에 만든 배열을 sin 함수를 사용해서 수직 축에 들어갈 배열로 변환합니다.

```
y = np.sin(x)
```

```
y.shape
```
```
(110,)
```

이번에는 캔버스와 그래프가 들어가는 객체를 동시에 만드는 subplots 함수를 사용합니다. 두 개의 변수에 Figure와 Axes 클래스의 객체를 할당합니다. 선그래프를 그리는 plot 함수는 두 개의 데이터를 받습니다. 이를 넣어서 그리면 sin 함수의 그래프가 그려집니다.

```
fig, ax = plt.subplots(figsize=(8,6))
print(fig)
print(ax)
ax.plot(x,y)
plt.show()
```
```
Figure(576x432)
AxesSubplot(0.125,0.125;0.775x0.755)
```

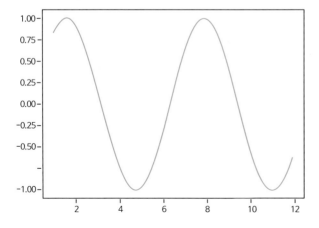

간단하게 figure 함수로 캔버스를 만든 후에 함수 plot로 그래프를 그려도 자동으로 하

나의 Axes 클래스의 객체가 만들어지고 그 위에 그래프를 그릴 수 있습니다.

```
fig = plt.figure(figsize=(8,6))
plt.plot(x,y)
plt.show()
```

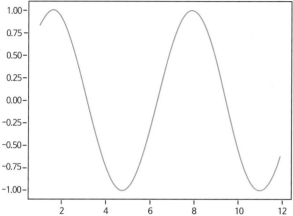

함수를 정의해서 cos 함수의 값을 가지고 선그래프를 그리도록 정의합니다.

```
def plot_cos(x) :
    y = np.cos(x)
    plt.plot(x,y)
```

그래프를 그릴 때 하나의 plot 함수에 sin함수에 대한 그래프를 그리고 다음에 plot_cos 함수를 호출하면 하나의 Axes 객체에 두 개의 그래프가 그려집니다.

```
fig = plt.figure(figsize=(8,6))
plt.plot(x,y)

plot_cos(x)
plt.show()
```

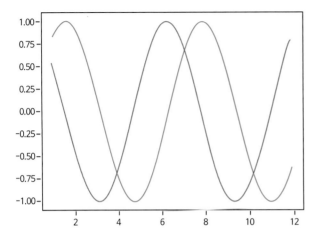

이번에는 두 개의 그래프를 별도의 **Axes** 객체에 분리해서 그려보겠습니다. 이번에는 하나의 **Figure** 객체를 만들고 그 안에 두 개의 **Axes** 객체를 만듭니다. 이때 **subplots** 함수의 인자로 **Axes** 객체가 만들 수 있는 행과 열의 개수를 지정합니다. 하나의 행에 2개의 열을 지정해서 두 개의 **Axes** 객체를 만들어서 두 개의 변수에 할당합니다.

이제 그래프를 그릴 때 **Axes** 객체의 메소드인 **plot**을 사용해서 그래프를 그리면 두 개의 그래프가 각각의 **Axes** 객체에 그려지는 것을 볼 수 있습니다.

```
fig, (ax1, ax2) = plt.subplots(nrows=1,ncols= 2, figsize=(8,4))

ax1.plot(x,y)

ax2.plot(x,np.cos(x))
plt.show()
```

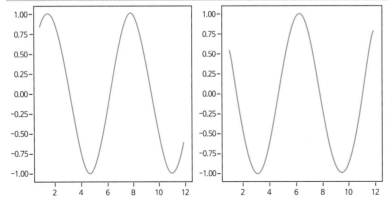

Figure 클래스의 메소드 **add_subplot**를 사용해서 내부에 **Axes** 객체를 생성할 수 있습니다. 이때도 여러 개의 그래프를 그리기 위하여 행과 열의 정보를 인자로 전달했습니다. 이번에는 수평으로 그래프를 그리기 위해 두 개의 행과 하나의 열의 정보를 인자로 지정합니다.

각각의 **Axes** 객체에 **plot** 메소드를 사용해서 그래프를 그리면 두 개의 그래프마다 다른 그래프가 그려집니다.

```
fig = plt.figure(figsize=(10,4))
ax1 = fig.add_subplot(2, 1, 1)
ax1.plot(x,y)
ax2 = fig.add_subplot(2, 1, 2)
ax2.plot(x,np.cos(x))
plt.show()
```

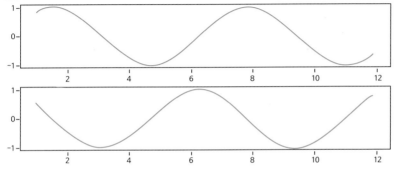

그래프 선 색상 및 칼라 처리 기준

위에서는 단순하게 선 그래프만 그렸습니다. 모든 그래프의 색상이 파란색으로만 그려집니다. 이번에는 그래프의 색상을 지정해서 다시 그려봅니다.

예제 2 그래프 색과 스타일 집어넣기

변수 x에 1차원 배열을 만들고 변수y에 **sin** 함수로 이 값을 변환합니다.

```
x = np.arange(1,8,0.1)
```

```
y = np.sin(x)
```

하나의 Axes 객체에 기본적인 색상으로 그래프를 그리기 위해 for 순환문을 지정해서 그래프의 간격을 지정해서 좌에서 우로 순서를 맞춰 그립니다.

그래프를 이동하려면 수평축에 들어갈 변수 x의 값 순환문을 통해 들어온 값을 더합니다. 이 순환문 내에서 plot 함수로 8개의 그래프를 그립니다.

그래프마다 선의 색상이 다른 것을 알 수 있습니다. 아직 그래프에 색상을 지정하지 않았지만 기본으로 지정된 색상을 선 그래프에 반영합니다.

```
fig = plt.figure(figsize=(8,6))
for i in [0.1, 0.2, 0.3, 0.4, 0.5,0.6, 0.7, 0.8]:
    x = x+i
    plt.plot(x,y)
plt.show()
```

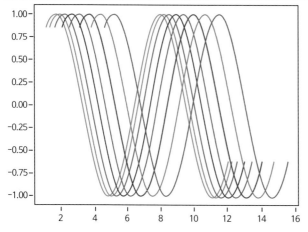

선 그래프의 선도 여러 가지로 표시할 수 있습니다. 이 매개변수의 이름은 라인 스타일(linestyle, ls)입니다. 이번에는 4개의 그래프를 같이 그려보면서 선스타일이 표시를 확인해 봅니다.

기본으로 제공하는 선 스타일은 일반적인 선인solid(-), 대시 스타일인 dashed(--), 실선과 점선을 혼합한 dashhot(-.), 그리고 점선(:)을 기호로 지정합니다. 이 선스타일을 문자열로 작성해서 리스트로 만듭니다. 선그래프를 그리는 plot 함수에 ls 매개변수에 이 리스트를 하나씩 할당합니다.

```
linestyles = ['-', '--', '-.', ':']
```

```
fig = plt.figure(figsize=(8,6))
for i, v in  enumerate([0.1, 0.2, 0.3, 0.4]):
    x = x+v
    plt.plot(x,y,ls=linestyles[i])
plt.show()
```

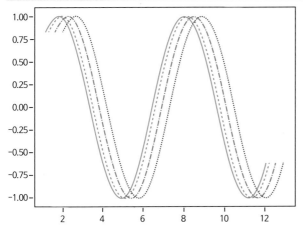

그래프를 그릴 때 **plot** 함수의 선의 색상을 **color** 매개변수에 지정할 수 있습니다. 색상을 지정할 때는 첫 번째 회색 음영을 **0-1** 사이의 실수 값으로 처리합니다. 두 번째는 HTML에서 색상을 표시16 진수 문자열(#00ffff)을 지정했습니다. 칼라의 색상을 RGB의 숫자 배열로도 입력이 가능합니다. 이때는 튜플에 (r, g, b)의 비율을 실수로 지정합니다. 칼라에 음영까지 포함하면 튜플에 (r, g, b, a)의 비율을 실수로 전달합니다.

```
fig = plt.figure(figsize=(8,6))
plt.plot(x,y, color='0.75')
plt.plot(x+0.3, y,  color='#00ffff')
plt.plot(x+0.6, y,  color=(0.35, 0.56, 0.65))
plt.plot(x+0.9, y,  color=(0.35, 0.56, 0.65, 0.50))
plt.show()
```

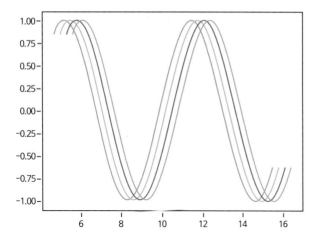

마커 처리하기

선 그래프는 두 개의 좌표가 만나는 점을 연결해서 하나의 선으로 표시했습니다. 만나는 점을 표시할 때 마커(marker)에 특정 정보를 할당해야 합니다.

예제 3 그래프 마커 처리하기

두 개의 변수에 1차원 배열을 할당합니다. 이 두 변수를 좌표축에 매칭되는 점을 기준으로 선 그래프를 그리면 자동으로 실선이 그려집니다.

```
x = np.arange(1,8)
```

```
y = x
```

대표적인 마커를 리스트에 정의합니다. +는 십자가, o는 원, *는 별표, . 작은 점을 표시합니다. 5개의 직선의 그래프에 두 축의 만나는 점을 표시됩니다. 마커의 크기는 `markersize`로 변경이 가능합니다.

```
marker = [ '+', 'o', '*', 's', '.']
```

```
fig = plt.figure(figsize=(8,6))
for i, v in  enumerate([0.3, 0.8, 1.3, 1.8, 2.3]):
    x = x+v
    plt.plot(x,y,marker=marker[i], markersize=8)
plt.show()
```

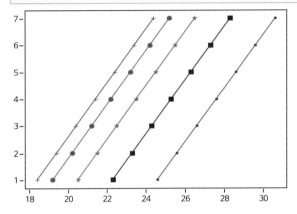

이 marker의 모양을 리스트로 정의할 수도 있습니다. 마커의 크기를 2행 2열을 가진 리스트로 정의했습니다. 이를 marker 매개변수에 전달하면 s 문자열을 제공한 것과 동일한 사각형이 마커가 만들어집니다.

```
vet = list([[-1,-1],[-1,1], [1,1],[1,-1]])
```

```
fig = plt.figure(figsize=(8,6))
plt.plot([0,1,2], [0,1,2], marker='s', markersize=20)
plt.plot([0,1,2], [1,2,3], marker=(vet) , markersize=20)
plt.show()
```

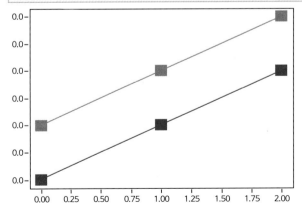

선 그래프를 그리는 **plot** 함수에 매개변수에 값을 지정할 수도 있지만 이를 하나의 문자열에 표시하면 자동으로 인식해서 선 색상 및 스타일을 처리합니다.

선 스타일을 'r-'로 지정하면 선 색상은 빨간색이고 선은 대시로 그려집니다.

```
t = np.arange(0., 5., 0.2)
```

```
fig = plt.figure(figsize=(8,6))
plt.plot(t,t,'r--')
plt.show()
plt.close()
```

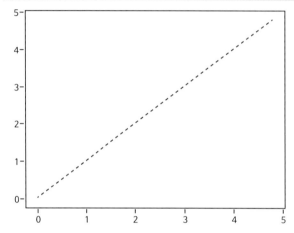

두 개의 그래프를 하나의 **plot** 함수에 연속해서 정의해도 하나의 그래프에 두 개의 선을 그릴 수 있습니다. 인자로 전달하는 것은 두 축에 해당하는 값도 선스타일을 문자열로 전달합니다. 두 번째도 두 축에 해당하는 데이터와 선스타일을 지정합니다.

첫 번째 스타일은 'r?'이고 두 번째 스타일은 'bs'입니다. 그래프를 확인하면 적색은 대시 스타일이고 파란색은 마커인 사각형만 표시합니다.

두 개의 **plot** 함수를 실행하는 것과 하나의 **plot** 함수에서 두 개의 그래프에 해당하는 인자를 전달해서 그래프를 그릴 수 있는 것을 알 수 있습니다.

```
fig = plt.figure(figsize=(8,6))
plt.plot(t,t,'r--', t, t**2, 'bs')
plt.show()
plt.close()
```

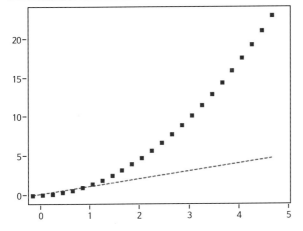

이번에는 위보다 하나 더 추가해서 **3**개의 그래프를 그립니다. 세 번째 그래프는 색상이 초록색이고 마커의 모양이 삼각형으로 표시합니다.

그래프를 더 이상 그리지 않을 경우 **close** 함수를 사용해서 닫을 수도 있습니다.

```
fig = plt.figure(figsize=(8,6))
plt.plot(t,t,'r--', t, t**2, 'bs', t, t**3, 'g^')
plt.show()
plt.close()
```

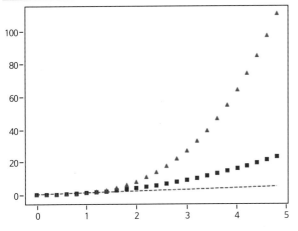

02 그래프 제목/레이블/범례 처리

앞에서는 선 그래프와 그래프 선에 대한 스타일 처리를 알아봤습니다. 여러 개의 그래프가 그려질 때도 이 그래프를 설명하는 제목과 레이블 등이 필요합니다. 그래프를 어떻게 꾸미는지 알아봅니다.

예제 1 그래프에 설명 달기

특정 데이터가 입력으로 들어오면 이를 x 축에 배정합니다. 이 값을 가공하면 y 축에 지정합니다. 변수 x는 입력되는 데이터라 1차원 배열로 생성합니다. 변수 y는 **sin** 함수로 변수 x의 값을 변경합니다.

```
x = np.arange(1,8,0.1)
```

```
y = np.sin(x)
```

4 개의 그래프를 하나의 캔버스에 그립니다. 이 4 개의 그래프를 설명하는 제목은 **title** 함수에 인자로 전달합니다. 두 개의 축에 대한 설명은 **xlabel**과 **ylabel**함수에 인자를 전달해서 지정합니다.

그래프를 실행하면 그래프 위에 제목이 붙어있고 두 개의 축에도 레이블이 표시된 것을 볼 수 있습니다.

```
fig = plt.figure(figsize=(8,6))
plt.title(' SIN Curve ')
plt.xlabel(" x axis ")
plt.ylabel(" x axis ")

plt.plot(x,y, color='0.75', linestyle='solid')
plt.plot(x+0.3, y,  color='#00ffff', linestyle='dashed')
plt.plot(x+0.6, y,  color=(0.35, 0.56, 0.65), linestyle='dashdot')
plt.plot(x+0.9, y,  color=(0.35, 0.56, 0.65, 0.50), linestyle='dashed')
plt.show()
```

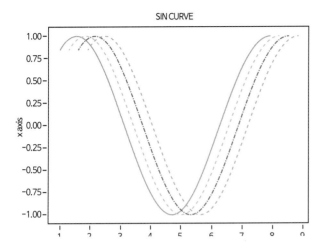

예제 2 그래프에 해당하는 범례 추가하기

그래프에 대한 제목과 축에 설명을 추가했지만 각각의 그래프가 어떤 선에 대한 설명인지
가 추가되지 않았습니다. 그래프의 제목을 표시하려면 **plot** 함수 내에 **label** 매개변수에
문자열로 이름을 부여합니다. 이 **label**을 그래프에 출력하려면 **legend** 함수를 실행합니
다.

그래프가 출력되면 빈 공간에 범례가 표시되는 것을 볼 수 있습니다.

```
fig = plt.figure(figsize=(8,6))
plt.title(' SIN Curve ')
plt.xlabel(" x axis ")
plt.ylabel(" x axis ")

plt.plot(x,y, color='0.75', linestyle='solid', label='Solid')
plt.plot(x+0.3, y,  color='#00ffff', linestyle='dashed', label='Dashed 1')
plt.plot(x+0.6, y,  color=(0.35, 0.56, 0.65), linestyle='dashdot', label=
'DashHot')
plt.plot(x+0.9, y,  color=(0.35, 0.56, 0.65, 0.50), linestyle='dashed', la
bel='Dashed 2')

plt.legend()
plt.show()
```

```
plt.show()
```

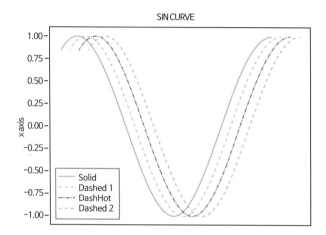

2.1

좌표에 레이블 부여하기

평면이나 공간에 그래프를 그리려면 실제 각 축에 기준이 되는 점을 이해하기 위해서 각 축 별로 동일한 기준으로 간격을 지정해서 특정 위치에 있는 것을 좌표를 사용해서 신속히 접근이 가능합니다.

그래프에도 이런 좌표에 대한 기준을 변경할 수 있는 함수를 제공합니다. 어떻게 변경하는지 알아봅니다.

예제 1 그래프 내의 좌표 꾸미기

두 개의 리스트를 만들어서 x와 y에 할당합니다.

```
x = [1,2,3,4]
```

```
y = [20, 21, 20.5, 20.8]
```

두 리스트를 plot 함수의 인자로 전달해서 선그래프를 그립니다. 선 그래프가 명확히 보이기 위해 **show** 함수를 실행합니다.

```
plt.plot(x,y)
plt.show()
```

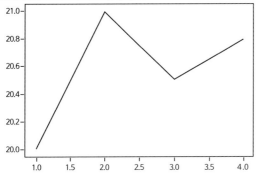

이번에는 그래프의 선을 접선으로 수정하고 만나는 점에는 마크를 표시했습니다. 이 그래 프에 **x**와 **y** 축에 대한 정보를 추가적으로 표시하기 위해 **xlim**과 **ylim** 함수를 사용합니다.

```
plt.plot(x,y, linestyle='dashed', marker='o', color='green')

plt.xlim(0.5, 4.5)
plt.ylim(19.5, 21.5)
plt.show()
```

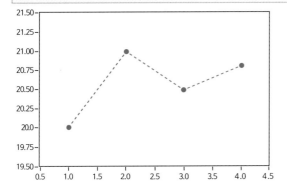

X와 y축 내의 레이블을 변경할 때는 **xticks**, **yticks** 함수에 레이블에 해당하는 값을 넣습니다. x축와 y 축의 범위를 지정하고 이 범위를 축에 대한 레이블로 그대로 사용했습니다.

```
plt.plot(x,y, linestyle='dashed', marker='o', color='green')

plt.xlim(0.5, 4.5)
plt.xticks(x)
plt.ylim(19.5, 21.5)
plt.yticks(y)

plt.show()
```

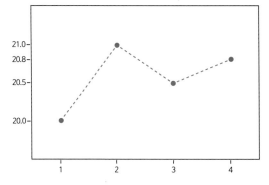

축에 대한 레이블 정보를 가로에서 수직으로 변경해서 처리를 해봅니다. 두 개의 좌표에 해당하는 정보를 넣고 만듭니다. 실제 x축에 들어갈 레이블도 하나 만듭니다.

```
x = [0,1,2]
```

```
y = [90, 40, 45]
```

```
labels = ['High', 'Low', 1234567]
```

그래프의 선을 빨간색으로 하고 x축에 레이블과 로테이션에 vertical로 전환하면 글자가 수직으로 표시되어 처리됩니다.

```
plt.plot(x,y,'r')
plt.xticks(x, labels, rotation='vertical')

plt.show()
```

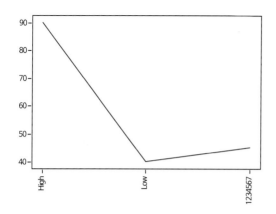

좌표축을 **axis** 함수로 지정하면 x축과 y축에 대한 **min**, **max**를 지정해서 보여줄 수 있습니다.

```
plt.plot([1,2,3,4],[1, 4, 9,16],'b')
plt.axis([1,5,1,17])

plt.show()
```

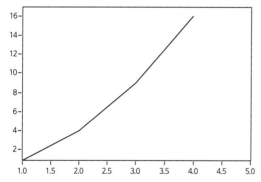

2.2

함수를 위한 그래프 그리기

수학의 함수에 맞는 그래프를 그리려면 축을 이동해야 합니다. 시각화 모듈을 사용할 때
이 그래프의 축을 어떻게 이동하는지 알아봅니다.

 예제 1 함수 그래프 그리기

그래프의 중심을 특정 위치로 이동하려면 좌표축에 해당하는 **spines**을 이동해야합니다.
이동할 때마다 **spines** 처리하지 않기 위해 하나의 함수 **spines**를 정의해서 사용합니다.

이 함수 내부에 **axes** 객체의 좌표축은 **spines** 속성으로 가지고 있습니다. 4개의방향에 좌
표축을 가지므로 먼저 두 개의 방향 축인 오른쪽과 위를 표시하지 않도록 색깔을 주지 않
습니다. 그리고 아래와 좌측에만 좌표 측을 중심으로 이동하고 레이블을 지정합니다.

```python
def spines() :
    ax = plt.gca()
    ax.spines['right'].set_color('none')
    ax.spines['top'].set_color('none')
    ax.spines['bottom'].set_position(('data',0))
    ax.spines['left'].set_position(('data',0))

    ax.xaxis.set_ticks_position('bottom')
    ax.yaxis.set_ticks_position('left')
```

음수와 양수를 가진 하나의 1차원 배열을 만들고 이 배열을 가지고 하나의 직선그래프를
만들어서 변수 y에 할당합니다.

```python
x = np.arange(-10,13)
```

```python
y = 3*x + 3
```

먼저 그래프를 그린 후에 위에서 정의한 **spines** 함수를 실행하면 좌표가 그래프의 중심으
로 그려져 있는 것을 확인할 수 있습니다.

```
plt.plot(x,y)
spines()
plt.show()
```

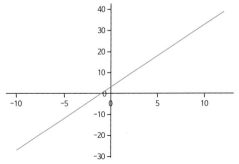

반대 방향으로 기울어진 그래프를 그려봅니다. 변수 y에 할당하는 값을 음수로 변형해서 음의 기울기를 만듭니다.

```
y = -3*x + 3
```

그래프를 그리면 좌측에서 우측으로 내려가는 그래프가 그려집니다.

```
plt.plot(x,y)

spines()

plt.show()
```

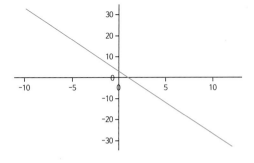

항등함수 (identity function)

항등함수는 정의역과 치역이 대응되는 관계의 수가 항상 동일한 값들로 연결됩니다. 어떤 변수도 자기 자신을 함숫값으로 하는 함수 $f(x) = x$를 말합니다.

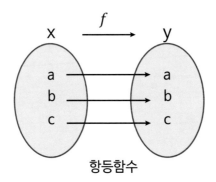

그림 7- 1 항등함수의 정의역과 치역의 관계

예제 2 항등함수 알아보기

정의역과 치역이 동일한 값을 가진 함수를 그리기 위해서는 두 축이 동일한 값이 대응하게 만듭니다.

```
y = x
```

```
plt.plot(x,y)
spines()
plt.show()
```

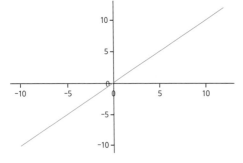

03 활성화 함수를 그래프로 그려 보기

다차원 배열을 사용해서 연산한 결과를 그래프로 그리면 보통 직선의 그래프가 만들어집니다. 여러 배열을 계산해도 실제 계산된 결과는 특정 행렬이나 벡터에 상수를 곱한 결과와 동일합니다. 직선으로 처리되는 것을 선형성을 가진다고 합니다. 실제 이런 결과를 비선형으로 변환하기 위해 활성화함수를 사용합니다.

3.1

선형함수 알아보기

일반적인 수학의 함수와 동일한 표기법을 사용합니다.

$$y = f(u)$$

입력값과 가중치의 계산은 두 개의 행렬곱으로 연산이 되면 두 배열의 특정 행과 열의 원소들을 곱하고 이를 더하는 결과입니다. 그래서 수학 기호로 표현하면 시그마 기호를 사용해서 각각의 배열의 원소들이 곱을 일반항으로 표시하고 인덱스를 지정합니다.

이 산식은 하나의 행렬과 하나의 벡터를 행렬곱으로 표시하고 특정 편향을 더하는 산식입니다.

$$u = \sum_{k=1}^{n} (x_k \, w_k) + \; b_k$$

위의 산식을 그림 7-1-1로 표현할 수 있습니다. 시그마 기호는 입력값과 가중치, 편향을 계산한 것입니다. 이 결과가 함수 f의 입력으로 들어가서 출력값으로 반환합니다.

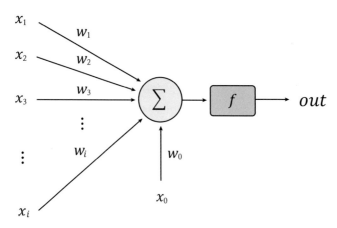

그림 7-2 활성화 함수 처리 기준

항등함수는 입력과 출력이 동일한 결과 즉 입력하는 값을 그대로 출력하는 값으로 처리하는 함수입니다.

예제 1 항등함수 알아보기

앞에서 알아본 좌표축에 대한 이동함수를 먼저 사용합니다.

```python
def spines() :
    ax = plt.gca()
    ax.spines['right'].set_color('none')
    ax.spines['top'].set_color('none')
    ax.spines['bottom'].set_position(('data',0))
    ax.spines['left'].set_position(('data',0))

    ax.xaxis.set_ticks_position('bottom')
    ax.yaxis.set_ticks_position('left')
```

항등함수는 입력을 받아서 그대로 반환하는 함수입니다. 인자로 전달을 받은 값을 그대로 반환하도록 정의합니다.

```
def identity(x) :
    return x
```

입력으로 처리하는 1차원 배열을 정의해서 변수 x에 저장합니다. 항등함수의 결과를 변수 y에 저장합니다. 두 변수의 원소의 값을 비교하면 동일해서 모든 원소의 값이 **True**로 출력합니다.

```
x = np.arange(-10,11)
```

```
y = identity(x)
```

```
x == y
```

```
array([ True,    True,    True,    True,    True,    True,    True,    True,    True,
        True,    True,    True,    True,    True,    True,    True,    True,    True,
        True,    True,    True])
```

이 그래프를 그리면 **0**을 지나가는 직선의 그래프를 그립니다. 선형 그래프를 그대로 그립니다.

```
fig = plt.figure(figsize=(8,6))
plt.plot(x,y)
spines()
plt.show()
```

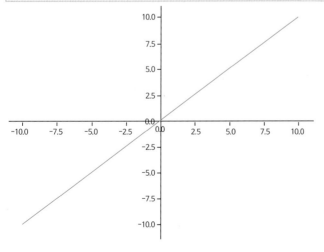

변수 **x**에 들어간 값을 정수로 곱한 후에 다른 배열과 합산을 해도 선형 그래프의 형태는 변하지 않습니다. 실전 변경되는 것은 특정 좌표의 계산된 값들만 변경되지만 위의 그래프와 동일한 모양이라는 것을 알 수 있습니다.

```
z = np.arange(-10,11) + 3 * x
```

```
fig = plt.figure(figsize=(8,6))

plt.plot(z,y)
spines()
plt.show()
```

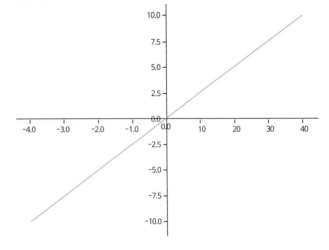

3.2

비선형함수 알아보기

선형대수의 연산은 보통 특정 값을 특정 상수로 곱하는 결과입니다. 그래서 직선의 그래프로만 그려집니다. 계산된 결과를 직선이 아닌 다른 결과로 처리하려면 비선형 값으로 반환하는 함수를 사용해야 합니다.

함수 알아보기

계단함수는 입력값의 결과가 0과 1로 표시합니다. 직선으로 표시가 되지 않는 함수라 비선형 함수입니다.

함수의 수식을 보면 입력값 x 가 0이하이면 출력값 y는 0이고, x가 0보다 크면 y는 1이 되는 함수입니다. 계단함수의 단점은 0과 1 사이의 값을 표시할 수 없습니다. 이 함수는 주로 퍼셉트론을 처리할 때 많이 사용됩니다.

이 함수의 수식은 다음과 같습니다.

$$\begin{cases} 0 & (x \leq 0) \\ 1 & (x > 0) \end{cases}$$

예제 1 계단함수 알아보기

계단함수를 작성하고 논리 조건을 판단해서 결정하는 where 함수를 사용합니다. 첫 번째 인자에 조건식이 들어옵니다. 이 조건인 0보다 큰 경우가 들어오면 1을 선택하고 아니면 0을 선택합니다.

```
def step(x) :
    return np.where(x>0, 1,0)
```

하나의 배열을 만들어서 이 함수에 인자로 전달해서 새로운 배열을 만듭니다. 만들어진 결과를 확인하면 0과 1로 원소가 만들어진 것을 알 수 있습니다.

```
x = np.arange(-5,5,0.1)
```

```
y = step(x)
```

```
y
```

```
array([0, 0, 0, 0, 0, 0, 0, 0, 0, 0, 0, 0, 0, 0, 0, 0, 0, 0, 0, 0, 0,
       0, 0, 0, 0, 0, 0, 0, 0, 0, 0, 0, 0, 0, 0, 0, 0, 0, 0, 0, 0, 0,
       0, 0, 0, 0, 0, 0, 1, 1, 1, 1, 1, 1, 1, 1, 1, 1, 1, 1, 1, 1, 1,
       1, 1, 1, 1, 1, 1, 1, 1, 1, 1, 1, 1, 1, 1, 1, 1, 1, 1, 1, 1, 1,
       1, 1, 1, 1, 1, 1, 1, 1, 1, 1, 1, 1])
```

이 계단 함수의 결과를 선 그래프로 그립니다. 일반 직선이 아니라 계단 같은 모양이 그래프가 만들어진 것을 알 수 있습니다.

```
plt.plot(x, y)
plt.grid()
spines()
plt.show()
```

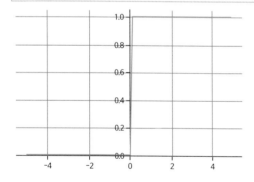

시그모이드 함수(sigmoid function)

시그모이드 함수는 자연상수를 지수로 사용해서 작은 값과 큰 값을 특정 범위 내의 값으로 처리합니다. 그래서 입력값이 어떤 값이 주어져도 출력값은 0과 1 사이로 반환합니다.

이 함수의 수식은 다음과 같습니다.

$$y = \frac{1}{1 + e^x}$$

이 수식은 입력값이 작으면 출력값이 **0**에 가깝고 입력값이 커지면 출력값은 **1**이 근접합니다. 시그모이드 함수는 미분이 가능해서 다양한 계층에서 많이 사용합니다. 그러나 계층이 많아지면 미분이 반복되면 기울기 값이 사라지는 단점을 가지고 있습니다.

예제 2 시그모이드 알아보기

지수는 **exp** 함수로 표현한 시그모이드 함수를 작성합니다.

```python
def sigmoid(x) :
    return 1 / (1 + np.exp(-x))
```

하나의 배열을 만들어서 시그모이드 함수에 인자로 전달한 후에 새로운 배열을 반환을 받습니다. **100**개의 원소를 가진 것을 알 수 있습니다.

```python
x = np.arange(-5,5, 0.1)
```

```python
y = sigmoid(x)
```

```python
x.shape, y.shape
```

```
((100,), (100,))
```

그래프로 그리면 작은 수일 때는 **0**에 가깝고 큰 수이면 **1**에 가까운 곡선을 가진 그래프가 그려집니다.

```python
plt.plot(x, y)
plt.grid()
spines()
plt.show()
```

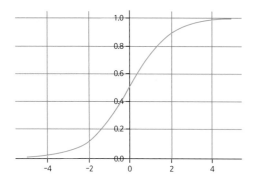

하이퍼볼릭 탄젠트 함수(hyperbolic tangent function)

시그모이드 함수처럼 자연상수 e를 제곱해서 분모는 합하고 분자는 빼는 구조입니다. 계산을 하면 –1과 1 사이의 값을 0을 중심으로 대칭형태로 값을 보여줍니다.

이 함수의 수식은 다음과 같습니다.

$$y = \frac{e^x - e^{-x}}{e^x + e^{-x}}$$

◤ 예제 3 tanh 함수 알아보기

하나의 배열을 만든 후에 넘파이에서 지원하는 **tanh** 함수에 인자로 전달해서 새로운 배열을 만듭니다.

```
x = np.arange(-5,5,0.1)
```

```
y = np.tanh(x)
```

그래프를 그려보면 시그모이드 함수의 그래프와 유사하지만 S 자 모양이 급격하게 증가하는 것을 알 수 있습니다.

```
plt.plot(x, y)
plt.grid()
spines()
plt.show()
```

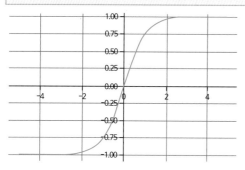

렐루 함수(ReLu function)

Rectified Linear 함수로 입력값이 **0**보다 크면 그 값을 그대로 반환하고 **0**보다 작거나 같으면 **0**으로 출력하는 함수입니다. 이 함수를 미분하면 **0**보다 작거나 같은 때는 **0**이고 **0** 보다 크면 **1**로 반환합니다. 이 함수는 기울기의 미분을 역으로 전파될 때 기울기의 값이 사라지는 것을 방지하기 위해 많이 사용합니다.

이 함수의 수식은 다음과 같습니다.

$$y = \begin{cases} 0 & (x \leq 0) \\ x & (x > 0) \end{cases}$$

예제 4 렐루 함수(ReLu function) 함수 알아보기

렐루 함수는 인자로 들어온 수가 **0**보다 작으면 최댓값이 **0**이고 **0**보다 크면 그대로 반환합니다. 내부의 로직을 `maximum` 함수를 사용해서 결과를 반환합니다.

```
def relu(x) :
    return np.maximum(0,x)
```

하나의 배열을 만들어서 렐루 함수에 인자로 전달해서 새로운 배열을 만듭니다.

```
x = np.arange(-5,5,0.1)
```

```
y = relu(x)
```

그래프를 그리면 0 이하는 0이고 0보다 크면 그대로 반환한 것을 알 수 있습니다.

```
plt.plot(x, y)
plt.grid()
spines()
plt.show()
```

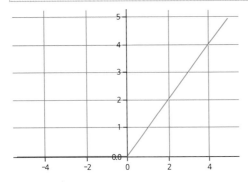

소프트맥스 함수(softmax function)

출력값은 노드의 수가 n이라면 이 노드의 전체를 자연상수 e의 제곱의 합을 구하고 특정 노드는 자연상수 e의 제곱으로 구해서 나눈 값을 반환합니다. 이 함수의 값은 0보다 크고 1보다 작은 값을 반환합니다. 이 함수는 분류를 구하는 출력층에 주로 사용합니다.

이 함수의 수식은 다음과 같습니다.

$$y = \frac{e^x}{\sum_{k=1}^{n} e^x}$$

소프트맥스 함수 알아보기

주어진 값들을 자연상수의 지수로 변환 후에 합산을 하고 선택된 지수들을 나눕니다. 이
함수의 결과는 확률을 계산하는 방식과 거의 유사한 결과를 만듭니다.

```python
def softmax(x) :
    return np.exp(x) / np.sum(np.exp(x))
```

하나의 배열을 만들어서 소프트맥스 함수에 인자로 전달해서 새로운 배열을 만듭니다. 이
배열의 원소의 합은 1입니다. 각 원소들은 실제 특정 확률 값을 나타냅니다.

```python
x = np.arange(1,5)
```

```python
y = softmax(x)
```

```python
y
```

```
array([0.0320586 , 0.08714432, 0.23688282, 0.64391426])
```

```python
np.sum(y)
```

```
1.0
```

이번 그래프는 원 그래프로 그려서 이 확률 값이 차지하는 비율을 확인합니다.

```python
ratio = y
labels = y

plt.pie(ratio, labels=labels, shadow=True, startangle=90)
plt.show()
```

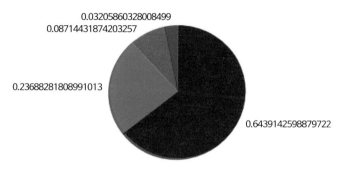

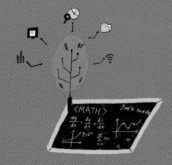

CHAPTER 08

수학 함수 알아보기

넘파이 모듈은 수학의 선형대수를 지원하는 모듈입니다. 선형대수의 벡터와 행렬의 원소를 다양한 함수로 계산을 처리할 수 있습니다.

먼저 함수에 대한 기본 개념과 이 함수를 그래프로 표시하는 방법을 알아봅니다. 수학의 방정식과 수열 처리, 집합 및 지수, 로그, 삼각함수를 다차원 배열에 적용하는 방법을 알아봅니다.

- 산술 함수
- 논리 및 비교 연산
- 지수와 로그 함수 이해하기
- 집합 이해하기
- 삼각함수 이해하기

01 산술 함수

수학의 기본 연산인 사칙 연산, 제곱 및 제곱근 등에 사용하는 함수를 알아봅니다. 주요한 상수들과
이진수 처리인 비트 연산에 대해서도 알아봅니다.

1.1

실수에 대한 절사/절상/반올림 함수

특정 소수점 범위에서 정밀도를 조정하려면 소수점 이하를 계산 규칙을 지정해야 한다. 소
수점 이하 수를 절사해서 버릴 수도 있고 절상해서 올릴 수도 있습니다. 또한 특정 값이 반
이상이면 반올림하고 아니면 버릴 수도 있습니다.

소수점 이하 자리에 대한 계산하는 방식을 알아봅니다.

✏️ 예제 1 소수점 이하 처리

소수점 이하 두 자리를 가지는 실수를 원소로 하는 1차원 배열을 만듭니다. 먼저 소수점 이
하 자리를 버리는 `fix` 함수가 있습니다. 이 함수에 배열을 인자로 전달하면 소수점이 없는
실수 값만 가진 배열로 반환합니다.

```
a = np.array([3.14, 4.32])
```

```
a
```
```
array([3.14, 4.32])
```

```
np.fix(a)
```
```
array([3., 4.])
```

소수점 이하를 버리는 또 다른 함수 trunc를 사용해서 배열을 처리할 수도 있습니다.

```
np.trunc(a)
```

```
array([3., 4.])
```

반올림을 처리하는 ceil 사용하면 소수점 값을 판단해서 중간보다 크면 큰 수로 반환합니다. 내림을 처리하는 floor 함수는 소수점 이하를 버린 숫자만 반환합니다.

```
b = np.array([3.14, 4.52])
```

```
np.ceil(b)
```

```
array([4., 5.])
```

```
np.floor(b)
```

```
array([3., 4.])
```

내림과 올림을 동시에 처리하는 함수 round와 around가 있습니다. 두 함수에 배열만 인자로 넣어서 계산하면 동일한 결과가 나옵니다.

```
np.round(b)
```

```
array([3., 5.])
```

```
np.around(b)
```

```
array([3., 5.])
```

이 두 함수에는 두 번째 인자를 정수로 전달해서 소수점의 자라를 지정할 수 있습니다. 소수점 1을 기준으로 숫자를 표시하면 소수점 두 번째 숫자 다 버려집니다.

```
np.round(b,1)
```

```
array([3.1, 4.5])
```

```
np.around(b,1)
```

```
array([3.1, 4.5])
```

이 두 함수에 소수점 인자를 음수로 넣으면 소수점 이상의 숫자 자리에 대해 반올림과 내림 처리를 합니다.

```
c = np.array([5.55,6.66])
```

```
np.round(c,-1)
```
array([10., 10.])

```
np.around(c,-1)
```
array([10., 10.])

1.2

산술연산 함수

연산자를 사용하는 경우가 많지만 이 연산자에 해당하는 함수도 제공합니다. 이 함수들이 연산자 계산과의 차이점을 알아봅니다.

 예제 1 산술연산 처리하기

1차원 배열을 하나 만듭니다. 동일한 배열을 더하면 두 배열을 더한 값을 객체로 반환합니다. 덧셈 함수 **add**를 사용해서 두 배열을 더해도 동일한 값인 것을 알 수 있습니다.

```
x = np.array([2,4,5,8,9])
```

```
x + x
```
array([4, 8, 10, 16, 18])

```
np.add(x, x)
```
array([4, 8, 10, 16, 18])

두 개의 나눗셈 연산과 함수 **true_divide**와 **floor_divide**로 계산된 결과를 확인해 봅니다. 동일한 원소를 가진 배열을 가지고 나눗셈을 처리하면 실수 값과 정수 값을 원소로 표시하는 것을 알 수 있습니다.

```
x / x
```

```
array([1., 1., 1., 1., 1.])
```

```
np.true_divide(x,x)
```

```
array([1., 1., 1., 1., 1.])
```

```
x // x
```

```
array([1, 1, 1, 1, 1], dtype=int32)
```

```
np.floor_divide(x,x)
```

```
array([1, 1, 1, 1, 1], dtype=int32)
```

나눗셈을 실수로 처리하면 몫 까지만 계산을 해서 실수로 반환하는 것을 알 수 있습니다.

```
x // 1.5
```

```
array([1., 2., 3., 5., 6.])
```

특정 정수에 대해 몫과 나머지를 구하는 mod, remainder함수를 제공하고 몫과 나머지를 같이 구하는 divmod 함수도 있습니다.

```
np.mod(4,3)
```

```
1
```

```
np.remainder(4,3)
```

```
1
```

```
np.divmod(4,3)
```

```
(1, 1)
```

특정수를 제공할 때 정수부와 소수부를 분리해서 표시해 주는 **modf** 함수도 있습니다. 몫과 나머지를 두 개의 배열로 반환합니다.

```
np.modf([0, 3.5])
```

```
(array([0. , 0.5]), array([0., 3.]))
```

역수를 구하는 함수 reciprocal을 알아봅니다. 역수란 두 수의 곱이 **1**이어야 합니다. 이 함수를 사용해서 역수를 구한 후에 함수에 전달된 인자를 다시 곱하면 **1**이라는 결과를 반환합니다.

```
d = np.reciprocal(2.)
```

```
d
```

```
0.5
```

```
d * 2
```

```
1.0
```

부호, 제곱, 제곱근 처리

정수나 실수는 양수나 음수를 처리합니다. 음수를 없애기 위해서는 절댓값으로 처리해야 합니다. 또한 제곱이나 제곱근 등의 처리하는 방법도 알아봅니다.

◤ 예제 1 부호 및 절댓값 처리

양수와 음수를 원소로 가지는 1차원 배열을 하나 만듭니다. 이 배열을 가지고 **sign** 함수를 실행하면 실제 음수와 양수의 정보를 **-1**과 **1**로 표시합니다.

```
x = np.array([2,4,-5,8,-9])
```

```
x
```
```
array([ 2,   4,  -5,   8,  -9])
```

```
np.sign(x)
```
```
array([ 1,   1,  -1,   1,  -1])
```

실제 숫자들의 음수와 양수를 변환할 때는 **negative** 함수를 사용합니다. 현재 숫자에 **positive** 함수를 실행하면 음수와 양수가 동일한 부호를 붙여지는 것을 알 수 있습니다.

```
np.negative(x)
```
```
array([-2,  -4,   5,  -8,   9])
```

```
np.positive(x)
```
```
array([ 2,   4,  -5,   8,  -9])
```

배열의 원소가 음수일 경우 전부 양수로 변환시키는 **abs**나 **absolute** 함수를 사용합니다.

```
np.abs(x)
```
```
array([2,  4,  5,  8,  9])
```

```
np.absolute(x)
```
```
array([2,  4,  5,  8,  9])
```

무한대를 처리할 때는 기본 양수이지만 음수로 처리하면 음의 무한대를 표시합니다. 어떤 숫자도 아닌 값이 **nan**을 음수로 전환해도 변환이 없습니다.

```
np.sign(np.inf)
```
```
1.0
```

```
np.negative(np.inf)
```
```
-inf
```

```
np.negative(np.nan)
```
```
nan
```

 예제 2 제곱, 제곱근 처리

10개의 원소를 가지는 **1**차원 배열을 만듭니다. 모든 원소의 제곱을 구하려면 함수 **square**
에 배열을 인자로 전달해서 계산합니다.

```
a = np.arange(10)
```

```
a
```
array([0, 1, 2, 3, 4, 5, 6, 7, 8, 9])

```
np.square(a)
```
array([0, 1, 4, 9, 16, 25, 36, 49, 64, 81], dtype=int32)

더 다양한 제곱을 처리할 때는 **power** 함수를 사용합니다. 위의 **square**함수와 동일한 계산
일 때는 인자로 **2**를 넣고 실행합니다. 더 다양한 제곱을 처리하려면 두 번째 인자에 정수
로 다른 정수를 넣고 제곱을 처리합니다.

```
np.power(a,2)
```
array([0, 1, 4, 9, 16, 25, 36, 49, 64, 81], dtype=int32)

```
np.power(a,3)
```
array([0, 1, 8, 27, 64, 125, 216, 343, 512, 729], dtype=int32)

무리수를 계산하는 제곱근은 **sqrt** 함수로 제공합니다. 제곱을 한 값을 제곱근으로 처리한
결과를 확인합니다. 제곱근의 처리는 실수로 표시하므로 정수의 값을 전달했지만 실수로
반환한 것을 알 수 있습니다.

```
np.sqrt(np.power(a,2))
```
array([0., 1., 2., 3., 4., 5., 6., 7., 8., 9.])

02 논리 및 비교 연산

파이썬 코어는 논리와 비교연산은 연산자와 키워드를 사용해서 처리하지만 넘파이는 내부 처리 규칙 상에 키워드 처리할 때 예외가 발생합니다. 넘파이에서는 별도의 함수들을 작성해서 지원합니다.

논리연산

논리 값을 가진 배열을 가지고 연산을 수행해도 결과는 논리 값을 가진 배열로 만들어집니다. 4개의 논리 연산자와 넘파이에서 제공하는 함수들이 처리를 알아봅니다.

 예제 1 논리연산 이해하기

하나의 배열을 만듭니다.

```
x = np.arange(2.0,4)
```

```
x
```
```
array([2., 3.])
```

파이썬에서 숫자에 대한 & 연산을 사용하면 기본 비트연산을 처리해 줍니다.

```
1 & 2
```
```
0
```
```
np.bitwise_and(1,2)
```
```
0
```

논리 연산은 기본으로 참과 거짓을 처리합니다. 참과 거짓을 표현할 경우 넘파이 모듈에서는. logical_and 등이 함수를 제공합니다.

```
True & False
```
False

```
True and False
```
False

```
np.logical_and(True,False)
```
False

배열을 만들고 파이썬 논리연산 and를 사용하면 예외가 발생합니다.

```
try :
    x and x
except Exception as e :
    print(e)
```

The truth value of an array with more than one element is ambiguous. Use a. any() or a.all()

배열에 대한 논리 연산은 logical_and 함수를 사용해서 처리합니다.

```
np.logical_and(x,x)
```

array([True, True])

논리연산 or를 사용할 때도 .logical_or 함수를 사용해서 처리해야 합니다.

```
np.logical_or(x,x)
```

array([True, True])

```
try :
    x or x
except Exception as e :
    print(e)
```

The truth value of an array with more than one element is ambiguous. Use a. any() or a.all()

비교연산을 처리한 것은 참과 거짓이 값으로 들어간 배열이 만들어집니다. 이때는 논리연산을 기호로 처리해도 가능합니다.

```
y = x < 5
```

```
y
```
array([True, True])

```
z = x > 5
```

```
z
```
array([False, False])

```
z | y
```
array([True, True])

참과 거짓으로 원소로 가진 배열도 논리연산 기호를 사용해서 처리하면 예외를 발생합니다.

```
try :
    z and y
except Exception as e :
    print(e)
```
The truth value of an array with more than one element is ambiguous. Use a.
any() or a.all()

배타적 or 논리연산을 처리할 때도 논리 값을 가지는 두 배열의 비교는 ^ 기호로 처리가 가능하지만 xor를 사용하면 예외를 발생합니다. 이때는 **logical_xor** 함수를 사용해서 처리합니다.

```
z ^ y
```
array([True, True])

```
np.logical_xor(z,y)
```
array([True, True])

```
try :
    not z
except Exception as e :
    print(e)
```

The truth value of an array with more than one element is ambiguous. Use a.
any() or a.all()

반대로 바꾸는 논리 연산일 경우는 다른 논리연산과 동일하게 처리됩니다.

```
~ z
```

array([True,   True])

```
np.logical_not(z)
```

array([True,   True])

```
try :
    not z
except Exception as e :
    print(e)
```

The truth value of an array with more than one element is ambiguous. Use a.
any() or a.all()

2.2

비교연산

파이썬 코어에서 제공되는 연산자와 넘파이에서 제공하는 함수가 어떻게 실행되는지 알아봅니다. 비교연산의 결과는 참과 거짓을 표시하지만 파이썬에서 논리값은 정수를 상속해서 만들어져서 계산도 가능합니다.

예제 1 비교연산 이해하기

두 개의 배열을 만듭니다. 하나는 배열은 실수 값이고 다른 배열은 정수 값입니다.

```
x = np.arange(2.0,4)
```

```
x
```
```
array([2., 3.])
```

```
y = np.array([3,5])
```

```
y
```
```
array([3, 5])
```

정수 값과 실수 값을 가진 배열을 비교해보면 숫자 자료형이므로 숫자의 값을 가지고 비교가 됩니다.

먼저 두 번째 배열보다 첫 번째 배열이 작은 값을 가지는지 연산자와 **less** 함수로 처리해봅니다.

```
x < y
```
```
array([ True,  True])
```

```
np.less(x,y)
```
```
array([ True,  True])
```

첫 번째 배열이 두 번째 배열의 원소보다 큰지 연산자와 **greater** 함수로 비교합니다.

```
x > y
```

array([False, False])

```
np.greater(x,y)
```

array([False, False])

나머지 비교연산이 함수인 **equal**, **less_equal**, **great_equal**, **not_equal** 함수를 사용해서 실행해봅니다.

```
np.equal(x,y)
```

array([False, False])

```
np.less_equal(x,y)
```

array([True, True])

```
np.greater_equal(x,y)
```

array([False, False])

```
np.not_equal(x,y)
```

array([True, True])

논리 연산된 결과도 계산을 할 수 있습니다. 이를 알아보기 위해 하나의 배열을 *random.*
randint 함수를 사용해서 만듭니다.

```
z = np.random.randint(10,size=(3,3))
```

```
z
```

array([[1, 1, 4],
       [4, 8, 1],
       [7, 1, 2]])

만들어진 배열 내의 각 원소들이 **6**보다 작은 값인지 비교하면 각 원소들과 비교한 상태를 논리값을 가진 배열로 만들어집니다.

이 배열을 sum함수로 합산하면 참인 경우를 더해서 결괏값을 표시합니다. 또한 count_nonzero 함수를 사용해서도 참인 값을 건수를 계산할 수 있습니다.

```
bb = z < 6
```

```
bb
array([[ True,  True,  True],
       [ True, False,  True],
       [False,  True,  True]])
```

```
np.sum(bb)
```
7

```
np.count_nonzero(bb)
```
7

2.3 수열 이해하기

수열(數列) 또는 열(sequence)은 수 또는 다른 대상의 순서 있는 나열입니다. 선형대수의 내적을 계산할 때 두 벡터의 원소 별로 곱을 처리한 후에 더하는 수식을 시그마 기호를 사용해서 처리합니다.

수열의 합 : .sum

이런 수들의 연속을 계산하려면 수들이 처리를 일반항으로 표시한 후에 인덱스를 지정해서 연속되는 수를 간단히 표시할 수 있습니다.

$$\sum_{k=1}^{n} a_k$$

 예제 1 연속되는 수의 합을 계산하기

하나의 1차원 배열을 만들어서 **sum** 메소드로 합산하면 전체 원소를 더한 결과가 나옵니다.

```
a = np.arange(1,11)
```

```
a
```
```
array([ 1,  2,  3,  4,  5,  6,  7,  8,  9, 10])
```

```
np.sum(a)
```
```
55
```

누적된 값을 배열로 볼 때는 **cumsum** 함수를 사용해서 계산합니다.

```
np.cumsum(a)
```
```
array([ 1,  3,  6, 10, 15, 21, 28, 36, 45, 55])
```

1차원 배열을 **reshape** 메소드로 2차원 배열로 변경합니다.

```
b = np.arange(1,11).reshape(2,5)
```

```
b
```
```
array([[ 1,  2,  3,  4,  5],
       [ 6,  7,  8,  9, 10]])
```

축에 따라 합계를 계산할 수 있습니다. 열을 기준으로 원소의 합산을 수행할 때는 **axis=0**을 전달합니다. 행을 기준으로 원소를 합산할 때는 **axis=1**을 지정합니다.

```
np.sum(b, axis=0)
```
```
array([ 7,  9, 11, 13, 15])
```

```
np.sum(b, axis=1)
```
```
array([15, 40])
```

누적 합산을 처리할 때도 열을 중심으로 계산할 때는 **axis=0**, 행을 중심으로 처리할 때는 **axis=1**을 지정합니다. 누적 합산은 원 배열의 형상을 그대로 유지하고 내부의 값만 누적된 결과를 보여줍니다.

```
np.cumsum(b, axis=0)
```

```
array([[ 1,  2,  3,  4,  5],
       [ 7,  9, 11, 13, 15]])
```

```
np.cumsum(b, axis=1)
```

```
array([[ 1,  3,  6, 10, 15],
       [ 6, 13, 21, 30, 40]])
```

수열의 곱: .prod

연속되는 수를 곱할 때는 대문자 파이 기호를 사용하고 일반항을 기호 다음에 표시합니다.

$$\prod_{k=1}^{n} a_k$$

예제 2 연속되는 수의 곱을 계산하기

연속적인 수를 곱할 때는 prod 함수에 배열을 전달해서 계산합니다. 축 별로 계산할 때는 열 기준은 **axis=0**, 행 기준은 **axis=1**를 지정해서 함수를 실행하면 됩니다.

```
np.prod(b)
```

```
3628800
```

```
np.prod(b, axis=0)
```

```
array([ 6, 14, 24, 36, 50])
```

```
np.prod(b, axis=1)
```

```
array([  120, 30240])
```

누적된 곱셈을 하기위해서는 cumpord 함수를 사용합니다.

```
np.cumprod(b)
```
```
array([      1,       2,       6,      24,     120,     720,    5040,
         40320,  362880, 3628800])
```

```
np.cumprod(b ,axis=0)
```
```
array([[ 1,  2,  3,  4,  5],
       [ 6, 14, 24, 36, 50]])
```

```
np.cumprod(b ,axis=1)
```
```
array([[    1,     2,     6,    24,   120],
       [    6,    42,   336,  3024, 30240]])
```

예제 3 결측값을 제외하고 합과 곱을 계산하기

하나의 2차원 배열을 만듭니다. 결측값은 실수형에만 있어서 자료형을 float으로 변경합니다. 세 번째 열에 np.nan을 값으로 변경합니다.

```
c = np.arange(1,11).reshape(2,5).astype('float')
```

```
c[0,2] = np.nan
```

```
c[1,2] = np.nan
```

```
c
```
```
array([[ 1., `2., nan,  4.,  5.],
       [ 6.,  7., nan,  9., 10.]])
```

결측값이 있는 경우에 합을 구하면 nan 값으로 처리가 됩니다. 이 결측값을 제외하고 계산을 하려면 nansum, nancumsum 함수를 사용합니다. 결측값이 자리는 기존 값으로 대체되는 것을 볼 수 있습니다.

```
np.sum(c)
```

nan

```
np.nansum(c)
```

44.0

```
np.nancumsum(c)
```

array([1.,   3.,   3.,   7., 12., 18., 25., 25., 34., 44.])

연속되는 수의 곱을 해도 결측값을 만나면 결과가 nan입니다. 결측값을 제외하고 계산을 할 때는 nanpord, nancumpord 함수를 사용합니다.

```
np.prod(c)
```

nan

```
np.nanprod(c)
```

151200.0

```
np.nancumprod(c)
```

array([1.000e+00, 2.000e+00, 2.000e+00, 8.000e+00, 4.000e+01, 2.400e+02,
       1.680e+03, 1.680e+03, 1.512e+04, 1.512e+05])

03 지수와 로그 함수 이해하기

다차원 배열의 원소에 다양한 함수들을 적용해서 계산할 수 있습니다. 이번에는 지수함수, 로그함수에 대해 알아보겠습니다.

3.1

지수함수

큰 수를 간단하게 표시할 때는 밑을 특정수로 지정해서 제곱을 사용해서 표시합니다. 보통 1000이라는 수는 지수로 표현하면 10을 밑으로 하고 3제곱으로 표시할 수 있습니다. 이런 지수의 표현을 함수로 바꿔서 다양한 수를 입력값으로 받아서 다양한 출력값을 구하면 함수로 처리할 수 있습니다.

 예제 1 지수법칙 알아보기

넘파이 모듈의 지수함수는 자연상수 e를 기준으로 처리합니다. 간단하게 자연상수를 밑으로 해서 처리하는 방법을 알아봅니다.

지수가 0이면 모든 수는 결과가 1입니다. 지수는 양수와 음수를 사용할 수 있습니다. 지수가 음수면 음수를 절댓값으로 변형해서 밑을 제곱하고 이를 분수로 만들어서 계산합니다.

지수함수 exp에 -2를 인자로 전달한 값이나 이 지수함수에 2를 전달한 값을 분모로 넣고 분수로 변환한 값은 동일합니다.

```
np.exp(0)
```

```
1.0
```

```
np.exp(-2)
```

```
0.1353352832366127
```

```
1/ np.exp(2)
```

```
0.1353352832366127
```

이 지수함수를 power 함수를 사용해서 표현할 수 있습니다. 이 함수의 첫 번째 인자는 밑이고 두 번째 인자는 제곱을 하는 지수입니다.

```
a = np.power(np.e,2)
```

```
a
```

```
7.3890560989306495
```

```
b = np.power(np.e,3)
```

```
b
```

```
20.085536923187664
```

동일한 밑을 가진 지수를 곱한 결과는 실제 두 지수를 더한 후에 밑을 제곱한 결과와 동일합니다.

위에서 처리된 두 변수를 곱한 값은 지수가 2와 3이므로 두 지수를 더한 5을 power 함수에 인자로 전달해서 계산하면 동일한 결과입니다. 이를 exp 함수로 계산해도 결과는 같습니다.

```
a*b
```

```
148.41315910257657
```

```
np.power(np.e,5)
```

```
148.41315910257657
```

```
np.exp(5)
```

148.4131591025766

```
np.exp(2+3)
```

148.4131591025766

밑이 같은 지수들의 나눗셈은 두 지수를 뺄셈해서 구한 결과와 같습니다.

```
a / b
```

0.36787944117144233

```
np.exp(2-3)
```

0.36787944117144233

지수에 제곱을 하면 지수에 곱한 후에 밑을 다시 제곱한 결과와 동일한 결과가 나옵니다.

```
np.power(a,3)
```

403.428793492735

```
a ** 3
```

403.428793492735

```
np.exp(2*3)
```

403.4287934927351

밑에 상수를 곱한 후에 지수를 제곱하는 결과는 두 지수의 값을 곱하는 것과 같습니다.

```
np.power(np.e*2, 3)
```

160.68429538550131

```
np.exp(3) * np.power(2,3)
```

160.68429538550134

지수가 유리수일 때는 제곱근인 무리수를 구하는 산식입니다. 지수함수 **exp**에 분수를 넣고 구한 값은 **power** 함수에 밑과 분수를 넣어서 처리한 결과와 같습니다. 이런 것을 보면 지수로 유리수나 무리수 등을 표시할 수 있는 것을 알 수 있습니다.

```
np.exp(3/2)
```

```
4.4816890703380645
```

```
np.power(np.e, (3/2))
```

```
4.4816890703380645
```

예제 2 지수함수 알아보기

하나의 1차원 배열을 만듭니다.

```
x = np.arange(5)
```

```
x
```

```
array([0, 1, 2, 3, 4])
```

지수함수인 **exp**도 벡터화 연산이 가능한 유니버설 함수입니다. 이는 다차원 배열을 인자로 전달하면 순환문없이 모든 원소를 지수함수로 계산합니다.

```
type(np.exp)
```

```
numpy.ufunc
```

밑이 **e** 상수인 지수함수에 배열을 전달해서 값을 구합니다. 이를 **power** 함수에 밑과 다차원 배열을 인자로 전달해서 계산이 가능합니다.

```
np.exp(x)
```

```
array([ 1. ,   2.71828183,   7.3890561 , 20.08553692, 54.59815003])
```

```
np.power(np.e,x)
```

```
array([ 1. ,   2.71828183,   7.3890561 , 20.08553692, 54.59815003])
```

밑을 2로하는 지수함수는 **exp2**입니다. 이 값에 다차원 배열을 인자로 전달하면 2의 제곱을 처리한 결과가 나옵니다. 이를 power 함수로 처리할 때는 밑을 2로 넣고 계산합니다.

```
type(np.exp2)
```
```
numpy.ufunc
```

```
np.exp2(x)
```
```
array([ 1.,  2.,  4.,  8., 16.])
```

```
np.power(2,x)
```
```
array([ 1,  2,  4,  8, 16], dtype=int32)
```

밑을 **10**으로 할 때는 별도의 함수를 제공하지 않습니다. 이때는 power 함수에 밑을 **10**으로 전달해서 계산합니다.

```
type(np.power)
```
```
numpy.ufunc
```

```
np.power(10,x)
```
```
array([    1,    10,   100,  1000, 10000], dtype=int32)
```

지수 함수를 사용해서 특정 지수 값을 구하고 **1**을 빼 줄 때는 **expm1** 함수를 사용합니다. 이를 지수함수로 계산해서 –1을 뺀 결과와 같습니다.

```
np.expm1(5)
```
```
147.4131591025766
```

```
np.exp(5) - 1
```
```
147.4131591025766
```

예제 3 행렬을 지수함수로 처리하기

하나의 1차원 배열을 만들고 축을 추가해서 2차원 배열로 변경합니다.

```
a = np.linspace(-2*np.pi, np.pi, 10)
```

```
a = a[:, np.newaxis]
```

```
a
```

```
array([[-6.28318531],
       [-5.23598776],
       [-4.1887902 ],
       [-3.14159265],
       [-2.0943951 ],
       [-1.04719755],
       [ 0.        ],
       [ 1.04719755],
       [ 2.0943951 ],
       [ 3.14159265]])
```

실수 값으로 된 것을 복소수를 곱해서 복소수로 변경합니다.

```
a = (a+1j) * a
```

```
a
```

```
array([[39.4784176 -6.28318531j],
       [27.41556778-5.23598776j],
       [17.54596338-4.1887902j ],
       [ 9.8696044 -3.14159265j],
       [ 4.38649084-2.0943951j ],
       [ 1.09662271-1.04719755j],
       [ 0.        +0.j        ],
       [ 1.09662271+1.04719755j],
       [ 4.38649084+2.0943951j ],
       [ 9.8696044 +3.14159265j]])
```

복소수의 값을 가진 배열도 밑을 e로 하는 지수함수에 넣어서 값을 구하면 복소수 값으로
변경됩니다.

```
np.exp(a)
```

```
array([[ 1.39720110e+17+3.42215572e+01j],
       [ 4.03087945e+11+6.98168800e+11j],
       [-2.08489928e+07+3.61115149e+07j],
       [-1.93336891e+04-2.36769404e-12j],
       [-4.01789676e+01-6.95920133e+01j],
       [ 1.49701860e+00-2.59291228e+00j],
       [ 1.00000000e+00+0.00000000e+00j],
       [ 1.49701860e+00+2.59291228e+00j],
       [-4.01789676e+01+6.95920133e+01j],
       [-1.93336891e+04+2.36769404e-12j]])
```

로그함수

지수함수의 역함수는 로그 함수입니다. 이는 지수함수에서 구한 값인 진수를 로그 함수에서는 입력값으로 처리하고 결괏값으로 지수를 구합니다. 이렇게 하는 것으로 아주 큰 수나 아주 작은 수를 로그함수로 처리할 수 있습니다.

 예제1 로그함수 법칙 알아보기

큰 수를 처리하기 위해 1차원 배열을 하나 만듭니다.

```
x = np.arange(10000,1000000,100000)
```

```
x
```

```
array([ 10000, 110000, 210000, 310000, 410000, 510000, 610000, 710000,
       810000, 910000])
```

로그함수도 벡터화 연산이 가능한 유니버설 함수입니다.

```
type(np.log)
```

```
numpy.ufunc
```

로그의 상수법칙은 진수 값이 **1**인 경우는 결과가 **0**이고 밑과 동일한 값이 들어오면 **1**이 됩니다.

```
np.log(1)
```

0.0

```
np.log(np.e)
```

1.0

로그함수에 **100**이라는 수를 인자로 전달한 것은 실제 **10** * **10**인 값이므로 로그함수의 진수가 두 수의 곱셈으로 표현할 수 있습니다. 이를 두 로그의 덧셈으로 변경해서 계산할 수 있습니다. 이를 로그의 덧셈법칙입니다.

```
np.log(100)
```

4.605170185988092

```
np.log(10) + np.log(10)
```

4.605170185988092

로그의 뺄셈법칙은 진수로 들어온 값이 분수로 들어오면 두 로그의 값으로 분리하고 분모를 뺄셈해주면 동일한 결과가 나옵니다.

```
np.log(2/5)
```

-0.916290731874155

```
np.log(2) - np.log(5)
```

-0.916290731874155

로그의 지수법칙은 진수로 들어온 값이 특정 밑을 가진 제곱의 형태이 값이면 이 지수를 로그 밖으로 내보낸 후에 로그를 계산한 후에 곱한 결과와 같습니다.

```
np.log(np.power(100,2))
```

9.210340371976184

```
2 * np.log(100)
```

9.210340371976184

로그의 역수는 일반적인 상수의 역수와 개념이 동일합니다. 역수는 기본 수와 곱해서 1이 되는 것입니다. 역수를 만들기 위해 로그를 분수로 표시해서 처리하면 됩니다. 계산된 결과가 실수이므로 유사 값이 나올 수 있으므로. allclose 함수를 사용해서 정수 값과 같은지 확인합니다.

```
np.log(100)
```

4.605170185988092

```
1/ np.log(100)
```

0.21714724095162588

```
np.log(100) * (1/np.log(100))
```

0.9999999999999999

```
np.allclose(np.log(100) * (1/np.log(100)),1)
```

True

 ### 예제 2 로그함수 알아보기

앞의 예제에서 만들어진 배열을 e 상수로 밑으로 처리하는 로그함수에 넣고 지수를 구합니다. 기본으로 실수를 계산하므로 ceil 함수를 사용해서 정수로 변환도 해봅니다. 로그함수의 결과를 지수함수에 넣고 동일한 값인지 allclose 함수로 확인해보면 참인 것을 알 수 있습니다.

```
np.log(x)
```

```
array([ 9.21034037, 11.60823564, 12.25486281, 12.64432758, 12.92391244,
        13.142166  , 13.32121424, 13.47302025, 13.60478953, 13.72119988])
```

```
np.ceil(np.log(x))
```

```
array([10., 12., 13., 13., 13., 14., 14., 14., 14., 14.])
```

```
np.exp(9.21034037)
```

```
9999.99998023818
```

```
np.allclose(np.exp(9.21034037), 10000)
```

```
True
```

밑을 **10**진수로 처리하는 로그를 가지고 배열을 계산하고 소수점을 제거해봅니다.

실제 이 값이 지수로 계산해서 동일한 값인지 알아보기 위해 **power** 함수를 사용해서 처리합니다.

```
np.log10(x)
```

```
array([4.        , 5.04139269, 5.32221929, 5.49136169, 5.61278386,
       5.70757018, 5.78532984, 5.85125835, 5.90848502, 5.95904139])
```

```
np.ceil(np.log10(x))
```

```
array([4., 6., 6., 6., 6., 6., 6., 6., 6., 6.])
```

```
np.power(10,4)
```

```
10000
```

```
np.log10(110000)
```

```
5.041392685158225
```

```
np.power(10, 5.041392685158225)
```

```
110000.00000000009
```

들어오는 값에 1을 더해서 로그를 처리할 수 있는 .**log1p** 함수도 제공합니다.

```
np.log1p(20)
```

3.044522437723423

```
np.log(1+20)
```

3.044522437723423

04 집합 이해하기

수학에서 집합은 아주 중요합니다. 집합을 정의할 때 모든 원소는 유일해야 합니다. 하나의 집합이 만들어지면 그 안에 들어간 원소들은 순서가 없지만 유일성을 보장합니다.

여러 집합을 만들어서 집합 간의 연산도 가능하면 연산의 결과도 집합으로 표시합니다.

4.1

원소 확인 및 포함 여부

넘파이 모듈은 배열을 만들어서 관리하므로 다양한 원소들을 가진 배열이 만들어집니다. 이 배열을 하나의 집합으로 처리할 수 있는 함수들을 제공해서 처리도 가능합니다.

먼저 배열 내의 원소가 유일한지도 알아볼 수 있고 원소 여부도 확인할 수 있습니다.

 예제 1 배열의 유일한 원소 확인하기

2차원 배열을 하나 만듭니다. 배열 내에는 중복된 값들이 있습니다.

```
x = np.array([[1,2,3],[4,5,6],[3,4,5]])
```

```
x
```
```
array([[1, 2, 3],
       [4, 5, 6],
       [3, 4, 5]])
```

배열의 원소 중에 유일한 값들을 확인하는 **unique** 함수를 실행하면 1차원 배열로 결과가 나옵니다. 중복된 원소가 사라진 유일한 값으로만 구성된 배열입니다.

```
type(np.unique)
```

```
function
```

```
np.unique(x)
```

```
array([1, 2, 3, 4, 5, 6])
```

 예제 2 포함여부 확인하기

하나의 배열을 만듭니다.

```
x = np.arange(5)
```

```
x
```

```
array([0, 1, 2, 3, 4])
```

포함여부를 확인하는 .in1d 함수가 어떤 클래스로 만들어졌는지 확인합니다. 일반 함수이
므로 벡터화 연산 없이 처리하는 것을 알 수 있습니다.

```
type(np.in1d)
```

```
function
```

이 함수를 사용해서 스칼라 값으로 포함여부를 확인도 가능하고 배열을 지정해서 포함여
부도 가능합니다.

```
np.in1d(5,x)
```

```
array([False])
```

```
np.in1d(4,x)
```

```
array([ True])
```

```
np.in1d([3,4,5],x)
```

```
array([ True,  True, False])
```

4.2

교집합, 합집합, 차집합

넘파이 배열을 만들어서 교집합, 합집합, 차집합 등의 집합 연산도 처리가 됩니다. 집합 연산이 처리되면 결과도 집합연산 처리된 것처럼 중복된 값들을 제거해서 보여줍니다.

예제 1 합집합과 교집합

두 개의 배열을 만듭니다.

```
x = np.array([[1,2,3],[4,5,6],[3,4,5]])
```

```
x
```

```
array([[1, 2, 3],
       [4, 5, 6],
       [3, 4, 5]])
```

```
y = np.array([[11,21,13],[4,15,6],[3,14,5]])
```

```
y
```

```
array([[11, 21, 13],
       [ 4, 15,  6],
       [ 3, 14,  5]])
```

합집합 함수를 확인해도 일반 함수이다 두 배열을 넣고 합집합을 계산하면 중복된 원소를 제외한 원소들만 표시합니다.

```
type(np.union1d)
```

```
function
```

```
np.union1d(x,y)
```

```
array([ 1,  2,  3,  4,  5,  6, 11, 13, 14, 15, 21])
```

교집합을 수행하면 중복된 원소들만 출력합니다.

```
type(np.intersect1d)
```

```
function
```

```
np.intersect1d(x,y)
```

```
array([3, 4, 5, 6])
```

 예제 2 차집합과 대칭차집합

위에서 만들어진 두 배열의 유일한 값을 unique함수로 만듭니다.

```
a = np.unique(x)
```

```
a
```

```
array([1, 2, 3, 4, 5, 6])
```

```
b = np.unique(y)
```

```
b
```

```
array([ 3,  4,  5,  6, 11, 13, 14, 15, 21])
```

위에 예제에서 만든 배열을 가지고 x에 있는 배열을 기준으로 두 배열이 공통원소를 뺀 후에 x 배열에 남아있는 원소들만 출력하는 것이 차집합입니다.

```
type(np.setdiff1d)
```

```
function
```

```
c = np.setdiff1d(a,b)
```

```
c
```

```
array([1, 2])
```

```
c
```

```
array([1, 2])
```

두 배열의 공통 원소를 제거하고 x 배열과 y 배열에 남은 값들만 처리되는 것이 대칭 차집합입니다.

```
type(np.setxor1d)
```

```
function
```

```
d = np.setxor1d(a,b)
```

```
d
```

```
array([ 1,  2, 11, 13, 14, 15, 21])
```

```
np.setxor1d(x,y)
```

```
array([ 1,  2, 11, 13, 14, 15, 21])
```

05 삼각함수 이해하기

삼각함수(trigonometric function)는 원을 기준으로 삼각비를 값을 계산하는 하나의 함수입니다. 삼각함수에 대한 역수 및 역삼각함수도 있습니다. 또한 관련된 쌍곡선 함수도 있습니다. 삼각함수가 어떻게 처리되는지 알아봅니다.

5.1
삼각함수

삼각함수에는 3개의 기본적인 함수를 제공합니다. 이 삼각함수의 명칭은 사인(sine, 기호 sin) · 코사인(cosine, 기호 cos) · 탄젠트(tangent, 기호 tan)입니다. 삼각함수가 어떻게 만들어지는지 알아봅니다.

삼각함수 기본

삼각함수(sin, cos, tan)는 직각삼각형을 이용하여 삼각비를 구하는 방식으로 시작된 함수입니다. 직각 삼각형의 각도의 값을 직감 삼각형의 삼각비로 표현할 수 있습니다. 넘파이 모듈에서는 각도보다 라디안을 기준으로 계산합니다.

예제 1 삼각함수 알아보기

각도에 대해 정수로 표현해서 하나의 1차원 배열을 만듭니다.

```
a = np.array((0., 30., 45., 60., 90.))
```

```
a
```

```
array([ 0., 30., 45., 60., 90.])
```

넘파이 모듈에서 제공하는 사인함수(sin)의 값을 구하려면 인자로 라디안으로 변환해야 합니다. 보통 원주율을 분자로 **180** 도를 분모로 만들어서 각도와 곱하면 해당 각도에 맞는 라디안을 계산합니다.

또한 라디안을 구하는 **radians** 함수를 직접 사용해서 값을 계산합니다. 두 방식으로 계산된 결과는 같습니다.

```
np.sin(a* np.pi / 180.)
```

```
array([0.  , 0.5  , 0.70710678, 0.8660254 , 1. ])
```

```
np.sin(np.radians(a))
```

```
array([0.  , 0.5  , 0.70710678, 0.8660254 , 1. ])
```

코사인함수(cos)에 라디안 값을 인자로 전달해서 계산을 해봅니다. 두 방식이 같은지 확인하면 동일한 값이 나옵니다. 처리된 결과가 소수점 이하의 표시로 지수 표현 방식으로 숫자를 반환합니다. 문자 **e**는 자연상수가 아닌 단순한 지수를 표현하고 이 뒤에 오는 정수는 앞의 숫자의 값에 대한 **10**진수의 지수를 표시합니다. 양수이면 **10**의 지수만큼 곱하면 실제 숫자의 자리수를 알 수 있습니다. 또한 음수이면 **10**을 분모로 하고 이 분모를 지수로 값을 숫자에 곱해서 소수점 이하 자리가 더 늘어납니다.

```
np.cos(a* np.pi / 180.)
```

```
array([1.00000000e+00, 8.66025404e-01, 7.07106781e-01, 5.00000000e-01,
       6.12323400e-17])
```

```
np.cos(np.radians(a))
```

```
array([1.00000000e+00, 8.66025404e-01, 7.07106781e-01, 5.00000000e-01,
       6.12323400e-17])
```

탄젠트함수(tan)의 값을 구할 때도 라디안으로 처리합니다.

```
np.tan(a* np.pi / 180.)
```

```
array([0.00000000e+00, 5.77350269e-01, 1.00000000e+00, 1.73205081e+00,
       1.63312394e+16])
```

```
np.tan(np.radians(a))
```

```
array([0.00000000e+00, 5.77350269e-01, 1.00000000e+00, 1.73205081e+00,
       1.63312394e+16])
```

역삼각함수

역 삼각 함수(inverse trigonometric function)는 삼각함수의 역함수입니다. 역함수는 실제 x 와 y 변수를 반대로 해서 구하는 값을 말합니다.

 예제 1 역삼각함수 알아보기

삼각함수와 역삼각함수의 관계를 그래프로 표시하기 위해 **matplotlib** 모듈을 **import** 합니다.

```
import matplotlib.pyplot as plt
%matplotlib inline
```

역삼각함수와 삼각함수의 관계를 확인하기 위해서는 특점 범위를 줄여서 처리해야 합니다. 원주율을 2로 나눠서 양수와 음수를 기준으로 **12**개의 원소를 만듭니다.

```
in_array = np.linspace(-np.pi/2, np.pi/2, 12)
```

```
in_array
```

```
array([-1.57079633, -1.28519699, -0.99959766, -0.71399833, -0.428399  ,
       -0.14279967,  0.14279967,  0.428399  ,  0.71399833,  0.99959766,
        1.28519699,  1.57079633])
```

1차원 배열의 원소가 라디안의 값이므로 이를 **tan** 함수에 전달해서 값을 구합니다. 역함 수는 입력을 출력으로 하고 출력을 입력으로 변경한 함수입니다. 먼저 탄젠트 함수로 값을 구하고 이를 아크탄젠트의 입력으로 넣어서 구하면 처음 입력값이 결과로 나옵니다.

```
out_tan1 = np.tan(in_array)
```

```
out_tan1
```

```
array([-1.63312394e+16, -3.40568724e+00, -1.55603037e+00, -8.66504933e-01,
       -4.56684698e-01, -1.43778294e-01,  1.43778294e-01,  4.56684698e-01,
        8.66504933e-01,  1.55603037e+00,  3.40568724e+00,  1.63312394e+16])
```

```
out_tan2 = np.arctan(out_tan1)
```

```
out_tan2
```

```
array([-1.57079633, -1.28519699, -0.99959766, -0.71399833, -0.428399  ,
       -0.14279967,  0.14279967,  0.428399  ,  0.71399833,  0.99959766,
        1.28519699,  1.57079633])
```

탄젠트 함수와 역함수인 아크탄젠트 그래프를 그립니다.

```
plt.plot(in_array, out_tan1, color = 'blue', marker = "*")
plt.plot(in_array, out_tan2, color = 'red', marker = "o")
plt.title("blue : numpy.tan() \nred : numpy.arctan()")
plt.xlabel("X")
plt.ylabel("Y")
plt.show()
```

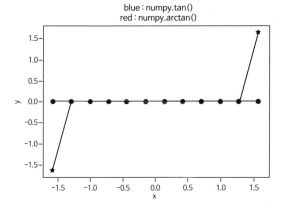

사인함수와 아크사인함수의 계산된 결과를 확인하면 동일한 것을 알 수 있습니다.

```
out_array1 = np.sin(in_array)
out_array2 = np.arcsin(out_array1)
```

```
np.allclose(in_array, out_array2)
```

```
True
```

두 개의 그래프를 그립니다.

```
plt.plot(in_array, out_array1,  color = 'blue', marker = "*")
plt.plot(in_array, out_array2, color = 'red', marker = "o")
plt.title("blue : numpy.sin() \nred : numpy.arcsin()")
plt.xlabel("X")
plt.ylabel("Y")
plt.show()
```

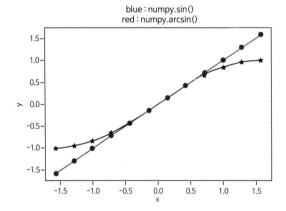

코사인과 역함수인 아크코사인의 동일한 결과를 처리할 수 있는 범위는 0부터 원주율까지 입니다. 이를 기준으로 하나의 배열을 만들어서 값을 계산하면 함수의 입력의 역함수의 출력인 것을 알 수 있습니다.

```
in_array2 = np.linspace(0, np.pi, 12)
```

```
out_cos1 = np.cos(in_array2)
out_arccos2 = np.arccos(out_cos1)
```

```
np.allclose(in_array2, out_arccos2 )
```

코사인과 아크코사인의 그래프를 그립니다.

```
plt.plot(in_array2, out_cos1,  color = 'blue', marker = "*")
plt.plot(in_array2, out_arccos2, color = 'red', marker = "o")
plt.title("blue : numpy.cos() \nred : numpy.arcos()")
plt.xlabel("X")
plt.ylabel("Y")
plt.show()
```

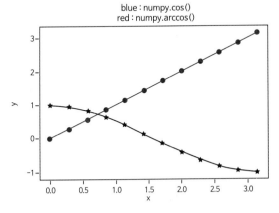

5.3

쌍곡선함수(hyperbolic function)

쌍곡선함수는 일반적인 삼각함수와 유사한 성질을 갖는 함수입니다. 삼각함수는 원을 기준으로 삼각비를 계산하지만 쌍곡선 함수는 쌍곡선을 기준으로 처리하는 함수입니다.

쌍곡선 함수의 값을 구하고 간단하게 어떤 그래프가 그려지는지 알아봅니다.

예제 1 쌍곡선 삼각함수 알아보기

원주율을 2배해서 음수부터 양수까지의 **100**개의 원소를 1차원 배열로 만듭니다. **tanh** 함수의 결과를 계산합니다.

```
in_array = np.linspace(-2 * np.pi, 2*np.pi,100)
```

```
out_tanh = np.tanh(in_array)
```

이 결과를 그래프로 그립니다. 쌍곡선 탄젠트 함수는 -1과 1 사이의 값을 표시합니다. 이 값이 변화를 사용해서 딥러닝에서 활성화함수로 사용합니다.

```
plt.plot(in_array, out_tanh, color = 'red', marker = "o")
plt.title(" numpy.tanh")
plt.xlabel("X")
plt.ylabel("Y")
plt.show()
```

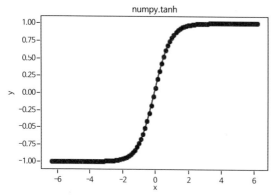

쌍곡선 사인함수를 실행해서 값을 구하고 그래프를 그립니다.

```
out_sinh = np.sinh(in_array)
```

```
plt.plot(in_array, out_sinh, color = 'red', marker = "o")
plt.title(" numpy.sinh()")
plt.xlabel("X")
plt.ylabel("Y")
plt.show()
```

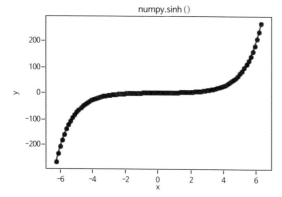

쌍곡선 코사인함수를 실행해서 값을 구하고 그래프를 그립니다.

```
out_cosh = np.cosh(in_array)
```

```
plt.plot(in_array, out_cosh, color = 'red', marker = "o")
plt.title(" numpy.cosh() ")
plt.xlabel("X")
plt.ylabel("Y")
plt.show()
```

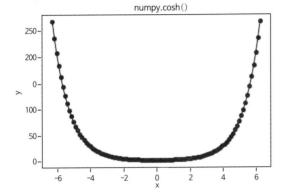

CHAPTER 09

확률, 통계 함수 알아보기

넘파이 모듈에서 지원하는 확률과 통계 함수들을 알아본다. 확률 분포를 사용해서 임의의 난수로 구성된 값을 원소로 하는 배열을 많이 만든다. 어떻게 이 함수들을 사용하는지 알아봅니다. 또한 기술 통계에 대한 함수들을 사용해서 다차원 배열을 계산해봅니다.

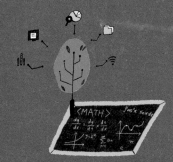

■ 확률분포 함수
■ 통계 함수

01 확률분포 함수

보통 랜덤 함수들을 사용해서 다양한 배열을 만든 후에 테스트할 때 많이 사용합니다. 동일한 값으로 테스트가 필요한 경우 환경을 고정해서 처리할 수 있는 기능도 제공합니다.

균등분포

균등분포에는 정수처럼 분리된 수를 이산분포입니다. 실수처럼 숫자 사이에 숫자가 연속적인 경우에 연속분포라고 합니다. 임의의 난수로 배열을 만들 때 이산적인 값과 연속적인 값을 원소로 배열을 만들 수 있습니다. 이런 분포를 어떻게 사용하는지 알아봅니다.

✏️ 예제 1 균등분포 함수 알아보기

균등분포로 임의 난수로 배열을 만드는 함수가 rand입니다. 이 함수의 인자로 정수를 지정하면 정수 개수의 원소를 가진 배열을 만듭니다. 이 분포의 값은 **0**이상이고 **1**미만의 실수 값으로 제공합니다.

```
a = np.random.rand(3)
```

```
a
```

```
array([0.56031667, 0.25136438, 0.3986575 ])
```

이번에는 **2**차원 배열을 만들 때는 두 개의 정수를 지정합니다. 이는 **2**차원 배열의 형상에 대한 정보입니다. 만들어진 배열을 확인하면 **3**행 **3**열로 구성된 다차원 배열입니다.

```
b = np.random.rand(3,3)
```

```
b
```

```
array([[0.62920267, 0.33576887, 0.72225251],
       [0.81656305, 0.78659769, 0.68241248],
       [0.2304114 , 0.31003662, 0.19802558]])
```

그래프를 그리기 위해 **matplotlib** 모듈을 **import**합니다. 또한 주피터 노트북의 출력 창에 그래프를 표시하기 위해 %matplotlib inline 명령어를 실행합니다.

```
import matplotlib.pyplot as plt
%matplotlib inline
```

30행 **30**열의 배열을 균등분포의 난수를 원소로 배열을 만듭니다.

```
image = np.random.rand(30,30)
```

보통 이런 배열을 이미지로 출력해서 볼 수 있습니다. 이 이미지를 보여주는 함수가 **imshow**입니다. 이 함수는 데이터 이외의 이미지의 색상을 표시하는 **cmap** 매개변수가 있습니다. 이미지의 색상의 맵을 **plt.cm.hot**을 지정해서 출력하고 이 이미지의 색상의 농도를 확인하기 위해 이미지 옆에 하나의 바를 **colorbar** 함수를 사용해서 만듭니다.

```
plt.imshow(image, cmap=plt.cm.hot)
plt.colorbar()

plt.show()
```

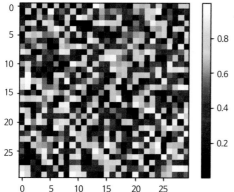

난수를 사용해서 배열을 만들면 만들 때마다 다른 원소를 처리합니다. 이를 방지하기 위해 동일한 값으로 배열을 만들 때에는 seed 함수에 특정 값을 인자로 전달합니다.

균등분포로 원소를 선택하는 3개의 함수 random, random_sample, ranf를 실행하기 전에 동일한 seed지정하면 동일한 원소의 값을 배열로 만듭니다.

```
np.random.seed(100)
np.random.random((5,))
```

```
array([0.54340494, 0.27836939, 0.42451759, 0.84477613, 0.00471886])
```

```
np.random.seed(100)
np.random.random_sample((5,))
```

```
array([0.54340494, 0.27836939, 0.42451759, 0.84477613, 0.00471886])
```

```
np.random.seed(100)
np.random.ranf((5,))
```

```
array([0.54340494, 0.27836939, 0.42451759, 0.84477613, 0.00471886])
```

일반적으로 정수를 사용해서 이산 균등분포의 값을 전달합니다. 이산분포를 처리하는 randint 함수에 인자로 이산된 정수의 값을 두 개 지정합니다. 또한 만들어질 배열의 크기를 size 매개변수에 지정합니다. 1차원일 경우는 정수로 표시하고 2차원 이상일 때는 튜플로 지정합니다.

```
x = np.random.randint(3,10,size=10)
```

```
x
```

```
array([4, 4, 5, 3, 7, 8, 9, 4, 3, 3])
```

```
y = np.random.randint(3,10,size=(3,3))
```

```
y
```

```
array([[3, 9, 9],
       [3, 7, 7],
       [9, 8, 6]])
```

균등분포 함수에도 시작 값과 종료 값을 넣어서 배열을 생성할 수 있는 **uniform** 함수도 있습니다. **0**과 **1**을 지정해서 균등분포를 만들 수도 있습니다. 또한 더 큰 수를 넣어서도 균등분포의 배열을 만들 수 있습니다.

이 함수로 지정해서 배열을 만들면 실수로 배열을 만드는 것을 볼 수 있습니다.

```
x = np.random.uniform(0,1,10)
```

```
x
```

```
array([0.21969749, 0.97862378, 0.81168315, 0.17194101, 0.81622475,
       0.27407375, 0.43170418, 0.94002982, 0.81764938, 0.33611195])
```

```
y = np.random.uniform(10,20,(3,3))
```

```
y
```

```
array([[11.21569121, 16.70749085, 18.25852755],
       [11.3670659 , 15.75093329, 18.91321954],
       [12.09202122, 11.8532822 , 11.0837689 ]])
```

1.2

정규분포

정규분포는 평균을 중심으로 표준편차의 거리에 떨어진 원소를 선택해서 배열을 만듭니다.

예제 1 정규분포 함수 알아보기

정규분포를 지정하기위해 평균은 **0**을 주고 표준편차는 **1**을 지정해서. **normal** 함수를 통해 **1000**개의 원소를 갖는 배열을 만듭니다.

```
mu, sigma = 0, 1
```

```
s = np.random.normal(mu, sigma, 1000)
```

그래프를 그리기 위해 맷플랏립 모듈을 import 합니다.

```
import matplotlib.pyplot as plt
%matplotlib inline
```

정규분포의 특성을 가지고 생성되었는지 히스토그램 그래프를 통해 확인해 봅니다.

```
plt.hist(s)

plt.show()
```

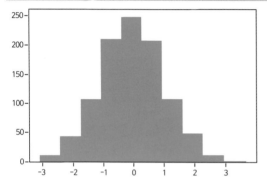

평균과 표준편차를 변경해서 정규분포를 만들 수 있습니다.

```
t = np.random.normal(1,2, 1000)
```

```
plt.hist(t)

plt.show()
```

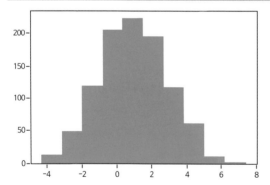

표준정규분포로 배열을 생성하는 randn은 평균이 0 이고 표준편차가 1인 기준으로 정규분포 배열을 만듭니다.

정수 값만 들어가면 1차원 배열을 만듭니다. 인자가 두개 들어가면 2차원배열을 만듭니다.

```
a = np.random.randn(3)
```

```
a
array([-0.0671959 , -0.54558622,  1.26890868])
```

```
b = np.random.randn(3,3)
```

```
b
array([[ 1.14570945,  0.25172519, -0.77572224],
       [ 0.24423041,  0.47567154, -0.81495957],
       [-2.19808809,  0.25465696, -0.07297775]])
```

더 많은 차원의 배열을 만들 때는 인자를 더 넣어주면 됩니다.

```
c = np.random.randn(3,3,3)
```

```
c.shape
(3, 3, 3)
```

1.3

랜덤 혼합하기 및 seed 처리

배열을 만들고 내부의 원소들을 임의로 섞어서 원소들이 위치를 바꿀 필요가 있습니다. 혼합하는 함수들을 사용해서 내부의 원소를 조정하면 됩니다.

또한 임의의 배열을 만들어서 실행한 후에 다시 동일한 배열을 만들 수 있는 **seed** 함수를 사용해서 상태를 보전해서 처리하는 것을 알아봅니다.

 예제 1 원소 섞어서 처리하기

배열을 생성할 때 choice 함수를 직접 사용해서도 만들 수 있습니다. 첫 번째 인자 정수이면 np.arange 함수로 생성되는 1차원 배열입니다. 두 번째 인자는 생성되는 배열의 크기입니다. 세 번째 인자 p는 첫 번째 인자에 의한 만들어진 배열의 원소의 확률을 지정하는 것입니다.

이제 배열을 생성한 것을 보면 0부터 4까지의 숫자 중에 3개를 선택해서 배열을 만든 것을 알 수 있습니다.

```
a = np.random.choice(5,3,p=[0.1,0.2,0.2,0.2,0.3])
```

```
a
```

```
array([3, 1, 1], dtype=int64)
```

만들어진 배열의 원소를 순서 없이 섞는 것을 shuffle 이라고 하며 shuffle 함수로 배열을 섞을 수 있습니다.

```
np.random.shuffle(a)
```

```
a
```

```
array([1, 1, 3], dtype=int64)
```

다른 함수인 permutation 으로도 원소를 혼합해서 추출할 수 있습니다.

```
np.random.permutation(a)
```

```
array([1, 3, 1], dtype=int64)
```

이번에는 2차원 배열을 만듭니다.

```
b = np.arange(9).reshape(3,3)
```

```
b
```

```
array([[0, 1, 2],
       [3, 4, 5],
       [6, 7, 8]])
```

두 개의 함수 **shuffle**과 **permutation** 함수로 2차원 배열의 원소를 섞습니다.

```
np.random.permutation(b)
```

```
array([[3, 4, 5],
       [0, 1, 2],
       [6, 7, 8]])
```

```
np.random.shuffle(b)
```

```
b
```

```
array([[6, 7, 8],
       [3, 4, 5],
       [0, 1, 2]])
```

예제 2 난수 발생 재현하기

동일한 **cell** 내에 먼저 **seed** 함수를 실행하고 랜덤 모듈 내의 배열을 2개 생성합니다.

```
np.random.seed(100)
a = np.random.rand(5)
b = np.random.rand(5)
```

```
a
```

```
array([0.54340494, 0.27836939, 0.42451759, 0.84477613, 0.00471886])
```

```
b
```

```
array([0.12156912, 0.67074908, 0.82585276, 0.13670659, 0.57509333])
```

다른 셀에 **seed** 함수를 위와 동일한 정수로 실행한 후에 **rand** 함수를 3개 실행하면 위에서 2개를 실행했기에 동일한 것을 유지하는 것은 2개까지이고 3번째 생성된 것은 처음으로 다시 만들어진 것을 알 수 있습니다. 이처럼 랜덤 처리된 상태를 보관할 수 있는 기능도 제공합니다.

```
np.random.seed(100)
c = np.random.rand(5)
d = np.random.rand(5)
e = np.random.rand(5)
```

c

```
array([0.54340494, 0.27836939, 0.42451759, 0.84477613, 0.00471886])
```

d

```
array([0.12156912, 0.67074908, 0.82585276, 0.13670659, 0.57509333])
```

e

```
array([0.89132195, 0.20920212, 0.18532822, 0.10837689, 0.21969749])
```

02 통계 함수

숫자 값에 대한 통계를 처리하려면 대표 값에 대한 처리 분 각 숫자들이 집합들이 관계 등을 이해해야 합니다.

넘파이 모듈에서 제공하는 기본적인 통계 함수들이 처리하는 기능을 알아보겠습니다.

2.1

최대, 최솟값 처리

숫자들이 나열되어 있을 경우 내부의 숫자 중에 최댓값과 최솟값을 확인할 수 있어야 실제 숫자의 범위를 알 수 있습니다.

최댓값과 최솟값 처리

배열의 원소에 대한 최댓값과 최솟값을 원소로 찾아내거나 축 별로 찾아 낼 수도 있습니다. 배열이 차원이 많을 경우 특정 인덱스 위치를 확인할 수도 있습니다.

예제 1 최솟값과 최댓값 확인하기

하나의 1차원 배열을 만들어서 그 내부의 값에서 최댓값과 최솟값을 찾습니다.

```
a = np.array([1,3,7,9])
```

```
a
```

```
array([1, 3, 7, 9])
```

```
np.max(a)
```

9

```
np.min(a)
```

1

정규분포를 통해 **3**행 **4**열 배열을 하나 만듭니다.

```
b = np.random.randn(3,4)
```

```
b
```

```
array([[-0.59597417,  1.54171967,  1.76554017, -1.14668407],
       [ 1.25494231, -1.37936735,  0.90410828,  0.81920124],
       [-1.09612937,  0.58750686, -1.11619244,  1.35110011]])
```

축에 **0**을 주고 최댓값을 검색하면 열 별로 확인해서 최댓값을 가져옵니다. 축에 **1**을 넣고
최댓값을 처리하면 행의 값 중에 최댓값을 찾아서 결과를 보여줍니다.

```
np.max(b, axis=0)
```

```
array([1.25494231, 1.54171967, 1.76554017, 1.35110011])
```

```
np.max(b, axis=1)
```

```
array([1.76554017, 1.25494231, 1.35110011])
```

이번에는 **amax**와 **amin** 함수를 사용해서 최대 최솟값 처리하는 방법을 알아봅니다.

먼저 배열을 하나 만듭니다.

```
c = np.array([[3,7,5], [8,4,3],[2,4,9]])
```

```
c
```

```
array([[3, 7, 5],
       [8, 4, 3],
       [2, 4, 9]])
```

최솟값을 확인하면 전체 원 소중에 가장 작은 원소를 처리하고 축에 대해 처리하면 각 축에서 최솟값을 찾아서 처리됩니다.

```
np.amin(c)
```

2

```
np.amin(c, 0)
```

```
array([2, 4, 3])
```

```
np.amin(c, 1)
```

```
array([3, 3, 2])
```

최댓값과 최솟값의 위치를 파악하는 함수를 통해 위치 정보를 알아보겠습니다.

정규분포에 따른 배열을 하나 만듭니다.

```
d = np.random.randn(3,4)
```

```
d
```

```
array([[ 0.6484186 ,  0.24095554,  1.53372549, -1.10418271],
       [-2.43381466,  1.06428704,  0.99646325, -1.62301596],
       [ 0.68911584,  1.02909299,  2.13538043,  1.203938  ]])
```

전체 배열을 주고 최댓값을 찾으면 1차원 배열로 바꿔서 그 내부에서 제일 큰 위치를 알려줍니다. 인덱스가 0번부터 시작하므로 뒤에서 두 번째 위치에 제일 큰 값이 위치한 것을 알수 있습니다.

축 별로 지정해서 최댓값이나 최솟값을 처리하면 배열의 결과는 각 축에 해당하는 행과 열의 인덱스 정보라는 것을 알 수 있습니다.

```
np.argmax(d)
```

10

```
np.argmax(d,axis=0)
```

array([2, 1, 2, 2], dtype=int64)

```
np.argmin(d,axis=0)
```

array([1, 0, 1, 1], dtype=int64)

대표 값 이해하기

특정 숫자들의 대표 값은 평균, 중앙값, 빈도수 등이 있습니다.

범위와 빈도수 알아보기

축에 따른 최댓값-최솟값의 차로 범위를 알아볼 수도 있고 숫자들의 모임에서 각 숫자들이
위치한 백분위들도 알아볼 수 있습니다.

 예제 1 범위와 백분위 알아보기

3행 3열의 배열을 하나 만듭니다.

```
a = np.array([[3,7,5],[8,4,3],[2,4,9]])
```

```
a
```

array([[3, 7, 5],
       [8, 4, 3],
       [2, 4, 9]])

이 배열의 최대와 최솟값을 구합니다. 또 최댓값과 최솟값의 차를 구합니다. 넘파이 모듈
에서 범위인 최댓값과 최솟값의 차는 ptp 함수로 구할 수 있습니다.

```
np.max(a), np.min(a)
```

(9, 2)

```
np.max(a) - np.min(a)
```

7

```
np.ptp(a)
```

7

이 배열에 두 가지 축을 대상으로 범위를 구해보면 각 축 별로 최댓값에서 최솟값을 뺀 결과와 동일한 것을 알 수 있습니다.

```
np.max(a, axis=0) - np.min(a, axis=0)
```

array([6, 3, 6])

```
np.ptp(a, axis=0)
```

array([6, 3, 6])

```
np.max(a, axis=1) - np.min(a, axis=1)
```

array([4, 5, 7])

```
np.ptp(a, axis=1)
```

array([4, 5, 7])

배열 내의 숫자들이 빈도수에 따른 값을 추출할 필요가 있을 경우 이 수들을 백분율을 기준으로 처리할 수 있다. 이때 사용하는 함수는 percentile함수이다.

먼저 2차원 배열을 만들고 flatten함수로 이 배열을 1차원 배열로 변형합니다. 그 다음 배열의 값들을 정렬합니다.

```
b = np.array([[30,70,50],[80,40,30],[20,40,90]])
```

```
c = b.flatten()
```

```
c.sort()
```

```
c
```

```
array([20, 30, 30, 40, 40, 50, 70, 80, 90])
```

이 배열의 중간에 위치한 값이 무엇인지 확인하면 **40**이라는 것을 알 수 있습니다.

```
np.percentile(a, 50)
```

```
40.0
```

축을 기준으로 중간에 위치한 값을 계산해도 처리가 됩니다.

```
np.percentile(a, 50, axis=0)
```

```
array([30., 40., 50.])
```

```
np.percentile(a, 50, axis=1)
```

```
array([50., 40., 40.])
```

평균과 중앙값 알아보기

숫자들을 원소로 하나의 모임을 만들었을 경우 그 숫자들이 대표적으로 처리하는 값이 평균과 중앙값입니다.

예제 2 중앙값과 평균 알아보기

배열을 만들어서 중앙값을 검색해 봅니다. 원소의 개수가 홀수일 경우는 절반으로 나눠서 가운데에 위치한 값을 반환합니다.

```
d = np.array([3,4,2,3,8,9,5])
```

```
np.median(d)
```
4.0

```
np.sort(d)
```
array([2, 3, 3, 4, 5, 8, 9])

배열 원소의 개수가 짝수일 경우는 중간에 있는 두 개의 원소를 더해서 **2**로 나눈 값을 중앙값으로 처리합니다.

```
e = np.array([3,4,2,3,8,9,5,7])
```

```
np.median(e)
```
4.5

```
np.sort(e)
```
array([2, 3, 3, 4, 5, 7, 8, 9])

평균을 알아보기 위해서는 모평균과 표본평균에 대해서 이해해야 합니다. 모집단 전체에 대한 평균이고 표본평균은 특정 표본을 추출했을 때의 평균입니다. 수학기호로 뮤를 사용하면 모평균이고 소문자 위에 직선을 표시하면 표본평균을 말합니다.

평균을 구하는 **mean** 함수와 메소드, **average** 함수가 제공하며 이를 실행한 결과를 확인할 수 있습니다.

```
d.mean()
```
4.857142857142857

```
np.mean(d)
```
4.857142857142857

```
np.average(d)
```
4.857142857142857

평균도 축으로 계산이 가능하므로 **1**차원 배열을 **2**차원배열로 변형하고 두 개의 축으로 평균을 구해서 계산을 합니다. 축 별로 계산할 경우에는 **0**번 축은 수직으로 처리되므로 열을 기준으로 결과가 남고 **1**번 축으로 하면 행을 기준으로 결과가 남습니다.

```
f = np.reshape(e, (4,2))
```

```
np.mean(f, axis=0)
```
array([4.5 , 5.75])

```
np.mean(f, axis=1)
```
array([3.5, 2.5, 8.5, 6.])

분산과 표준편차 이해하기

많은 수들에 대한 평균을 구했을 때 각 수들이 평균에 어느 정도 떨어져 있는지 알아봐야 할 때가 있습니다. 이때 분산과 표준편차를 사용해서 숫자들이 평균과 떨어짐 정도를 측정할 수 있습니다.

모 분산과 모 표준편차 구하기

전체를 모집단으로 생각해서 분산(var)과 표준편차(std)를 구합니다. 특히 표본에 대한 기준을 정의할 때 ddof는 기본 값을 조정해서 분산과 표준편차를 구합니다.

배열의 원소에 결측 값인 nan 값이 있다면 이 값을 배제하는 분산과 표준편차 함수인 nanvar, nanstd로 처리해야 합니다.

예제 1 분산과 표준편차 알아보기

배열을 하나 만들고 이 배열을 모집단으로 생각해서 계산을 하겠습니다.

```
a = np.array([[3,7,5],[8,4,3],[2,4,9]])
```

```
a
```

```
array([[3, 7, 5],
       [8, 4, 3],
       [2, 4, 9]])
```

먼저 모집단에 대한 분산과 표준편차를 알아봅니다. 모 분산에 대한 산식은 평균과 계산되는 원소를 빼고 음수를 없애기 위해 제곱을 처리한 후에 모든 수를 합해서 평균을 구합니다.

var 함수를 사용해서 분산을 구하거나 평균을 구해서 각 원소에 빼고 이를 제곱한 후에 합산을 해서 전체 길이로 나눈 값을 구한 결과가 동일한 것을 알 수 있습니다.

```
np.var(a)
```

5.333333333333333

```
m = np.mean(a)
```

```
m
```

5.0

```
np.sum(np.power((a - m), 2))/ len(a.flatten())
```

5.333333333333333

모 표준편차는 분산에 대한 제곱근을 처리하면 전체의 계산된 숫자의 단위가 원소들과 동일하게 계산되어 분산으로 계산된 결과보다 작게 나옵니다.

표준편차에 대해서도 분산의 제곱근이나 std 함수를 사용해서 구하면 결과가 나옵니다.

```
np.sqrt(np.var(a))
```

2.309401076758503

```
np.std(a)
```

2.309401076758503

표본분산, 표본 표준편차 구하기

표본 분산(var)와 표본 표준편차(std)에 대해 산식을 계산할 때 차이점을 알아봅니다.

예제 2 표본 분산 및 표준편차 알아보기

이 번에는 표본 분산 산식에서 사용되는 **N-1**이 어떻게 처리되는지 알아봅니다.

표본 분산 산식은 평균을 표본평균으로 뺀 후에 제곱을 해서 모든 것을 합산했습니다. 전체 **-1**이 값으로 나누어서 처리합니다.

하나의 배열을 정의하고 이에 대한 표본 분산을 구하기 위해 **ddof=1**를 지정해서 분산을 구합니다.

```
f = np.array([1,4,3,8,9,2,3])
```

```
np.var(f,ddof=1)
```
9.238095238095239

평균을 구해서 각 원소의 값을 빼고 이를 제곱해서 구합니다. 표본 분산의 전체 건수에 **-1**을 해서 분산을 구한 결과도 동일한 값이 나온 것을 알 수 있습니다.

```
m = np.mean(f)
```

```
m
```
4.285714285714286

```
np.sum(np.power((f - m), 2))/ (len(f.flatten()) - 1)
```
9.238095238095239

구할 경우는 ddof에 정수로 1을 부여해서 처리합니다. 원소가 nan 값이 존재하면 nanvar, nanstd로 처리합니다.

표본 분산에 대해서도 구할 때는 **ddof=1**로 처리하면 됩니다.

```
np.std(f,ddof=1)
```

3.0394235042348474

```
np.sqrt(np.var(f, ddof=1))
```

3.0394235042348474

상관계수와 공분산이해하기

두 수들의 집합이 있을 때 이 집합이 관계를 수치적으로 판단할 수 있습니다. 이 관계를 알아보는 것을 상관계수라고 합니다. 이 계수를 구할 때 두 변수이 공분산을 구해서 처리하므로 이를 알아봅니다.

상관계수와 공분산 구하기

상관계수와 공분산이 어떻게 연관되는지 알아봅니다.

 예제 1 상관계수와 공분산 알아보기

두 개의 배열을 만듭니다.

```
a = np.array([5,6,7,8])
```

```
a
```

array([5, 6, 7, 8])

```
b = np.array([1,3,4, 5])
```

```
b
```

array([1, 3, 4, 5])

상관계수는 분자가 공분산이고 부모에는 두 변수의 표준편차의 곱으로 구합니다.

공분산(共分散, covariance)은 2개의 확률변수의 상관정도를 나타내는 값이다

상관계수를 corrcoef 함수로 결과를 알아볼 수 있다. 공분산은 cov 함수를 사용해서 알
수 있습니다.

```
np.corrcoef(a,b)
```
```
array([[1.        , 0.98270763],
       [0.98270763, 1.        ]])
```

```
np.cov(a,b)
```
```
array([[1.66666667, 2.16666667],
       [2.16666667, 2.91666667]])
```

실제 산식을 통해 공분산과 상관계수를 구하면 해당되는 값을 구할 수 있습니다.

```
ma = np.mean(a)
```

```
mb = np.mean(b)
```

```
np.sum((a -ma) * (b-mb)) / (len(a) - 1)
```
```
2.1666666666666665
```

```
np.std(a,ddof=1) * np.std(b, ddof=1)
```
```
2.204792759220492
```

```
(np.sum((a -ma) * (b-mb)) / (len(a) - 1) ) / (np.std(a,
ddof=1) * np.std(b, ddof=1))
```
```
0.9827076298239907
```

CHAPTER **10**

방정식, 미적분, 합성곱 알아보기

수학에서 여러 항을 가지는 다항식을 표시해서 특정 해를 구하는 방정식,
함수에 대한 미분과 적분을 계산하는 방식을 알아봅니다. 또한 이미지 처리
등에 많이 사용되는 합성곱 연산도 알아봅니다.

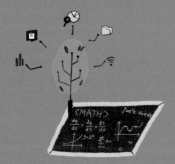

■ 방정식 알아보기
■ 차분, 미분과 적분
■ 합성곱 및 필터링 알아보기

01 방정식 알아보기

여러 항을 가진 방정식도 다차원 배열로 만들어서 그 해를 구할 수 있습니다. 어떤 함수를 사용하는지 알아봅니다.

방정식 처리 알아보기

단항식과 다항식 등 방정식에 대한 기본을 이해해 봅니다.

▶ 예제 1 방정식 알아보기

아래의 수식에 대한 방정식을 넘파이 모듈로 만들고 그 해를 알아봅니다.

$$x^2 + 2x + 1$$

위의 수식에 맞는 계수를 1차원 배열로 만듭니다.

```
ef = np.array([1,-2,1])
```

다항식은 poly1d 클래스 생성자에 계수를 가진 1차원 배열을 넣어서 다항식 객체를 만들고 이 다항식의 객체를 print 함수로 출력을 하면 수식을 구성해서 표시합니다. 만들어진 객체의 클래스를 확인하기 위해 type 클래스로 확인하면 ploy1d 클래스라는 것을 알 수 있습니다.

```
p = np.poly1d(ef)
```

```
p
```

```
poly1d([ 1, -2,  1])
```

```
print(p)
```

```
   2
1 x - 2 x + 1
```

```
type(p)
```

```
numpy.poly1d
```

다항식의 미지수인 변수를 **variable** 속성으로 확인합니다. 현재 만들어진 다항식의 차수를 **order** 속성으로 확인합니다.

```
p.variable
```

```
'x'
```

```
p.order
```

```
2
```

다항식의 계수는 **coef**, **coefficients**, **coeffs** 속성으로 확인합니다.

```
p.coef
```

```
array([ 1, -2,  1])
```

```
p.coefficients
```

```
array([ 1, -2,  1])
```

```
p.coeffs
```

```
array([ 1, -2,  1])
```

방정식의 해는 **roots** 속성을 조회하면 구할 수 있습니다. 또한 이 다항식 객체에 **0**을 인자로 전달해서 방정식의 해를 구할 수 있습니다.

```
p.roots
```

```
array([1., 1.])
```

```
p(0)
```

```
1
```

나항식 객체를 만들지 않고도 계수를 만든 1차원 배열을 **roots** 함수에 인자로 전달해서 방정식의 해를 구할 수 있습니다.

```
np.roots(ef)
```

```
array([1., 1.])
```

다항식을 계수를 1차원 배열로 전달하고 미지수 x의 값을 지정해서 **polyval** 함수에 인자로 전달하면 다항식의 값을 계산합니다.

```
np.polyval([1,-2,1], 0)
```

```
1
```

```
np.polyval([1,-2,1], 5)
```

```
16
```

예제 2 다항식 수식 알아보기

아래의 수식처럼 두 개의 다항식을 정의한 후에 덧셈을 처리해 봅니다.

$$(x + 2) + (x - 2) = 2x$$

두 개의 다항식 객체를 만들어서 더하면 미지수 x의 계수가 2이고 상수의 값은 **0**이 됩니다.

```
np.poly1d([1,2]) + np.poly1d([1,-2])
```
```
poly1d([2, 0])
```

두 개의 다항식을 곱셈으로 처리합니다.

$$(x + 2) * (x - 2) =\ \ x^2 - 4$$

2개의 다항식 객체를 만든 후에 곱셈을 처리합니다. 차수가 2인 경우는 1이고 차수가 1인 경우는 0이고 상수는 -4가 됩니다.

```
np.poly1d([1,2]) * np.poly1d([1,-2])
```
```
poly1d([ 1,   0,  -4])
```

다항식의 나눗셈을 알아봅니다.

$$\frac{x^2 - 4x + 4}{x - 2} =\ \frac{(x - 2)^2}{x - 2} = x - 2$$

두 개의 다항식 객체를 생성한 후에 나눗셈을 하면 두 다항식에 동일한 1차원 다항식을 약분되어 1차원이 남는 것을 볼 수 있습니다.

```
np.poly1d([1, -4, 4]) / np.poly1d([1, -2])
```
```
(poly1d([ 1., -2.]), poly1d([0.]))
```

예제 3 다항식의 계수를 ploy 함수로 생성하기

차원이 1인 다항식의 계수는 하나의 원소를 가지는 튜플을 poly 함수의 인자로 전달해서 1차원 배열로 생성합니다. 이 계수를 poly1d 함수에 전달해서 다항식 객체로 전달한 후에 차수와 해를 확인해봅시다.

```
a = np.poly((1, ))
```

```
a
```
array([1., -1.])

```
a_ = np.poly1d(a)
```

```
a_.order, a_.roots
```
(1, array([1.]))

2차원일 때는 두 개의 원소를 가진 튜플에 전달해서 다항식에 들어갈 계수를 생성합니다. 이 계수 1차원 배열을 **poly1d** 함수에 인자로 전달한 후에 다항식 객체를 만든 후에 **roots** 속성의 해를 구합니다.

```
b = np.poly((1,1 ))
```

```
b
```
array([1., -2., 1.])

```
np.poly1d(b).roots
```
array([1., 1.])

튜플의 원소를 2로 지정해서 다항식을 구하고 해를 구합니다.

```
c = np.poly((2,2 ))
```

```
c
```
array([1., -4., 4.])

```
np.poly1d(c).roots
```
array([2., 2.])

3차원 다항식을 구하기 위해 **poly** 함수에 3개의 원소를 가지는 튜플을 전달합니다. 이를

poly1d 함수로 다항식을 객체로 변환한 후에 해를 구하면 복소수를 가진 해를 구합니다.

```
d = np.poly((1,1,1 ))
```

```
d
```

```
array([ 1., -3.,  3., -1.])
```

```
np.poly1d(d).roots
```

```
array([1.00000657+0.00000000e+00j, 0.99999671+5.69145455e-06j,
       0.99999671-5.69145455e-06j])
```

예제 4 다항식을 사용해서 그래프 그리기

그래프를 그릴 모듈을 import 하고 입력값을 1차원 배열로 만듭니다. 1차원 함수를 정의해서 결괏값을 만듭니다. 이 결괏값에 대한 노이즈를 정규분포의 값으로 만듭니다.

```
import numpy as np
import matplotlib.pyplot as plt
%matplotlib inline

t = np.arange(0, 10, 0.01)
y = 3*t + 5
y_noise = y + np.random.randn(len(y))
```

노이즈로 만든 1차원 다항식을 만들기 위해 입력값과 출력값을 넣어서 1차원 다항식의 계수를 만듭니다. 이를 poly1d 함수에 넣어서 다항식을 만들어서 적정한 방정식을 찾습니다.

```
fp1 = np.polyfit(t, y_noise, 1)
f1 = np.poly1d(fp1)
```

```
fp1
```

```
array([3.0234144 , 4.85565625])
```

```
f1
```

```
poly1d([3.0234144 , 4.85565625])
```

두 개의 그래프를 만들기 위해 **subplots** 함수로 행 **1**을 지정하고 열에 **2**을 지정한 후에 실행을 하면 **axes** 변수에 Axes 객체가 두 개 만들어집니다.

첫 번째 그래프에는 노이즈 선 그래프를 그리고 노이즈가 없는 그래프를 데이터를 전달을 받아서 그립니다. 두 번째는 노이즈 데이터를 가지고 그래프를 그린 후에 **poly1d** 객체에 입력값을 넣어서 이 다항식의 모든 해를 구해서 그래프를 그립니다.

두 개의 그래프가 동일한 것을 알 수 있습니다.

```
fig, axes = plt.subplots(1,2, figsize=(10, 6))
axes[0].plot(t, y_noise, label='noise', color='y')
axes[0].plot(t, y, ls='dashed', lw=3, color='b', label='original')
axes[0].legend()
axes[0].grid()
axes[1].plot(t, y_noise, label='noise', color='y')
axes[1].plot(t, f1(t), lw=2, color='r', label='polyfit')
axes[1].legend()
axes[1].grid()
plt.show()
```

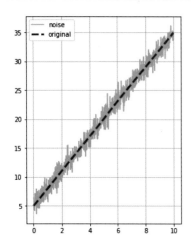
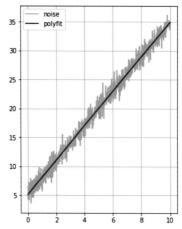

1.2

연립 방정식 이해하기

여러 개의 방정식을 가지고 해를 구하는 것을 연립 방정식을 행렬로 변환해서 계산을 할 수 있습니다. 다차원 배열을 사용해서 연립 방적식의 해를 구해봅니다.

예제 1 연립 방정식 풀기

가질 때 이 계수들을 행렬로 표시하고 미지수인 변수를 하나의 벡터로 처리하면 결괏값도 벡터가 됩니다.

$$x_0 + x_1 = 9$$

$$x_0 + 2x_1 = 8$$

두 개 방정식 중에 계수들을 하나의 행렬로 정의합니다. 그리고 값을 별도의 배열로 정의합니다. 두 개의 미지수를 구하려면 넘파이 내의 `linalg` 모듈에 있는 `solve` 함수를 실행해서 해를 구합니다.

이 해가 맞는지 행렬곱으로 행렬과 해를 곱한 후에 값을 표시한 변수 b와 같은지 확인하면 동일한 결과인 것을 알 수 있습니다.

```
a = np.array([[3,1], [1,2]])
b = np.array([9,8])
```

```
x = np.linalg.solve(a, b)
```

```
x
```

```
array([2., 3.])
```

```
np.allclose(np.dot(a, x), b)
```

```
True
```

이번에는 역행렬(Inverse Matrix)을 구해서 연립방정식을 풀어봅니다. 먼저 2개의 배열을 정의합니다.

```
A = np.array( [[1,0,0],[1,1,1],[6,7,0]])
```

```
b =np.array([0,24,0])
```

방정식의 계수의 행렬에 역행렬을 구합니다.

```
A_1 = np.linalg.inv(A)
```

```
A_1
```

```
array([[ 1.         ,  0.         ,  0.         ],
       [-0.85714286, -0.         ,  0.14285714],
       [-0.14285714,  1.         , -0.14285714]])
```

이 역행과 변수 b의 벡터를 행렬곱으로 계산하면 방정식의 해가 나옵니다. 동일한 값인지
allclose로 확인합니다.

```
x = np.dot(A_1, b)
```

```
x
```

```
array([ 0.,   0., 24.])
```

```
np.allclose(np.dot(A_1, b), x)
```

```
True
```

계수들을 가진 행렬과 행렬곱을 해도 동일한 결과가 나옵니다.

```
np.linalg.solve(A, b)
```

```
array([ 0., -0., 24.])
```

```
np.allclose(np.dot(A_1, b), x)
```

```
True
```

예제 2 lstsq 함수로 연립 방정식 풀기

위에서 정의된 A 행렬과 b 벡터를 가지고 **lstsq** 함수로 연립방정식의 해를 구합니다.

이 함수의 처리결과는 최소자승 문제(least square problem)의 답과 같은 결과입니다. 이 함수는 세 가지 결과를 추가해서 반환합니다. 잔차제곱합(residual sum of squares), 랭크, 그리고 특이값(singular value)을 반환합니다.

해의 값을 행렬 A에 행렬곱으로 계산한 후에 변수 b에 저장한 값과 동일한 것을 확인합니다.

```
np.linalg.matrix_rank(A)
```
```
3
```

```
x, resid, rank, singulr = np.linalg.lstsq(A,b, rcond=-1)
```

```
x
```
```
array([ 5.36506792e-15, -3.77475828e-15,  2.40000000e+01])
```

```
np.allclose(np.dot(A, x), b)
```
```
True
```

잔차는 $e = Ax - b$ 의 제곱은 선형대수의 크기를 구하는 **norm** 함수로 계산할 수 있습니다. 계산된 결과가 **0**인지 확인합니다. 실제 잔차가 **0**이라서 아무런 배열을 만들지 않은 것을 알 수 있습니다.

```
np.linalg.norm(A @ x - b)
```
```
1.3252900089356776e-14
```

```
np.allclose(np.linalg.norm(A @ x - b) , 0)
```
```
True
```

```
resid
```
```
array([], dtype=float64)
```

특이값이 같은지 확인하려면 특이값 분해 결과를 통해 동일한 것을 알 수 있습니다. 특이값 분해에 대해서는 분해를 다룰때 자세히 알아봅시다.

```
u, s_, vh = np.linalg.svd(A, full_matrices=True)
```

```
s_
```
array([9.3509151 , 1.   , 0.74858984])

```
singulr
```
array([9.3509151 , 1.   , 0.74858984])

02 차분, 미분과 적분

변화량은 입력 데이터와 출력 데이터의 특정 차이를 나눠서 구합니다. 보통 함수는 다항식으로 표시해서 이 다항식으로 표현된 수식을 가지고 미분을 사용합니다. 배열 등의 수치 데이터는 이를 수치 미분의 표현방식으로 계산합니다. 이런 수치 미분에 대한 함수들을 알아봅니다. 또한 적분도 다항식으로 처리하는 방식과 scipy 모듈에 있는 수치 적분을 처리하는 방법을 알아봅니다.

2.1

diff 함수로 미분 알아보기

하나의 배열에 내의 원소들 간의 차를 구한 결과를 차분 함수인 **diff**로 처리합니다. 이 함수를 사용해서 간단한 미분을 알아봅니다.

 예제 1 원소간의 차이를 구하기

1차원 배열을 하나 만듭니다.

```
x = np.array([1, 2, 4, 7, 10])
```

```
x
```

```
array([ 1,  2,  4,  7, 10])
```

먼저 차분을 구하는 함수 **diff**로 계산하면 5개 원소들 사이의 차분을 구해서 하나의 원소가 작은 4개의 원소 배열을 반환합니다.

```
np.diff(x)
```

```
array([1, 2, 3, 3])
```

차분 함수 diff로 계산하는 방식을 확인하면 배열의 원소들 간의 차이를 구하는 것을 알 수 있습니다.

```
for i in range(len(x)-1) :
    print(x[i+1] - x[i])
```

```
1
2
3
3
```

이 차분함수에 매개변수 n=2를 지정하면 차분을 구한 배열을 가지고 다시 차분을 만듭니다.

```
np.diff(x, n=2)
```

```
array([1, 1, 0])
```

```
c = np.diff(x)
```

```
np.diff(c)
```

```
array([1, 1, 0])
```

예제 2 차분으로 미분하기

입력 데이터를 배열로 만들어서 차분을 구합니다.

```
x = np.array([1,2,3,4,5,6])
```

```
dx = np.diff(x)
```

```
dx
```

```
array([1, 1, 1, 1, 1])
```

출력 데이터를 배열로 만들어서 차분을 구합니다.

```
y = np.array([2,4,6,8,10,12])
```

```
dy = np.diff(y)
```

```
dy
```

array([2, 2, 2, 2, 2])

미분의 값을 보관하는 배열을 하나 만듭니다. 이 배열의 형상은 **6**개의 **0**인 원소를 가집니다.

```
dydx = np.zeros(y.shape,np.float)
```

두 개의 차분을 나눕니다. **5**개의 원소만 값을 구할 수 있어서 마지막 원소에는 값이 들어가지 않습니다. 마지막 원소에도 차분의 값을 넣습니다. 미분한 결과도 총 **6** 개의 원소의 배열이 들어갔습니다.

```
dydx[:-1] = dy/dx
```

```
dydx
```

array([2., 2., 2., 2., 2., 0.])

```
dydx[-1] = (y[-1] - y[-2])/(x[-1] - x[-2])
```

```
dydx
```

array([2., 2., 2., 2., 2., 2.])

gradient 함수로 출력데이터의 미분을 구해봅시다. 위에서 차분을 사용해서 구한 미분 값과 동일합니다.

```
np.gradient(y)
```

array([2., 2., 2., 2., 2., 2.])

예제 3 차분으로 sin 함수 미분하기

미분의 결과를 그래프로 나타내기 위해서 **matplotlib** 모듈을 **import** 합니다.

```
import matplotlib.pyplot as plt
%matplotlib inline
```

입력 데이터를 2파이까지의 값을 가지는 배열을 만듭니다. 출력 데이터는 **sin** 함수에 입력 데이터로 변환한 값을 가진 배열입니다.

```
x = np.linspace(0, 2*np.pi, 100)
y = np.sin(x)
```

미분의 결과를 보관하는 **dy** 변수에 **0** 값을 가진 **100**개의 원소 배열을 할당합니다. 두 변수 x, y의 차분을 나눠서 저장합니다. 마지막 원소의 차분을 별도로 입력합니다.

```
dy = np.zeros(y.shape,np.float)
```

```
dy[:-1] = np.diff(y)/np.diff(x)
```

```
dy[-1] = (y[-1] - y[-2])/(x[-1] - x[-2])
```

기존 **sin** 함수와 차분으로 미분한 결과를 그래프로 그립니다.

```
plt.plot(x,y)
plt.plot(x,dy)
```

```
[<matplotlib.lines.Line2D at 0x1e62b213860>]
```

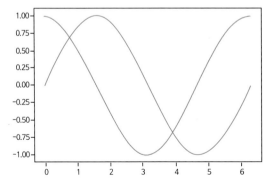

미분의 결과가 맞는지 확인하기 위해 **sin** 함수의 미분인 **cos** 함수의 그래프도 그립니다. 위의 그래프와 동일한 결과를 알 수 있습니다. 차분을 사용해서 **sin** 함수의 미분도 가능한 것을 확인할 수 있습니다.

```
plt.plot(x,y)
plt.plot(x,np.cos(x))
```

```
[<matplotlib.lines.Line2D at 0x1e62b2130b8>]
```

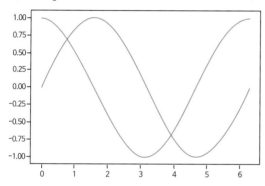

2.2 gradient 함수로 미분 알아보기

적분의 반대말이 미분이다. 적분이 쌓는 거라면 미분은 미세하게 쪼개는 거다. 미분의 가장 정확한 표현은 순간변화율입니다. 어떻게 이 함수가 미분을 계산하는지 알아봅니다.

미분 개념 이해하기

함수의 입력값인 x가 변할 때 아주 작은 변화량 에 대한 함수 f(x)의 순간 변화율을 얻을 수 있습니다. 이를 도함수라고 하고 도함수를 만들면 미분한다고 말합니다. 또한 이 변화율을 기울기(gradient)라고 합니다.

순간 변화율 즉 도함수에 대한 수식은 다음과 같다.

$$f'(x) = \lim_{\Delta x \to 0} \frac{f(x + \Delta x) - f(x)}{\Delta x}$$

위의 수식을 간략히 표현하면 다음과 같다.

$$\frac{dy}{dx} = f'(x) = \frac{df(x)}{dx}$$

예제 1 다항식 미분 알아보기

3개의 원소를 가진 배열을 하나 만들고 이 배열을 poly1d 클래스의 인자로 전달해서 다항식 객체를 하나 만듭니다. 이 객체를 print 함수로 출력하면 이차 함수가 만들어진 것을 볼 수 있습니다.

```
a = np.array([1,-2,1])
```

```
p = np.poly1d(a)
```

```
print(p)
```
```
   2
1x-2x+1
```

다항식 객체를 미분할 때는 polyder 함수를 사용합니다. 다항식으로 반환한 결과가 2개의 원소를 가진 다항식의 객체라는 것을 볼 수 있습니다.

이 수식을 미분한 산식에 맞춰 배열의 원소가 2와 –2라는 것을 알 수 있습니다.

$$y = x^2 - 2x + 1$$
$$\frac{dy}{dx} = 2x - 2$$

```
d = np.polyder(p)
```

```
d
```
```
poly1d([ 2, -2])
```

```
d(10)
```
```
18
```

다른 미분을 구하는 모듈인 **autograd**를 설치(pip install autograd)를 한 후에 동일한 미분의 처리를 확인해 봅니다. 미분을 계산한 결과가 동일한 것을 알 수 있습니다.

```python
import autograd.numpy as np
from autograd import grad

def fct(x):
    y = x**2 - 2*x + 1
    return y

grad_fct = grad(fct)
print(grad_fct(10.))
```

18.0

미분은 직접 배열을 넣어서 처리도 가능합니다. 이 미분된 결과를 다항식 객체로 변환해서 **print** 함수로 출력하면 위의 수식과 같은 다항식을 출력합니다.

```python
d_ = np.polyder(a)
```

```python
print(np.poly1d(d_))
```

2x-2

이 다항식을 또 미분하면 상수 **2**만 남습니다. 다항식 객체에 **deriv** 메소드로 미분을 처리할 수도 있습니다.

```python
np.polyder(d)
```

poly1d([2])

```python
d.deriv()
```

poly1d([2])

중앙 차분으로 미분 구하기

최적화로 미분을 계산할 때는 아래처럼 변화된 수식으로 계산합니다. 작은 변화량을 두 함수의 입력값에 더하거나 빼고 분모를 두 배 만들어서 유사한 값으로 계산합니다. 넘파이 모듈이 **gradient** 함수는 아래의 수식으로 기울기 값을 계산합니다.

$$f'(x) = \frac{f(x + \Delta x) - f(x - \Delta x)}{2\Delta x}$$

예제 2 중앙 차분을 함수로 정의해서 구해보기

하나의 변수와 변수를 제곱하는 함수를 정의합니다.

```
x= 10
```

```
def f(x):
    return x**2
```

수치 미분을 처리하는 함수를 정의합니다. 매개변수는 함수와 입력 데이터를 받습니다. 입력값에 대한 변화량을 작은 값으로 지정합니다.

중앙차분은 첫 번째 함수에 인자로는 입력데이터와 변화량을 더하고 두 번째 함수에는 입력데이터에 변화를 뺀 후에 함수의 실행결과를 뺄셈으로 처리합니다. 분모인 변화량은 **2**를 곱해서 전체의 변화율을 계산합니다.

```
def numerical_differentiation(f, x):      # 수치미분
    delta_x = 1e-7    # 0.0000001
    return (f(x+delta_x) - f(x-delta_x)) / (delta_x*2)  # 중앙 차분
```

중앙차분으로 미분을 하는 함수의 인자로 함수 **f**와 입력값 **x**를 전달해서 미분 값을 계산합니다.

```
nd = numerical_differentiation(f, x)
```

```
nd
```

19.99999987845058

위 함수를 다항식으로 표시하면 변수의 제곱을 표시하는 수식이 아래처럼 만들어집니다.

$$y = x^2$$

다항식으로 이 수식을 만듭니다.

```
a = np.array([1,0,0])
```

```
p = np.poly1d(a)
```

```
p
```

poly1d([1, 0, 0])

이 다항식을 미분하면 **2x**가 만들어집니다. 이 다항식에 **10**을 입력값으로 넣으면 **20**이 나옵니다.

```
s = np.polyder(p)
```

```
s
```

poly1d([2, 0])

```
s(10)
```

20

위의 중앙차분 함수로 구한 미분 값과 다항식으로 구한 미분 값이 같은지 **allclose** 함수로 확인하면 같은 값이라는 것을 알 수 있습니다.

```
np.allclose(nd, s(10))
```

True

예제 3 gradient 알아보기

기울기는 (y의 변화) / (x의 변화)입니다. 1차원일 경우에는 첫 번째와 마지막은 인접 값을 빼고 1로 나눕니다. 중간에는 2로 나눕니다.

$$dx[i] = \frac{x[i+1] - x[i-1]}{2}$$

```
f = np.array([ 1, 2, 4, 10, 13, 20])
```

```
[(f[1]-f[0]),
 ((f[1]-f[0])+(f[2] -f[1]))/2,
 ((f[2]-f[1])+(f[3] -f[2]))/2 ,
 ((f[3]-f[2])+(f[4] -f[3]))/2,
 ((f[4]-f[3])+(f[5] -f[4]))/2,
 (f[5] -f[4])]
```

```
[1, 1.5, 4.0, 4.5, 5.0, 7]
```

```
np.gradient(f)
```

```
array([1. , 1.5, 4. , 4.5, 5. , 7. ])
```

두 번째 인자가 2로 지정되면 중앙 차분으로 2를 곱한 값으로 나눕니다.

```
[(f[1]-f[0])/2,
 ((f[1]-f[0])+(f[2] -f[1]))/4,
 ((f[2]-f[1])+(f[3] -f[2]))/4 ,
 ((f[3]-f[2])+(f[4] -f[3]))/4,
 ((f[4]-f[3])+(f[5] -f[4]))/4,
 (f[5] -f[4])/2]
```

```
[0.5, 0.75, 2.0, 2.25, 2.5, 3.5]
```

```
np.gradient(f, 2)
```

```
array([0.5 , 0.75, 2. , 2.25, 2.5 , 3.5 ])
```

여러 개의 실수를 원소로 하는 배열을 만듭니다.

```
x = np.linspace(0,10)
```

```
x
```

```
array([ 0.        ,  0.20408163,  0.40816327,  0.6122449 ,  0.81632653,
        1.02040816,  1.2244898 ,  1.42857143,  1.63265306,  1.83673469,
        2.04081633,  2.24489796,  2.44897959,  2.65306122,  2.85714286,
        3.06122449,  3.26530612,  3.46938776,  3.67346939,  3.87755102,
        4.08163265,  4.28571429,  4.48979592,  4.69387755,  4.89795918,
        5.10204082,  5.30612245,  5.51020408,  5.71428571,  5.91836735,
        6.12244898,  6.32653061,  6.53061224,  6.73469388,  6.93877551,
        7.14285714,  7.34693878,  7.55102041,  7.75510204,  7.95918367,
        8.16326531,  8.36734694,  8.57142857,  8.7755102 ,  8.97959184,
        9.18367347,  9.3877551 ,  9.59183673,  9.79591837, 10.        ])
```

```
x.shape
```

```
(50,)
```

결과 값은 x ^{**}2 + 1이므로 이 값을 계산한 배열을 만듭니다.

```
y = (x**2) +1
```

```
y.shape
```

```
(50,)
```

```
y
```

```
array([  1.        ,   1.04164931,   1.16659725,   1.37484382,
         1.666389  ,   2.04123282,   2.49937526,   3.04081633,
         3.66555602,   4.37359434,   5.16493128,   6.03956685,
         6.99750104,   8.03873386,   9.16326531,  10.37109538,
        11.66222407,  13.0366514 ,  14.49437734,  16.03540192,
        17.65972511,  19.36734694,  21.15826739,  23.03248646,
        24.99000416,  27.03082049,  29.15493544,  31.36234902,
        33.65306122,  36.02707205,  38.48438151,  41.02498959,
        43.64889629,  46.35610162,  49.14660558,  52.02040816,
        54.97750937,  58.0179092 ,  61.14160766,  64.34860475,
        67.63890046,  71.01249479,  74.46938776,  78.00957934,
        81.63306955,  85.33985839,  89.12994586,  93.00333195,
        96.96001666, 101.        ])
```

기울기를 구하는 **gradient** 함수에 함수의 처리결과와 순간변화율을 전달해서 미분을 구하면 내부의 원소들이 기울기가 나옵니다.

```
dydx = np.gradient(y)
```

```
dydx
```

```
array([0.04164931, 0.08329863, 0.16659725, 0.24989588, 0.3331945 ,
       0.41649313, 0.49979175, 0.58309038, 0.666389  , 0.74968763,
       0.83298626, 0.91628488, 0.99958351, 1.08288213, 1.16618076,
       1.24947938, 1.33277801, 1.41607663, 1.49937526, 1.58267389,
       1.66597251, 1.74927114, 1.83256976, 1.91586839, 1.99916701,
       2.08246564, 2.16576426, 2.24906289, 2.33236152, 2.41566014,
       2.49895877, 2.58225739, 2.66555602, 2.74885464, 2.83215327,
       2.9154519 , 2.99875052, 3.08204915, 3.16534777, 3.2486464 ,
       3.33194502, 3.41524365, 3.49854227, 3.5818409 , 3.66513953,
       3.74843815, 3.83173678, 3.9150354 , 3.99833403, 4.03998334])
```

중앙 차분으로 처리하면 결과도 나옵니다.

```
np.gradient(y,2)
```

```
array([0.02082466, 0.04164931, 0.08329863, 0.12494794, 0.16659725,
       0.20824656, 0.24989588, 0.29154519, 0.3331945 , 0.37484382,
       0.41649313, 0.45814244, 0.49979175, 0.54144107, 0.58309038,
       0.62473969, 0.666389  , 0.70803832, 0.74968763, 0.79133694,
       0.83298626, 0.87463557, 0.91628488, 0.95793419, 0.99958351,
       1.04123282, 1.08288213, 1.12453145, 1.16618076, 1.20783007,
       1.24947938, 1.2911287 , 1.33277801, 1.37442732, 1.41607663,
       1.45772595, 1.49937526, 1.54102457, 1.58267389, 1.6243232 ,
       1.66597251, 1.70762182, 1.74927114, 1.79092045, 1.83256976,
       1.87421908, 1.91586839, 1.9575177 , 1.99916701, 2.01999167])
```

x에 대한 변화량을 넣고 미분을 구할 수 있습니다.

```
dx = x[1]-x[0]
dydx = np.gradient(y, dx)
```

```
dydx
```

```
array([ 0.20408163,  0.40816327,  0.81632653,  1.2244898 ,  1.63265306,
        2.04081633,  2.44897959,  2.85714286,  3.26530612,  3.67346939,
        4.08163265,  4.48979592,  4.89795918,  5.30612245,  5.71428571,
        6.12244898,  6.53061224,  6.93877551,  7.34693878,  7.75510204,
        8.16326531,  8.57142857,  8.97959184,  9.3877551 ,  9.79591837,
       10.20408163, 10.6122449 , 11.02040816, 11.42857143, 11.83673469,
       12.24489796, 12.65306122, 13.06122449, 13.46938776, 13.87755102,
       14.28571429, 14.69387755, 15.10204082, 15.51020408, 15.91836735,
       16.32653061, 16.73469388, 17.14285714, 17.55102041, 17.95918367,
       18.36734694, 18.7755102 , 19.18367347, 19.59183673, 19.79591837])
```

사이파이 모듈을 사용해서 미분을 하기위해 사용할 클래스를 import 합니다.

```
from scipy.interpolate import InterpolatedUnivariateSpline
```

먼저 두 변수를 인자로 전달해서 객체를 만듭니다. 이 객체를 미분을 derivative 메소드로 수행합니다. 그 다음에 실제 미분할 변수를 지정합니다.

```
# Get a function that evaluates the linear spline at any x
f = InterpolatedUnivariateSpline(x, y, k=1)
```

```
# Get a function that evaluates the derivative of the
linear spline at any x
dfdx = f.derivative()

# Evaluate the derivative dydx at each x location...
dydx = dfdx(x)
```

미분 결과를 확인할 수 있습니다. 위에서 처리된 gradient 함수의 결괏값과 차이가 있는 것을 알 수 있습니다.

```
dydx
```

```
array([ 0.20408163,  0.6122449 ,  1.02040816,  1.42857143,  1.83673469,
        2.24489796,  2.65306122,  3.06122449,  3.46938776,  3.87755102,
        4.28571429,  4.69387755,  5.10204082,  5.51020408,  5.91836735,
        6.32653061,  6.73469388,  7.14285714,  7.55102041,  7.95918367,
        8.36734694,  8.7755102 ,  9.18367347,  9.59183673, 10.        ,
       10.40816327, 10.81632653, 11.2244898 , 11.63265306, 12.04081633,
       12.44897959, 12.85714286, 13.26530612, 13.67346939, 14.08163265,
       14.48979592, 14.89795918, 15.30612245, 15.71428571, 16.12244898,
       16.53061224, 16.93877551, 17.34693878, 17.75510204, 18.16326531,
       18.57142857, 18.97959184, 19.3877551 , 19.79591837, 19.79591837])
```

다시 차분 `diff` 함수를 통해 미분을 해보면 사이파이 모듈의 미분한 결과와 거의 같은 것을 알 수 있습니다.

```
di_dx = np.diff(x)
```

```
di_dy = np.diff(y)
```

```
di_dy/di_dx
```

```
array([ 0.20408163,  0.6122449 ,  1.02040816,  1.42857143,  1.83673469,
        2.24489796,  2.65306122,  3.06122449,  3.46938776,  3.87755102,
        4.28571429,  4.69387755,  5.10204082,  5.51020408,  5.91836735,
        6.32653061,  6.73469388,  7.14285714,  7.55102041,  7.95918367,
        8.36734694,  8.7755102 ,  9.18367347,  9.59183673, 10.        ,
       10.40816327, 10.81632653, 11.2244898 , 11.63265306, 12.04081633,
       12.44897959, 12.85714286, 13.26530612, 13.67346939, 14.08163265,
       14.48979592, 14.89795918, 15.30612245, 15.71428571, 16.12244898,
       16.53061224, 16.93877551, 17.34693878, 17.75510204, 18.16326531,
       18.57142857, 18.97959184, 19.3877551 , 19.79591837])
```

예제 4 차원별로 gradient 처리하기

2차원 배열의 경우, 축으로 정렬된 두 개의 배열이 반환됩니다. 결과의 첫 번째 배열은 행의 그래디언트를 나타내고 두 번째 배열은 열 방향의 그래디언트를 나타냅니다.

```
a = np.array([[4,5,6],[3,4,5]])
```

```
adx = np.gradient(a)
```

```
adx[0]
```
```
array([[-1., -1., -1.],
       [-1., -1., -1.]])
```

```
adx[1]
```
```
array([[1., 1., 1.],
       [1., 1., 1.]])
```

3차원을 만들어서 처리하면 3개의 축에 따라 미분의 값을 반환합니다.

```
x,y,z = np.mgrid[-100:101:25., -100:101:25., -100:101:25.]
```

```
V = 2*x**2 + 3*y**2 - 4*z
```

```
Ex,Ey,Ez = np.gradient(V)
```

축에 따라 미분한 결과가 나오는 것을 알 수 있습니다.

```
Ex.shape
```
```
(9, 9, 9,)
```

```
Ey.shape
```
```
(9, 9, 9,)
```

```
Ez.shape
```
```
(9, 9, 9,)
```

적분

적분(Integral)은 공간상의 면적을 계산할 때 많이 사용합니다. 연속인 함수 f(x)에 있다면 특정 구간 [a, b]에 해당하는 면적을 합으로 구할 수 있습니다. 넘파이나 사이파이 모듈 등을 사용해서 적분을 계산하는 방법을 알아봅니다.

예제 1 기본 적분 알아보기

하나의 배열을 만들고 이를 **poly1d** 함수를 사용해서 아래의 수식에 해당하는 다항식을 만듭니다.

$$y = x^2 - 2x + 1$$

```
a = np.array([1,-2,1])
```

```
a
```
```
array([ 1, -2,  1])
```
```
p = np.poly1d(a)
```

```
p
```
```
poly1d([ 1, -2,  1])
```
```
print(p)
```
```
   2
1 x - 2 x + 1
```

이 다항식의 적분을 **ployint** 함수로 만들면 아래의 수식이 됩니다.

$$\int_0^4 x^2 dx$$

하나의 배열을 만듭니다. 이 배열의 원소는 0부터 4까지 가집니다. 이 배열에 제곱을 한 값을 다른 변수에 할당합니다. 이를 적분하기 위해서는 **trapz** 함수의 인자로 **y2**와 **x2**를 전달해서 적분을 구합니다. 적분의 결과는 **22.0**이 나옵니다.

```
x2 = np.arange(5)
```

```
x2
```

```
array([0, 1, 2, 3, 4])
```

```
y2 = x2**2
```

```
np.trapz(y2,x=x2)
```

22.0

두 개의 함수를 다차원 배열로 만듭니다.

```
x = np.array([0, 0.5, 1, 1.5, 2])
y = x**3
x2 = np.linspace(0, 2,100)
y2 = x2**3
```

위의 두 개의 함수에 대해 그래프를 그립니다. 원소의 개수가 더 많은 그래프가 완만한 곡선을 유지하는 것을 볼 수 있습니다.

```
import matplotlib.pyplot as plt
%matplotlib inline
```

```
plt.plot(x, y, label='5 points')
plt.plot(x2, y2, label='50 points')
plt.legend()
plt.show()
```

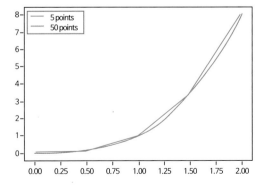

두 개의 데이터를 **trapz** 함수로 적분을 하면 결괏값이 차이가 생기는 이유가 완만한 곡선에 대한 적분이 더 세밀한 계산을 한 것을 알 수 있습니다.

```
np.trapz(y, x)
```

 4.25

```
np.trapz(y2, x2)
```

 4.000408121620243

예제 2 quad 방식으로 적분하기

적분을 처리하려면 scipy 모듈에서 integrate 모듈 내의 quad를 import합니다.

```
from scipy.integrate import quad
```

하나의 함수를 람다로 지정합니다. 이 함수를 **quad** 내에 인자로 전달해서 **0**부터 **4**까지의 적분을 계산합니다. 적분한 값과 오차의 값을 반환하는 것을 볼 수 있습니다.

```
x2 = lambda x: x**2
```

```
quad(x2, 0, 4)
```

 (21.333333333333336, 2.368475785867001e-13)

다시 람다함수를 지정합니다. 이번에는 두 개의 매개변수를 전달해서 수식을 정의합니다. 이 중에 a에 대한 값을 **quad** 함수의 매개변수 **args**에 튜플로 전달해서 적분을 구합니다.

```
f = lambda x,a : a*x
```

```
y, err = quad(f, 0, 1, args=(1,))
```

```
y
```

 0.5

좀더 복잡한 산식을 람다함수로 지정해서. **quad**로 처리해도 적분을 처리합니다.

```
func = lambda x: np.cos(np.exp(x)) ** 2
```

```
y, err = quad(func,1,3)
```

```
y
```

1.0829625047031528

적분을 하는 함수들의 결과를 확인하기 위해서 **trapz** 함수를 실행해서 결괏값을 확인합니다.

```
x = [0, 0.5, 1, 1.5, 2]
y = [0,    0.1250,    1.0000,    3.3750,    8.0000]
```

```
np.trapz(y, x)
```

4.25

더 다양한 자료를 만들기 위해 보간법을 사용하는 **interp1d** 클래스로 객체를 만듭니다.

```
from scipy.interpolate import interp1d
```

```
f = interp1d(x, y)
```

```
f.fill_value
```

array(nan)

하나의 배열을 만들어서 더 세밀한 보간법을 수행합니다. 그런 후에 **quad** 함수로 적분을 하면 위의 **trapz** 함수로 적분한 결과가 유사한 것을 알 수 있습니다.

```
xfine = np.linspace(0., 2.)
yfine = f(xfine)
print(np.trapz(yfine, xfine))
```

4.251561849229487

```
yfine.shape
```

```
(50,)
```

```
ans, err = quad(f, 0., 2.)
print(ans)
```

```
4.25
```

03 합성곱 및 필터링 알아보기

이미지 처리하는 딥러닝에서 많이 사용하는 합성곱 레이어의 구성을 넘파이모듈에서 제공하는 함수들을 사용해서 작동원리를 알아봅니다. 실제 딥러닝에서 처리하는 합성곱과 넘파이 모듈의 합성곱 연산과는 약간의 차이가 있습니다. 합성곱 함수를 처리한 배열을 가지고 특정 값으로 선택해서 처리하는 풀링도 함께 알아봅니다.

3.1

1차원 배열 합성곱 처리

합성곱 기본 처리를 알아보려면 어떤 기준으로 작동되는지 먼저 확인해야 합니다. 다차원 배열의 1차원 배열을 가지고 처리하는 방식을 알아봅니다.

 예제 1 convolve 함수 처리

입력 데이터인 원소를 7개 가진 1차원 배열을 만듭니다. 합성곱을 하는 필터는 2개의 원소를 가진 배열을 만듭니다.

```
a = np.array([0, 1, 2, 3, 4, 5,6])
```

```
v = np.array([0.2, 0.7])
```

넘파이 모듈에서 제공하는 1차원 배열의 합성곱 함수 convolve에 첫 번째 인자는 입력 데이터, 두 번째 인자는 필터, 세 번째 인자인 mode은 합성곱 내부의 원소들이 연산하는 횟수를 지정합니다.

먼저 mode에 same을 지정하면 입력 데이터의 원소의 연산이 동일하지 않습니다. 이런 이

유는 입력 데이터와 동일한 형상을 가진 배열을 반환합니다. 이 함수를 실행한 결과를 확인하면 7개 원소를 가진 1차원 배열을 반환하는 것을 확인할 수 있습니다.

```
same = np.convolve(a,v, mode='same')
```

```
same.shape
(7,)
```

```
same
array([0. , 0.2, 1.1, 2. , 2.9, 3.8, 4.7])
```

위의 연산된 결과가 어떻게 처리되는지 알아봅니다. 합성곱을 처리하는 입력데이터에 첫 번째 원소 앞에 패딩으로 0을 추가합니다. 기본적으로 합성곱을 처리할 때 먼저 필터의 배열을 반대로 만들어야 합니다. 2개의 원소만을 가져서 간단하게 roll 함수로 두 원소의 위치를 변환합니다.

```
a_ = np.array([0,0, 1, 2, 3, 4, 5,6])
```

```
v_ = np.roll(v,1)
```

```
v_
array([0.7, 0.2])
```

동일한 원소의 개수를 가지려면 배열의 첫 번째 원소 앞에 0이 하나 더 추가됩니다. 이런 처리를 패딩(padding)이라고 부릅니다.

합성곱 연산을 처리하는 필터(filter)가 두 개의 원소를 가집니다. 이 필터와 내적을 계산하려면 두 개의 원소씩 계산해야 합니다. 그래서 패딩된 원소 0과 첫 번째 원소 0을 하나의 배열로 만들어서 필터와 연산을 합니다.

두 번째 연산은 첫 번째와 두 번째 원소를 쌍으로 필터와 벡터곱인 내적을 구합니다. 이를 살펴보면 합성곱은 필터의 원소 개수에 맞춰서 입력 데이터 원소를 필터의 원소와 동일하게 구성해서 내적을 구하는 것과 같습니다.

```
np.dot([0,0], v_)
```

```
0.0
```

```
np.dot([0,1], v_)
```

```
0.2
```

이번에는 입력 데이터 전체를 가지고 내적을 구한 후에 **convolve** 함수와 동일한 결과인지 **allclose** 함수로 확인합니다.

```
ll = []
```

```
for i in range(7) :
    ll.append(np.dot(a_[i : i+2], v_).tolist())
```

```
ll
```

```
[0.0, 0.2, 1.1, 2.0, 2.8999999999999995, 3.8, 4.7]
```

```
np.allclose(same, ll)
```

```
True
```

합성곱 연산을 처리할 때 모드를 **full**로 처리하면 원소가 하나 추가된 **8**개가 됩니다. 이 이유는 입력 데이터의 원소가 필터와의 연산 횟수를 동일하게 만듭니다. 그래서 전체 원소의 앞과 뒤에 패딩을 처리한 후에 계산합니다.

```
full = np.convolve(a,v, mode='full')
```

```
full.shape
```

```
(8,)
```

```
full
```

```
array([0. , 0.2, 1.1, 2. , 2.9, 3.8, 4.7, 4.2])
```

모드 **full**로 처리하려면 입력 배열을 변형해야 합니다. 이 배열에 앞과 뒤의 원소를 **0**으로 추가합니다. 이를 행렬곱으로 계산하면 기존 형상보다 하나의 원소가 더 계산됩니다. 그래서 새로운 배열을 만들 때 앞과 뒤에 **0**을 추가하고 순환도 총 **8**번 반복하도록 처리합니다.

```
ll = []
```

```
a__ = np.array([0,0, 1, 2, 3, 4, 5,6,0])
```

```
for i in range(8) :
    ll.append(np.dot(a__[i : i+2], v_).tolist())
```

```
ll
```

[0.0, 0.2, 1.1, 2.0, 2.8999999999999995, 3.8, 4.7, 4.199999999999999]

이번에는 **valid** 모드를 사용하면 패딩이 발생하지 않습니다. 주어진 입력 데이터에서 계산합니다. 그래서 계산된 결과가 입력 데이터보다 하나의 원소가 작습니다.

```
valid = np.convolve(a,v, mode='valid')
```

```
valid.shape
```

(6,)

```
valid
```

array([0.2, 1.1, 2. , 2.9, 3.8, 4.7])

이 처리를 확인하기 위해 하나의 원소보다 적게 계산을 합니다.

```
ll = []
```

```
a___ = np.array([0, 1, 2, 3, 4, 5,6])
```

```
for i in range(6) :
    ll.append(np.dot(a___[i : i+2], v_).tolist())
```

```
ll
```

[0.2, 1.1, 2.0, 2.8999999999999995, 3.8, 4.7]

이번에는 교차상관을 처리하는 **correlate** 함수를 사용해서 합성곱 **convolve** 함수와 동일한 처리를 알아봅니다.

필터를 4개의 원소를 가지는 1차원 배열을 만들고 입력 데이터를 8개의 원소를 가지는 1차원 배열을 만듭니다. 합성곱 연산은 필터를 반대 방향으로 원소를 변환해야 합니다. 이번에는 **flip** 함수를 사용해서 필터의 원소를 반대 방향으로 변환했습니다.

```
w = np.array([1,3,3,0])
```

```
x = np.array([2,4,6,8,0,8,0])
```

```
w_r = np.flip(w)
```

```
w_r
```
```
array([0, 3, 3, 1])
```

교차상관에 필터를 역방향으로 전달해서 계산한 결과와 합성곱으로 연산한 결과가 동일한 것을 알 수 있습니다.

```
np.correlate(x, w_r,mode='same')
```
```
array([10, 24, 38, 42, 32, 24, 24])
```

```
np.convolve(x,w, mode='same')
```
```
array([10, 24, 38, 42, 32, 24, 24])
```

이처럼 교차상관에 대한 함수도 알아보는 이유는 딥러닝 합성곱에서는 필터를 역방향으로 만들지 않고 계산하기 때문입니다. 딥러닝에서는 필터의 배열을 임의로 초기화한 후에 최적화를 계산을 통해 필터의 값들을 변형하기 때문에 굳이 역방향으로 변환한 후에 처리할 필요 없습니다.

이번에는 필터를 역방향으로 변환하지 않고 교차 상관을 계산합니다. 그 다음에 합성곱에는 필터를 역방향으로 변환 후에 실행합니다. 두 결과가 동일한 것을 알 수 있습니다.

```
np.correlate(x, w,mode='same')
```

```
array([ 6, 18, 32, 46, 30, 32, 24])
```

```
np.convolve(x,w_r, mode='same')
```

```
array([ 6, 18, 32, 46, 30, 32, 24])
```

2차원 배열 합성곱 처리

간단한 이미지도 2차원입니다. 음영을 가지거나 여러 색을 지원하면 3차원 배열로 만들어
집니다. 보통 딥러닝에서 이미지를 처리할 때는 4차원 배열을 기준으로 처리합니다.

합성곱의 처리되는 과정을 이해하는 기준으로 2차원 배열에서 어떻게 합성곱 연산이 처리
되는지 알아봅니다.

▶ 예제 1 convolve 2차원 처리하기

합성곱의 작동원리를 알아보기 위해서 **convolve** 함수로 2차원 배열을 처리해봅니다.

합성곱을 처리할 때 필터가 입력 데이터를 계산할 때 이동하는 것을 스트라이드(strides)라
고 합니다. 기본적으로 이동은 1칸씩 좌에서 우로 이동을 합니다.

4행 4열의 2차원 배열을 하나 만듭니다. 필터는 2개의 원소를 가지는 1차원 배열을 만듭
니다.

```
A= [[5, 4, 5, 4],
    [3 ,2, 3 , 2],
    [5 , 4, 5, 4],
    [3 ,2 ,3 , 2 ]]
```

```
A = np.array(A)
```

```
k = np.array([0.707, 0.707])
```

1차원 배열 기준으로 처리해서 합성곱을 계산합니다. 모드를 **full**로 지정해서 열의 원소가 하나 더 만들어집니다. 저장할 배열을 **zeros** 함수로 만들 때 하나의 열의 추가된 **4**행 **5**열로 형상을 전달해서 배열을 만듭니다.

하나의 행 단위로 합성곱 함수에 인자로 전달하면서 순환을 실행해서 결과를 저장한 후에 이 배열의 값을 확인하면 **4**행 **5**열의 원소가 다 들어가 있는 것을 볼 수 있습니다.

```
C = np.zeros((4,5))
```

```
for i in range(4) :
    C[i] = np.convolve(A[i],k, mode='full')
```

```
C
```

```
array([[3.535, 6.363, 6.363, 6.363, 2.828],
       [2.121, 3.535, 3.535, 3.535, 1.414],
       [3.535, 6.363, 6.363, 6.363, 2.828],
       [2.121, 3.535, 3.535, 3.535, 1.414]])
```

직접 **2**차원 배열을 가지고 합성곱 연산을 하는 **convolve2d** 함수를 사용합니다. 위와 동일한 계산결과를 처리하기 위해 필터를 2차원 배열로 변경합니다.

```
k_ = np.array([0.707, 0.707]).reshape(1,2)
```

```
A.shape, k_.shape
```

```
((4, 4), (1, 2))
```

2차원 합성곱 연산의 함수는 **scipy.signal** 모듈에 있어 모듈을 **import** 합니다. 두 개의 2차원 배열을 인자로 전달해서 합성곱 함수는 **convolve2d**를 실행합니다. 계산된 결과가 위에서 계산한 것과 같은 것을 알 수 있습니다.

```
from scipy import signal
```

```
grad = signal.convolve2d(A, k_, boundary='fill', mode='full')
```

```
grad.shape
```

```
(4, 5)
```

```
grad
```

```
array([[3.535, 6.363, 6.363, 6.363, 2.828],
       [2.121, 3.535, 3.535, 3.535, 1.414],
       [3.535, 6.363, 6.363, 6.363, 2.828],
       [2.121, 3.535, 3.535, 3.535, 1.414]])
```

0과 1로 채워진 배열 5행 5열의 배열을 만듭니다. 필터로 사용할 3행 3열의 배열을 만듭니다.

```
x = np.array([[1, 1, 1, 0, 0],
              [0, 1, 1, 1, 0],
              [0, 0, 1, 1, 1],
              [0, 0, 1, 1, 0],
              [0, 1, 1, 0, 0]],dtype='float')
```

```
w_k = np.array([[1, 0, 1],
                [0, 1, 0],
                [1, 0, 1],],dtype='float')
```

```
x.shape, w_k.shape
```

```
((5, 5), (3, 3))
```

이번에는 모드 **valid**로 지정해서 합성곱 연산을 처리합니다. 3행 3열이 필터가 이동하면서 계산하면 결과가 3행 3열의 배열입니다.

```
f = signal.convolve2d(x, w_k, 'valid')
```

```
f.shape
```

```
(3, 3)
```

```
f
```

```
array([[4., 3., 4.],
       [2., 4., 3.],
       [2., 3., 4.]])
```

모드를 **same**으로 하면 입력 데이터와 동일한 형상을 만듭니다.

```
fs = signal.convolve2d(x, w_k, 'same')
```

```
fs.shape
```

(5, 5)

```
fs
```

```
array([[2., 2., 3., 1., 1.],
       [1., 4., 3., 4., 1.],
       [1., 2., 4., 3., 3.],
       [1., 2., 3., 4., 1.],
       [0., 2., 2., 1., 1.]])
```

모드를 **full**로 하면 행과 열이 **2**씩 증가한 것을 알 수 있습니다.

```
fl = signal.convolve2d(x, w_k, 'full')
```

```
fl.shape
```

(7, 7)

```
fl
```

```
array([[1., 1., 2., 1., 1., 0., 0.],
       [0., 2., 2., 3., 1., 1., 0.],
       [1., 1., 4., 3., 4., 1., 1.],
       [0., 1., 2., 4., 3., 3., 0.],
       [0., 1., 2., 3., 4., 1., 1.],
       [0., 0., 2., 2., 1., 1., 0.],
       [0., 1., 1., 1., 1., 0., 0.]])
```

예제 2 이미지 처리 알아보기

이미지를 가져오기 위해 사이파이 모듈 scipy.misc를 import 합니다. 이 모듈에서 face 함수에 gray 인자를 넣어서 2차원 배열로 이미지를 가져오면 동물 사진을 가져옵니다.

```
from scipy import misc
```

```
face = misc.face(gray=True)
```

```
face.shape
```

```
(768, 1024)
```

먼저 이미지를 확인합니다. 이미지를 확인할 때는 imshow 함수를 사용합니다. 인자 cmap 에 이 이미지를 회색조로 처리합니다. 이미지의 타이틀을 지정해서 출력하고 그래프의 축에 대한 정보를 꺼서 출력하지 않도록 합니다.

```
import matplotlib.pyplot as plt
%matplotlib inline
```

```
import warnings
warnings.filterwarnings('ignore')
```

```
fig, ax_orig = plt.subplots(1, 1, figsize=(6, 15))
ax_orig.imshow(face, cmap='gray')
ax_orig.set_title('Original')
ax_orig.set_axis_off()
fig.show()
```

Original

복소수를 원소로 해서 2차원 배열을 만들어서 필터로 사용합니다.

```
scharr = np.array([[ -3-3j, 0-10j,  +3 -3j],
                   [-10+0j, 0+ 0j, +10 +0j],
                   [ -3+3j, 0+10j,  +3 +3j]]) # Gx + j*Gy
```

이 이미지를 합성곱 함수로 처리한 결과를 확인하면 동일한 형상이 배열아 나옵니다. 이 배열의 원소는 복소수 값으로 변환되었습니다.

```
grad = signal.convolve2d(face, scharr, boundary='symm', mode='same')
```

```
grad.shape
```

```
(768, 1024)
```

복소수의 값의 크기는 절댓값 연산으로 크기를 구할 수 있습니다. 그래서 **abs** 함수나 **absolute** 함수에 배열의 원소를 하나씩 넣어서 실행하면 복소수의 크기를 실수로 표시합니다. 배열의 하나의 행을 인자로 전달하면 각각의 원소의 크기를 계산합니다.

```
np.abs(grad[0,0])
```

```
552.0887609796091
```

```
np.absolute(grad[0,0])
```

```
552.0887609796091
```

```
np.absolute(grad[0])
```

```
array([552.08876098, 670.14177604, 459.56718769, ..., 244.52402745,
       326.49655435, 192.41621553])
```

복소수의 값을 **angle** 함수에 전달하며 라디안 값을 표시합니다. 이 값을 각으로 표시하려면 **deg=True**를 지정합니다.

```
np.angle(grad[0,0])
```

2.0838764628714874

```
np.angle(grad[0,0], deg=True)
```

119.39732634918663

```
np.angle(grad[0])
```

array([2.08387646, 2.46615257, 2.27918658, ..., 3.07611263,
        -2.91295726, -2.38559778])

이번에는 복소수의 크기와 복소수를 라디안 값으로 변환해서 이미지를 변환해 봅니다. 복소수의 값으로 변환할 때는 희미하게 동물이 모습이 보입니다. 이를 라디안으로 변환한 경우는 윤곽을 확인할 수 없는 것을 볼 수 있습니다.

이처럼 다양한 값으로 이미지를 변환해서 처리할 수 있습니다.

```
fig, (ax_mag, ax_ang) = plt.subplots(1, 2, figsize=(6, 15))
ax_mag.imshow(np.absolute(grad), cmap='gray')
ax_mag.set_title('np.absolute ')
ax_mag.set_axis_off()
ax_ang.imshow(np.angle(grad), cmap='hsv') # hsv is cyclic, like angles
ax_ang.set_title('np.angle')
ax_ang.set_axis_off()
fig.show()
```

np.absolute   np.angle

 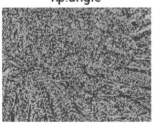

3.3

필터링과 풀링 알아보기

다차원 배열을 필터를 기준으로 필터링(fitering)을 통해 같은 형상의 배열을 만들거나 풀링 (pooling)을 통해 더 작은 배열을 만드는 방법을 알아본다.

예제 1 필터링 처리

3행 5열의 2차원 배열을 하나 만듭니다.

```
B = [[3, 4, 5, 2, 3],
     [3, 5, 1, 2, 7],
     [2, 2, 5, 6, 7]]
```

```
B = np.array(B)
```

최솟값과 최댓값을 사용하는 필터링 함수들을 import 합니다.

```
from scipy.ndimage.filters import maximum_filter, minimum_filter
```

2행 2열의 필터를 가지고 최댓값을 골라서 동일한 형상으로 배열을 만듭니다. 매개변수 size와 footprint에 동일한 형상을 넣으면 처리된 결과가 동일합니다. 그래서 두 가지 방식 중에 하나만 작성할 수 있습니다.

```
maximum_filter(B, size=(2,2))
```
```
array([[3, 4, 5, 5, 3],
       [3, 5, 5, 5, 7],
       [3, 5, 5, 6, 7]])
```

```
maximum_filter(B, footprint=np.ones((3,3)))
```
```
array([[5, 5, 5, 7, 7],
       [5, 5, 6, 7, 7],
       [5, 5, 6, 7, 7]])
```

이번에는 최솟값을 기준으로 필터링을 처리합니다.

```
minimum_filter(B, size=(2,2))
```

```
array([[3, 3, 4, 2, 2],
       [3, 3, 1, 1, 2],
       [2, 2, 1, 1, 2]])
```

```
minimum_filter(B, footprint=np.ones((3,3)))
```

```
array([[3, 1, 1, 1, 2],
       [2, 1, 1, 1, 2],
       [2, 1, 1, 1, 2]])
```

이미지를 필터링하기 위해 **matplotlib** 모듈을 import 합니다. 경고 메시지를 제외시키기 위해 warnings 모듈도 import 합니다.

```
import matplotlib.pyplot as plt
%matplotlib inline
```

```
import warnings
warnings.filterwarnings('ignore')
```

사이파이 모듈에 **misc**를 import 합니다. Face 함수를 실행해서 이미지를 다차원 배열로 가져옵니다. 이를 imshow 함수로 출력합니다.

```
from scipy import misc
face = misc.face(gray=True)
```

```
fig, ax_orig = plt.subplots(1, 1, figsize=(6, 15))
ax_orig.imshow(face, cmap='gray')
ax_orig.set_title('Original')
ax_orig.set_axis_off()
fig.show()
```

Original

이미지를 맥스 필터링과 미니멈 필터링을 처리한 후에 출력하면 원본 이미지를 변환하는 효과가 있는 것을 알 수 있습니다.

```python
fig, (ax_mag, ax_ang) = plt.subplots(1, 2, figsize=(10, 10))
ax_mag.imshow(maximum_filter(face, footprint=np.ones((3,3))), cmap='gray')
ax_mag.set_title('maximum_filter')
ax_mag.set_axis_off()
ax_ang.imshow(minimum_filter(face, footprint=np.ones((3,3))), cmap='hsv')
# hsv is cyclic, like angles
ax_ang.set_title('minimum_filter')
ax_ang.set_axis_off()
fig.show()
```

maximum_filter

minimum_filter

예제 2 풀링 처리하기

머신러닝 모듈인 **scikit-learn**인 **skimage** 모듈을 import 합니다.

```
import skimage.measure
```

```
B
array([[3, 4, 5, 2, 3],
       [3, 5, 1, 2, 7],
       [2, 2, 5, 6, 7]])
```

특정 필터를 사용해서 배열을 줄이는 **block_reduce** 함수를 사용합니다. 인자로 입력 데이터를 넣고 필터링할 배열의 형상을 지정합니다. 필터링 하는 배열을 1행 1열로 지정하면 자기 자신을 그대로 반환합니다.

```
sk = skimage.measure.block_reduce(B, (1,1), np.max)
```

```
sk
array([[3, 4, 5, 2, 3],
       [3, 5, 1, 2, 7],
       [2, 2, 5, 6, 7]])
```

열과 행의 차원을 증가시켜서 최댓값으로 풀링을 처리하면 반환되는 결과가 행이나 열이 줄어듭니다.

```
sk = skimage.measure.block_reduce(B, (1,2), np.max)
```

```
sk
array([[4, 5, 3],
       [5, 2, 7],
       [2, 6, 7]])
```

```
sk = skimage.measure.block_reduce(B, (2,1), np.max)
```

```
sk
array([[3, 5, 5, 2, 7],
       [2, 2, 5, 6, 7]])
```

앞에서 처리한 이미지를 최댓값과 최솟값으로 풀링을 처리하면 행과 열의 형상이 반으로 줄어든 것을 알 수 있습니다.

```
face.shape
```

(768, 1024)

```
skimage.measure.block_reduce(face, (2,2), np.max).shape
```

(384, 512)

```
skimage.measure.block_reduce(face, (2,2), np.min).shape
```

(384, 512)

풀링을 처리해서 이미지의 크기를 줄였지만 최댓값으로 만든 이미지는 동물 이미지가 뚜렷합니다. 최솟값으로 처리할 경우는 이미지가 희미한 것을 볼 수 있습니다.

```
fig, (ax_mag, ax_ang) = plt.subplots(1, 2, figsize=(12, 8))
ax_mag.imshow(skimage.measure.block_reduce(face, (2,2),
np.max), cmap='gray')
ax_mag.set_title('maximum_pooling')
ax_mag.set_axis_off()
ax_ang.imshow(skimage.measure.block_reduce(face, (2,2),
np.min), cmap='hsv') # hsv is cyclic, like angles
ax_ang.set_title('minimum_pooling')
ax_ang.set_axis_off()
fig.show()
```

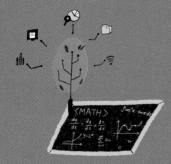

CHAPTER **11**

넘파이 특화 함수 알아보기

넘파이 모듈에는 벡터화 연산을 위한 유니버설 함수가 만들어져 있습니다.
이 함수에 대해 먼저 알아봅니다. 또한 파일을 읽고 사용하는 처리도 알아
봅니다.

■ 일반함수와 람다함수 사용하기벡터화 함수 정의 알아보기
■ 파일처리

01 일반함수와 람다함수 사용하기

넘파이 모듈에 제공하는 ufunc 클래스로 만든 함수들의 처리하는 방식을 알아봤습니다. 이제 이 클래스에서 제공하는 메소드를 알아본 후에 함수를 벡터와 연산을 처리하는 방식도 같이 살펴봅니다.

1.1

ufuc 함수의 메소드 실행하기

넘파이 모듈 내의 함수나 메소드들 중에는 일반 함수가 아닌 ufuc 클래스의 객체인 유니버설 함수가 있습니다. 이 유니버설 함수(universal function) 클래스가 제공하는 추가적인 메소드를 먼저 확인해 봅니다.

 예제 1 유니버설 함수 클래스 알아보기

유니버설 함수 클래스인 ufunc 클래스를 확인해 봅니다. 덧셈을 처리하는 함수 add를 만든 클래스를 type으로 확인하면 유니버설 함수 클래스라는 것을 알 수 있습니다.

```
np.ufunc
```

numpy.ufunc

```
type(np.add)
```

numpy.ufunc

유니버설 함수 클래스에서 제공하는 메소드나 속성을 확인합니다. 이 클래스로 객체를 만들면 이 속성이나 메소드를 사용할 수 있다는 뜻입니다.

```
for i in dir(np.ufunc) :
    if not i.startswith("_") :
        print(i)
```

```
accumulate
at
identity
nargs
nin
nout
ntypes
outer
reduce
reduceat
signature
types
```

예제 2 add 함수를 사용해서 메소드 처리하기

하나의 1차원 배열을 만듭니다.

```
a = np.arange(10)
```

```
a
```

```
array([0, 1, 2, 3, 4, 5, 6, 7, 8, 9])
```

파이썬에서 함수의 기능을 도와주는 **functools** 모듈을 **import** 합니다. 특정 함수와 반복형 객체를 받아서 연산을 처리하고 결과를 반환하는 **reduce**함수를 먼저 알아봅니다. 이 **reduce** 함수에 첫 번째 인자에 **np.add**를 넣고 두 번째 인자로 1차원 배열을 전달하면 모든 원소를 합산한 결과를 반환합니다.

유니버설 함수 클래스에서 제공하는 **reduce** 메소드를 사용해서 처리해도 동일한 결과가 나옵니다. 이 합산한 결과는 다차원 배열의 **sum** 메소드를 처리한 결과와 같습니다.

```
import functools as ft
```

```
ft.reduce(np.add,a)
```
45

```
np.add.reduce(a)
```
45

```
a.sum()
```
45

유니버설 함수 클래스가 만든 **add** 함수는 하나의 객체입니다. 다른 메소드인 **reduceat**에 배열과 특정 위치를 지정해서 합산을 할 수 있습니다. 먼저 계산 인덱스를 지정하면 두 개의 구분에 따라 값을 계산합니다.

```
np.add.reduceat(a,[0,4])
```
array([6, 39], dtype=int32)

```
np.add.reduce(a[:4])
```
6

```
np.add.reduce(a[4:])
```
39

4 개의 인덱스 정보를 지정하면 메소드는 배열의 원소의 인덱스를 확인해서 내부의 결과를 합산해서 하나의 배열로 반환합니다.

```
np.add.reduceat(a,[0,4,1,5])
```
array([6, 4, 10, 35], dtype=int32)

```
np.add.reduce(a[:4])
```
6

```
np.add.reduce(a[4:5])
```

4

```
np.add.reduceat(a[:5],[0,4]).sum()
```

10

```
np.add.reduce(a[5:])
```

35

예제 3 logical_and 함수로 알아보기

`logical_and` 함수도 **type**으로 어떤 클래스로 만들어져 있는지 확인하면 유니버설 함수 클래스로 만들어져 있는 것을 알 수 있습니다.

```
type(np.logical_and)
```

numpy.ufunc

두 개의 **2**차원 배열을 만들어서 비교연산을 하면 결과는 모든 원소를 비교해서 논리값으로 표시합니다.

```
y = np.array([[2,5],[7,8]])
```

```
z = np.array([[2,3],[2,8]])
```

```
a = y > z
```

```
a
```

array([[False, True],
       [True, False]])

이 결과에 대한 비교를 내부적으로 줄이려면 행에 있는 논리값들을 다시 비교해서 결과를

줄입니다.

```
b = np.logical_and.reduce(y>z)
```

```
b
```

array([False, False])

논리값에 대한 처리결과를 줄이는 .any와 .all 함수로 처리하면 결과는 스칼라 값으로 표시합니다.

```
(y>z).all()
```

False

```
(y>z).any()
```

True

1.2 사용자 유니버설 함수 정의하기

넘파이 모듈에서 제공되는 함수들만을 사용해서 개발도 가능하지만 사용자가 직접 정의한 함수를 유니버설 함수로 등록해서 사용할 수 있습니다.

어떤 기준으로 사용자 함수를 유니버설 함수로 등록하는지 알아봅니다.

예제 1 사용자 함수 정의 알아보기

함수를 등록하는 .frompyfunc를 확인하면 하나의 함수이고 내장 클래스에 의해 만들어진 함수인 것을 알 수 있습니다.

```
np.frompyfunc
```

```
<function numpy.core.umath.frompyfunc>
```

```
type(np.frompyfunc)
```

```
builtin_function_or_method
```

```
np.frompyfunc.__class__
```

```
builtin_function_or_method
```

.**help** 함수를 사용해서 도움말을 확인하면 인자로 함수와 입력될 개수와 출력될 개수를 넣어서 처리합니다.

```
help(np.frompyfunc)
```

```
Help on built-in function frompyfunc in module numpy.core.umath:

frompyfunc(...)
     frompyfunc(func, nin
         The         objects returned by `func`.
     Returns
     -------
     out : ufunc
         Returns a NumPy universal function (``ufunc``) object.
```

파이썬으로 일반 함수 **add**를 정의합니다. 파이썬 함수는 **function** 클래스에 의해 만들어진 함수입니다.

```
import operator as op
```

```
def add(x,y) :
    return op.add(x ,y)
```

```
type(add)
```

```
function
```

두 개의 배열을 만들고 실제 처리해도 파이썬 내부적으로 스페셜 메소드가 작동되어 계산이 됩니다.

넘파이 모듈도 파이썬 규약을 준수해서 연산자를 스페셜 메소드로 처리하므로 내부적으로는 벡터화 계산이 수행됩니다.

```
a = np.arange(3)
```

```
b = np.arange(4,7)
```

```
c = add(a,b)
```

```
c
```
array([4, 6, 8])

넘파이 모듈에서 사용이 가능한 유니버셜 함수(ufunc)로 등록합니다. 이 함수가 유니버셜 함수로 변환된 것을 볼 수 있습니다.

```
add_ = np.frompyfunc(add,2,1)
```

```
type(add_)
```
numpy.ufunc

유니버셜 함수로 변환해서 처리하지만 결괏값이 정수가 아닌 **object** 타입으로 처리되어 더 많은 시간이 걸립니다.

```
d = add_(a,b)
```

```
d
```
array([4, 6, 8], dtype=object)

두 함수의 처리된 시간을 비교해보면 파이썬 기준으로 스페셜 메소드가 처리되는게 더 빠릅니다. 이유는 유니버셜 함수는 **object** 로 변환해서 처리되어 더 많은 시간이 듭니다.

```
%timeit add_(a,b)
```

13.7 µs ± 2.77 µs per loop (mean ± std. dev. of 7 runs, 100000 loops each)

```
%timeit add(a,b)
```

4.14 µs ± 880 ns per loop (mean ± std. dev. of 7 runs, 100000 loops each)

1.3

vectorize 함수 사용하기

사용자 함수를 정의하고 새로운 인스턴스를 만들어서 다차원 배열을 바로 계산할 수 있도록 만들어줍니다.

실제 계산될 자료형도 지정해서 처리할 수 있으므로 다양한 자료형을 부여할 수 있습니다.

 예제 1 벡터화 처리 알아보기

벡터화 함수를 만드는 **vectorize**를 확인하면 하나의 클래스입니다.

```
np.vectorize
```

numpy.lib.function_base.vectorize

```
type(np.vectorize)
```

type

```
np.vectorize.__class__
```

type

이 클래스의 도움말을 스페셜 속성인 **__doc__**으로 확인합니다. 이 클래스의 인자에 첫 번째는 함수를 넣는 것을 알 수 있습니다.

```
print(np.vectorize.__doc__[:700])
```

vectorize(pyfunc, otypes=None, doc=None, excluded=None, cache=False,
          signature=None)

Generalized function class.

Define a vectorized function which takes a nested sequence of objects or
numpy arrays as inputs and returns an single or tuple of numpy array as
output. The vectorized function evaluates `pyfunc` over successive tuples
of the input arrays like the python map function, except it uses the
broadcasting rules of numpy.

The data type of the output of `vectorized` is determined by calling
the function with the first element of the input. This can be avoided
by specifying the `otypes` argument.

Parameters

연산자를 함수로 만든 operator 모듈을 import 합니다. 두 인자의 곱을 표시 하는 함수를 정의합니다. 이 함수는 벡터화 연산이 불가능한 일반 함수입니다.

```
import operator as op
```

```
def mul(x,y) :
    return op.mul(x ,y)
```

```
type(mul)
```

function

두 개의 1차원 배열을 만듭니다. 이 두 배열을 mul 함수에 인자로 전달하면 두 벡터의 원소간의 계산을 수행하는 것을 볼 수 있습니다. 일반 함수이지만 벡터화 연산을 수행하는 이유는 operator 모듈의 함수들은 객체들의 생성한 클래스 내의 스페셜 메소드를 호출해서 처리하기 때문입니다.

```
a = np.arange(3)
```

```
b = np.arange(4,7)
```

```
c = mul(a,b)
```

```
c
```

```
array([ 0,  5, 12])
```

이 함수를 **vectorize** 클래스에 인자로 전달해서 새로운 벡터화연산 가능한 객체를 만듭니다.

```
mul_ = np.vectorize(mul, otypes=[np.int32])
```

```
type(mul_)
```

```
numpy.lib.function_base.vectorize
```

객체에 두 개의 배열을 전달해서 실행한 결과도 두 배열의 원소를 곱한 결과가 나옵니다.

```
d = mul_(a,b)
```

```
d
```

```
array([ 0,  5, 12])
```

일반 함수에 **operator** 내의 함수를 사용해서 직접 스페셜 메소드를 호출해서 실행한 결과가 벡터화 클래스의 객체로 만들어서 처리하는 것보다 빠릅니다.

다차원 배열의 스페셜 메소드를 호출하지 않는 일반 함수에서 벡터화 연산을 처리할 때는 벡터화 객체로 변환해서 처리하는 것이 더 편리합니다.

```
%timeit mul_(a,b)
```

```
20.5 µs ± 2.37 µs per loop (mean ± std. dev. of 7 runs, 100000 loops each)
```

```
%timeit mul(a,b)
```

```
1.17 µs ± 88.5 ns per loop (mean ± std. dev. of 7 runs, 1000000 loops each)
```

1.4

함수를 전달 받아서 배열 생성하기

특정 함수를 사용해서 배열의 좌표에 맞춰 형상에 맞춰 새로운 배열을 만들 수 있습니다.

 예제 1 벡터화 처리 알아보기

함수를 사용해서 배열을 만들 수 있는 `fromfunction` 함수를 알아봅니다.

```
np.fromfunction
```

```
<function numpy.core.numeric.fromfunction(function, shape, **kwargs)>
```

```
type(np.fromfunction)
```

```
function
```

이 함수는 람다함수를 지정할 때 두개의 매개변수를 지정합니다. 이 매개변수는 실제 이 배열의 각 위치의 좌표입니다. 이 좌표로 연산을 실행한 결과가 배열 생성한 결과이므로 비교연산을 사용한 결과는 불리언 값으로 들어갑니다.

```
a = np.fromfunction(lambda i,j : i == j,(3,3), dtype=np.int32)
```

```
a
```

```
array([[ True, False, False],
       [False,  True, False],
       [False, False,  True]])
```

이번에는 람다 함수의 표현식에 덧셈을 사용했습니다. 두 좌표의 더한 결과가 원소의 값으로 들어갑니다.

```
b = np.fromfunction(lambda i,j : i+j,(3,3), dtype=np.int32)
```

```
b
```

```
array([[0, 1, 2],
       [1, 2, 3],
       [2, 3, 4]])
```

02 파일 처리

다차원 배열 클래스 ndarray로 만든 객체를 저장할 때는 별도의 파일확장자인 npy사용합니다. 이 파일은 ndarray를 디스크 파일로 재구성하는 데 필요한 데이터, 형상, dtype 및 기타 정보를 저장하고 파일이 다른 컴퓨터에 만들어져도 현재 컴퓨터에서 동일하게 파일을 읽고 처리할 수 있습니다.

또한 일반 텍스트나 엑셀로 만든 csv 파일을 읽어서 처리할 수 있는 함수를 제공합니다.

일반 파일 처리

다차원 배열을 파일에 저장해서 일반적인 데이터를 저장합니다. 다시 읽어오면 다차원 배열로 변환해서 저장합니다. 어떤 함수들이 있는지 확인합니다.

 예제 1 넘파이 파일 처리하기

3행 5열의 배열을 하나 만듭니다.

```
n = np.random.randn(3,5)
```

```
n
```

```
array([[ 0.04307566, -0.90563521,  0.22420237,  0.64843632, -1.28448313],
       [ 0.58064508,  0.30405908, -0.75354636, -1.65416595,  0.11247436],
       [ 0.80340745, -0.44085927, -0.01321704, -0.11301259,  1.56345795]])
```

이 배열에 있는 **tofile** 메소드에 확장자를 **npy** 정한 문자열을 지정해서 실행하면 파일이 만들어집니다. 만들어진 파일을 **fromfile** 함수에 파일명을 지정해서 읽어옵니다. 다시 읽

어온 것을 확인하면 다차원 배열인 것을 확인할 수 있습니다.

```
n.tofile('n.npy')
```

```
m = np.fromfile('n.npy')
```

```
m
```

```
array([ 0.2918681 ,  0.50896784, -2.10537621,  0.7818137 ,  0.15044656,
       -0.63744972, -0.34686228, -1.00380655,  0.09869055, -1.20005384,
       -1.21915409,  0.49495555,  0.18855507,  0.19068091,  0.55203065])
```

위의 파일을 처리하는 방식과 같지만 함수로 처리하는 다른 방법도 알아봅니다. 다른 방식은 **save**함수와 **load** 함수를 사용해서 파일을 저장하고 읽는 것입니다.

```
np.save('m.npy',m)
```

```
o = np.load('m.npy')
```

```
o
```

```
array([ 0.2918681 ,  0.50896784, -2.10537621,  0.7818137 ,  0.15044656,
       -0.63744972, -0.34686228, -1.00380655,  0.09869055, -1.20005384,
       -1.21915409,  0.49495555,  0.18855507,  0.19068091,  0.55203065])
```

예제 2 텍스트 파일 처리하기

3행 3열의 다차원 배열을 하나 만듭니다.

```
a = np.random.randn(3,3)
```

```
a
```

```
array([[-0.81119324,  0.13271533, -0.53291746],
       [-1.7866504 ,  0.53885571, -0.5990491 ],
       [ 1.02637679, -0.17552541,  1.73950339]])
```

이번에는 텍스트 파일로 저장하기 위해 **savetxt** 함수에 파일 이름과 배열을 전달합니다. 이 파일을 주피터 명령어인 **%load**를 사용해서 저장된 텍스트를 읽어옵니다.

```
np.savetxt('data.txt',a)
```

```
%load data.txt
```

```
# %load data.txt
-8.111932381880198051e-01 1.327153329576035157e-01 -5.329174616996750213e-
01
-1.786650399356284336e+00 5.388557132831307550e-01 -5.990491040135230705e-
01
1.026376794630136091e+00 -1.755254130829746739e-01 1.739503387247216759e+00
```

넘파이 함수인 **loadtxt**로 파일 이름을 지정해서도 읽어올 수 있습니다. 확인하면 하나의 다차원 배열인 것을 알 수 있습니다.

```
b = np.loadtxt('data.txt')
```

```
b
```

```
array([[-0.81119324,  0.13271533, -0.53291746],
       [-1.7866504 ,  0.53885571, -0.5990491 ],
       [ 1.02637679, -0.17552541,  1.73950339]])
```

다차원 배열을 저장한 것을 다시 읽어 와도 동일한 정보를 유지해서 연산을 수행해도 계산이 가능합니다. 계산한 결과를 다시 파일로 저장하고 이를 읽어서 출력해봅니다.

```
c = a+b
```

```
np.savetxt('data.txt',c)
```

```
d = np.loadtxt('data.txt')
```

```
d
```

```
array([[-1.62238648,  0.26543067, -1.06583492],
       [-3.5733008 ,  1.07771143, -1.19809821],
       [ 2.05275359, -0.35105083,  3.47900677]])
```

예제 3 csv 파일 처리하기

주피터 노트북의 여러 라인을 처리하는 명령어인 %%writefile을 사용해서 파일을 하나 만듭니다. 이 파일에 데이터는 하나의 빈칸을 기준으로 구분에서 저장합니다.

```
%%writefile    file.dat
-0.81119324    0.13271533 -0.53291746
-1.7866504   0.53885571 -0.5990491
1.02637679 -0.17552541   1.73950339
```

Writing file.dat

저장된 파일을 genfromtxt 함수로 읽어옵니다. 다차원 배열로 변환해서 처리해 줍니다.

```
data = np.genfromtxt('file.dat')
```

```
data
```

```
array([[-0.81119324,   0.13271533,  -0.53291746],
       [-1.7866504 ,   0.53885571,  -0.5990491 ],
       [ 1.02637679,  -0.17552541,   1.73950339]])
```

할당된 변수에 어떤 클래스의 객체가 들어가 있는지 type으로 확인하고 이 배열의 형상과 자료형을 확인합니다.

```
type(data)
```
numpy.ndarray

```
data.shape
```
(3, 3)

```
data.dtype
```
dtype('float64')

파일의 확장자를 csv로 변경해서 저장하고 주피터노트북 라인 명령어인 %load를 사용해서 데이터를 확인해봅니다.

```
np.savetxt('file.csv',data)
```

```
%load file.csv
```

```
# %load file.csv
-8.111932400000000376e-01 1.327153299999999925e-01 -5.329174599999999540e-
01
-1.786650400000000083e+00 5.388557099999999878e-01 -5.990491000000000010e-
01
1.026376790000000039e+00 -1.755254099999999928e-01 1.739503390000000094e+00
```

이 파일을 **loadtxt** 함수로 읽어 와서 확인하면 배열로 만들어지는 것을 볼 수 있습니다.

```
a = np.loadtxt('file.csv')
```

```
a
```

```
array([[-0.81119324,  0.13271533, -0.53291746],
       [-1.7866504 ,  0.53885571, -0.5990491 ],
       [ 1.02637679, -0.17552541,  1.73950339]])
```

2.2

직렬화 처리

파이썬에서 제공되는 확장자는 파이썬 객체를 그대로 저장해서 처리할 수 있습니다. npz 확장자를 사용하면 다차원 배열을 직렬화 처리를 하고 저장합니다. 이 파일을 읽어올 때 어떻게 처리되는지 알아봅니다.

예제 1 파이썬 특화 파일 처리하기

하나의 배열을 만듭니다.

```
x = np.random.randn(3,5)
```

```
x
```

```
array([[ 0.25902589, -2.94594139,  0.06026602, -0.48664292, -0.11644463],
       [-1.90170164, -0.135234  , -1.46154033, -2.08945803, -0.21199945],
       [-0.9862579 ,  0.58599987, -0.08755615, -0.2770418 ,  0.16121283]])
```

파일 이름과 배열을 인자로 전달해서 **savez** 함수로 저장합니다. 확장자를 지정하지 않아도 **npz** 확장자로 파일이 만들어집니다. 이 파일을 **load** 함수로 읽어옵니다.

```
np.savez('x',x)
```

```
y = np.load('x.npz')
```

변수에 저장된 객체를 확인하면 **NpzFile** 클래스입니다. 이 파일의 정보를 **files** 속성으로 확인하면 리스트에 문자열이 들어간 것을 볼 수 있습니다.

```
type(y)
```

```
numpy.lib.npyio.NpzFile
```

```
y.files
```

```
['arr_0']
```

리스트 내의 문자열을 사용해서 검색하면 내부의 다차원 배열을 조회할 수 있습니다.

```
y['arr_0']
```

```
array([[ 0.25902589, -2.94594139,  0.06026602, -0.48664292, -0.11644463],
       [-1.90170164, -0.135234  , -1.46154033, -2.08945803, -0.21199945],
       [-0.9862579 ,  0.58599987, -0.08755615, -0.2770418 ,  0.16121283]])
```

다차원 배열의 정보를 그대로 파일에 저장해서 처리하므로 다른 파일을 읽어 와서 처리할 때와 다릅니다.

이 클래스에 있는 다양한 속성과 메소드를 확인합니다. 내부 파일에 대한 것을 읽거나 파일 처리를 할 수 있는 것을 제공합니다.

```
for i in dir(y) :
    if not i.startswith("_") :
        print(i)
```

allow_pickle
close
f
fid
files
get
items
iteritems
iterkeys
keys
pickle_kwargs
values
zip

이 중에 **item** 메소드를 실행해서 내부의 원소를 출력하면 저장된 배열의 이름과 실제 배열이 튜플로 들어간 것을 조회합니다.

```
for i in y.items() :
    print(i)
```

```
('arr_0', array([[ 0.25902589, -2.94594139,  0.06026602, -0.48664292, -0.11
644463],
       [-1.90170164, -0.135234  , -1.46154033, -2.08945803, -0.21199945],
       [-0.9862579 ,  0.58599987, -0.08755615, -0.2770418 ,  0.16121283]]))
```

CHAPTER **12**

선형대수 분해 알아보기

수학의 소인수분해처럼 선형대수의 행렬도 여러 분해가 가능합니다. 하나의
행렬을 분해하는 여러 가지의 함수들을 알아봅니다.

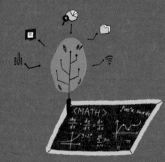

■ LU, QR 분해
■ 고유값, 특이값 분해

01 LU, QR 분해

하나의 행렬을 분해해서 여러 개의 행렬을 만들 수 있습니다. 다양한 계산을 하기 위해 행렬을 분해해서 계산합니다. 여러 가지 행렬분해가 있지만 가장 기본적인 행렬의 분해를 알아봅니다.

1.1

LU 분해(decomposition)

LU 분해는 하삼각행렬과 상삼각행렬의 곱으로 표현하는 분해입니다. 여기에 치환행렬(permutation matrix)도 함께 곱으로 나타내기도 합니다.

 예제 1 LU 분해하기

LU 분해를 하는 함수는 싸이파이 모듈 내의 **linalg**에 있습니다.

```
import scipy as sp
```

```
from scipy import linalg as LA
```

4행 4열의 2차원 배열을 만듭니다.

```
A = np.array( [[7,3,-1,2], [3,8,1,-4], [-1,1,4,-1], [2,-4,-1,6]])
```

```
A
```

```
array([[ 7,  3,  -1,  2],
       [ 3,  8,   1, -4],
       [-1,  1,   4, -1],
       [ 2, -4,  -1,  6]])
```

이 배열을 LU 분해를 lu 함수로 실행합니다. 이 함수의 반환 값은 치환행렬인 P와 하삼각행렬이 L, 상삼각행렬인 U가 있습니다. 3개의 반환된 행렬도 전부 4행 4열의 배열입니다.

```
P, L, U = LA.lu(A)
```

```
P
```

```
array([[1., 0., 0., 0.],
       [0., 1., 0., 0.],
       [0., 0., 1., 0.],
       [0., 0., 0., 1.]])
```

```
L
```

```
array([[ 1.        , 0.        , 0.        , 0.        ],
       [ 0.42857143, 1.        , 0.        , 0.        ],
       [-0.14285714, 0.21276596, 1.        , 0.        ],
       [ 0.28571429, -0.72340426, 0.08982036, 1.        ]])
```

```
U
```

```
array([[ 7.        , 3.        , -1.        , 2.        ],
       [ 0.        , 6.71428571, 1.42857143, -4.85714286],
       [ 0.        , 0.        , 3.55319149, 0.31914894],
       [ 0.        , 0.        , 0.        , 1.88622754]])
```

이 행렬의 행렬식과 LU 분해한 두 삼각행렬의 행렬식 간의 관계를 확인해 봅니다.

하삼각행렬의 행렬식과 상삼각행렬의 행렬식의 곱이 원 행렬의 행렬식과 같다는 것을 알 수 있습니다.

```
a = LA.det(L)
```

```
a
```

```
1.0
```

```
b = LA.det(U)
```

```
b
```

```
315.00000000000006
```

```
np.dot(a,b)
```

315.00000000000006

```
LA.det(A)
```

315.00000000000006

 예제 2 LU 분해와 연립방정식 풀기

하나의 행렬을 가지고 LU의 결과가 합쳐진 행렬과 **pivot** 행렬을 구할 수 있습니다.

```
A = np.array([[2, 5, 8, 7], [5, 2, 2, 8], [7, 5, 6, 6], [5, 4, 4, 8]])
```

```
lu, piv = LA.lu_factor(A)
```

```
lu
```

```
array([[ 7.        ,  5.        ,  6.        ,  6.        ],
       [ 0.28571429,  3.57142857,  6.28571429,  5.28571429],
       [ 0.71428571,  0.12      , -1.04      ,  3.08      ],
       [ 0.71428571, -0.44      , -0.46153846,  7.46153846]])
```

```
piv
```

```
array([2, 2, 3, 3], dtype=int32)
```

이 행렬의 LU 분해를 확인하면 두 객의 삼각행렬로 분리된 것을 확인할 수 있습니다.

```
P,L,U = LA.lu(A)
```

```
L
```

```
array([[ 1.        ,  0.        ,  0.        ,  0.        ],
       [ 0.28571429,  1.        ,  0.        ,  0.        ],
       [ 0.71428571,  0.12      ,  1.        ,  0.        ],
       [ 0.71428571, -0.44      , -0.46153846,  1.        ]])
```

```
U
```

```
array([[ 7.        ,  5.        ,  6.        ,  6.        ],
       [ 0.        ,  3.57142857,  6.28571429,  5.28571429],
       [ 0.        ,  0.        , -1.04      ,  3.08      ],
       [ 0.        ,  0.        ,  0.        ,  7.46153846]])
```

이제 4행 4열의 정사각행렬을 2차원 배열, 4개의 원소를 가진 1차원 배열을 만듭니다. LU 분해를 이용해서 연립방정식을 계산하는 **lu_solve** 함수는 인자로 **lu**와 **piv**를 튜플로 받아야 합니다.

먼저 **lu_fator** 함수로 **lu**와 **piv**를 구한 후에 **lu_solve** 함수에 인자로 전달해서 연립 방정식의 해를 구합니다.

이 방정식의 해를 원 행렬과 행렬곱을 한 후에 **b**의 벡터를 빼서 **0**인지 확인합니다.

```
A = np.array([[2, 5, 8, 7], [5, 2, 2, 8], [7, 5, 6, 6], [5, 4, 4, 8]])
b = np.array([1, 1, 1, 1])
```

```
lu, piv = LA.lu_factor(A)
```

```
x =LA.lu_solve((lu, piv), b)
```

```
x
```

```
array([ 0.05154639, -0.08247423,  0.08247423,  0.09278351])
```

```
np.allclose(A @ x - b, np.zeros((4,)))
```

```
True
```

연립 방정식을 푸는 **solve** 함수 처리 결과와 같은 것을 알 수 있습니다.

```
x_ = np.linalg.solve(A,b)
```

```
x_
```

```
array([ 0.05154639, -0.08247423,  0.08247423,  0.09278351])
```

```
np.dot(np.linalg.inv(A), b)
```

```
array([ 0.05154639, -0.08247423,  0.08247423,  0.09278351])
```

```
np.dot(A, x_)
```

```
array([1., 1., 1., 1.])
```

```
A @ x
```

```
array([1., 1., 1., 1.])
```

1.2

QR 분해

QR 분해(QR decomposition, QR factorization)는 임의의 행렬을 직교행렬과 상삼각행렬의 곱으로 분해합니다. 행렬 A를 QR로 인수 분해합니다. 여기서 Q는 직교 좌표이고 R은 상삼각행렬입니다.

예제 1 QR 분해

QR 분해를 하려면 선형대수를 처리하는 모듈을 사용하기 위해 import 합니다.

```
import numpy.linalg as LA
```

하나의 2차원 배열을 만듭니다.

```
A = np.array([[12,-51,4 ], [6, 167, -68], [-4, 24, -41]])
```

```
A
```

```
array([[ 12, -51,   4],
       [  6, 167, -68],
       [ -4,  24, -41]])
```

분해를 위해 **qr** 함수에 행렬을 인자로 전달합니다. **Q**, **R** 변수에 두 개의 행렬이 할당됩니다. 먼저 **R**을 확인하면 상삼각행렬이 만들어집니다.

```
Q, R = LA.qr(A)
```

```
R
```
```
array([[ -14.,  -21.,   14.],
       [   0., -175.,   70.],
       [   0.,    0.,  -35.]])
```

직교행렬인 **Q**를 확인합니다. 직교행렬의 특징은 전치행렬의 닷 연산이 항상 단위행렬을 만듭니다. 그래서 직교행렬과 직교행렬의 전치행렬을 닷연산으로 구해서 변수에 할당합니다.

```
Q
```
```
array([[-0.85714286,  0.39428571,  0.33142857],
       [-0.42857143, -0.90285714, -0.03428571],
       [ 0.28571429, -0.17142857,  0.94285714]])
```

```
i = np.dot(Q, Q.T)
```

직교행렬과 직교행렬의 전치행렬의 닷연산 결과가 단위행렬과 동일한지 비교하면 같다는 것을 알 수 있습니다.

```
i
```
```
array([[ 1.00000000e+00,  9.70056801e-17, -2.53402741e-17],
       [ 9.70056801e-17,  1.00000000e+00, -2.88873234e-17],
       [-2.53402741e-17, -2.88873234e-17,  1.00000000e+00]])
```

```
I = np.eye(A.shape[0])
```

```
np.allclose(i,I)
```
```
True
```

직교행렬의 행렬식은 항상 **1**입니다. 행렬식을 구하면 **1**이 아닌 결과가 나옵니다. 이를 **allclose** 함수로 비교하면 동일하다는 것을 알 수 있습니다.

```
sq = np.fabs(LA.linalg.det(Q))
```

```
sq
```
0.9999999999999999

```
np.allclose(sq, 1)
```
True

직교행렬의 역행렬은 전치행렬과 동일합니다. 그래서 직교행렬과 직교행렬의 전치행렬을 곱은 항상 단위행렬입니다.

```
qt = LA.inv(Q)
```

```
np.allclose(Q.T, qt)
```
True

02 고유값, 특이값 분해

행렬을 하나의 벡터로 분리 또는 여러 개의 행렬로 분해하는 고유값 분해와 3개의 행렬로 분해하는 특이값 분해가 있습니다. 고유값은 주로 정사각행렬에 대한 분해에 사용합니다. 차원의 다른 행렬일 때는 특이값 분해를 사용합니다.

2.1

고유값과 고유벡터

고유값 분해(eigen decomposition)는 고유값(eigen value) 과 고유벡터(eigen vector)로 유도되는 고유값 행렬과 고유벡터 행렬에 의해 분해될 수 있는 행렬의 표현입니다. 고유값과 고유벡터는 정사각행렬일 때만 분해가 가능합니다.

예제 1 고유값과 고유벡터 알아보기

넘파이 모듈의 `linalg` 모듈에 고유값과 고유벡터를 구하는 함수가 있습니다. 이를 처리하기 위해 이 모듈을 `import` 합니다.

```
import numpy.linalg as LA
```

2행 2열의 행렬을 만들고 2행 1열의 벡터를 만듭니다.

```
A = np.array([[3,0],[8,-1]])
```

```
x = np.array([1,2])
```

고유값을 구하는 산식은 단위행렬에 특정 상수를 곱하고 이를 행렬에 뺀 후에 행렬식을 구하면 **0**이 나오면 이 상수 값이 고유값이 됩니다.

$$\det(\lambda I - A) = \ 0$$

먼저 단위행렬을 하나 **eye** 함수로 만듭니다.

```
E = np.eye(2)
```

```
E
```

```
array([[1., 0.],
       [0., 1.]])
```

단위행렬에 3을 곱한 후에 행렬 A에 뺀 후에 **det** 함수로 행렬식을 구하면 **0**이 나와서 이 상수가 고유값이라는 것을 알 수 있습니다.

```
LA.det(A - 3*E)
```

```
0.0
```

고유값과 고유벡터를 구하는 수학적 산식은 아래와 같습니다. 하나의 행렬과 벡터를 행렬곱으로 계산한 것이 상수에 벡터를 곱합 결과와 동일합니다.

$$Ax = \ \lambda x$$

위에서 만들어진 행렬과 벡터를 행렬곱으로 구한 벡터입니다. 이 벡터는 **x** 변수에 할당된 값에 상수 **3**을 곱한 경우와 동일합니다.

```
c = np.dot(A,x)
```

```
c
```

```
array([3, 6])
```

```
3 * x
```

```
array([3, 6])
```

이제 넘파이 모듈의 함수를 사용해서 행렬의 고유값과 고유벡터를 알아봅니다.

새로운 2행 2열의 2차원 배열을 하나 정의합니다. 이 행렬을 고유값과 고유벡터를 구하는
LA.eig함수에 인자로 전달해서 실행합니다. 반환되는 결과가 고유값과 고유벡터입니다.

고유값이 결과가 1차원 배열로 나오는 것은 이 행렬의 고유값이 2개가 있다는 뜻입니다.
단위벡터도 2차원 배열로 나온 것은 두 개의 단위벡터가 있다는 뜻입니다.

```
B = np.array([[1,3],[3,1]])
```

```
v,w = LA.eig(B)
```

```
v
```
```
array([ 4., -2.])
```

```
w
```
```
array([[ 0.70710678, -0.70710678],
       [ 0.70710678,  0.70710678]])
```

고유값을 검증하기 위해 행렬식 산식으로 계산합니다. 먼저 단위행렬을 하나 만듭니다. 위
에서 나온 고유값 중에 4를 단위행렬과 곱하고 행렬에 뺀 후에 행렬식을 구하면 0이 나와
서 고유값이라는 것을 확인할 수 있습니다.

```
E = np.eye(2)
```

```
E
```
```
array([[1., 0.],
       [0., 1.]])
```

```
LA.det(B - (4 * E))
```
```
0.0
```

단위 벡터 중에 하나를 다른 변수에 할당한 후에 행렬곱으로 계산을 합니다. 이 고유벡터
에 -2을 곱한 결과와 동일한 원소를 가지므로 고유값과 고유벡터가 맞는 것을 확인할 수
있습니다.

```
x = np.array([ 0.70710678, -0.70710678])
```

```
np.dot(B,x)
```

```
array([-1.41421356,  1.41421356])
```

```
-2*x
```

```
array([-1.41421356,  1.41421356])
```

두 번째 고유값과 고유벡터를 가지고 계산해도 동일한 것을 알 수 있습니다.

```
y = np.array([ 0.70710678,  0.70710678])
```

```
np.dot(B,y)
```

```
array([2.82842712, 2.82842712])
```

```
4*y
```

```
array([2.82842712, 2.82842712])
```

3개의 행렬로 분해한 처리

하나의 정사각행렬을 분해하면 고유벡터의 행렬와 고유값을 단위벡터에 행렬곱한 행렬 그리고 고유벡터의 행렬의 전치행렬을 가지고 행렬곱을 한 결과가 분해하기 전에 행렬입니다.

$$A = E_{vec}(E_{val} \ I)E_{vec}.\mathsf{T}$$

예제 2 고유값과 고유벡터를 행렬간의 관계로 알아보기

하나의 정사각행렬을 배열로 만듭니다.

```
C = np.array([[4,3],[3,5]])
```

```
C
```
```
array([[4, 3],
       [3, 5]])
```

고유값과 고유벡터를 **eig** 함수로 계산합니다.

```
e, ev = LA.eig(C)
```

```
e
```
```
array([1.45861873, 7.54138127])
```

```
ev
```
```
array([[-0.76301998, -0.6463749 ],
       [ 0.6463749 , -0.76301998]])
```

앞의 예에서 만들어진 단위벡터를 사용해서 고유값과 곱셈 해서 **2**차원 행렬로 변환합니다.

```
e_ = e * E
```

```
e_
```
```
array([[1.45861873, 0.        ],
       [0.        , 7.54138127]])
```

3개의 행렬을 가지고 행렬곱을 해서 계산하면 원 행렬이 나옵니다. 소수점 이하 계산이 나올 경우는 **allclose** 함수로 동일한 값인지 확인합니다.

```
C_ = np.dot(np.dot(ev,e_), ev.T)
```

```
C_
```
```
array([[4., 3.],
       [3., 5.]])
```

```
np.allclose(C_, C)
```
```
True
```

SVD 분해

특이값 분해(Singular Value Decomposition, SVD)는 고유값 분해(eigen decomposition)처럼 행렬을 대각화해서 분해하는 방식입니다. 고유값 분해는 정사각행렬일 때만 분해가 가능합니다. 특이값 분해는 정사각행렬이 아닐 경우 일 때도 분해가 가능합니다. 또한 이 행렬이 분해할 때 구해진 특이값의 개수가 행렬의 랭크를 의미하기도 합니다.

특이값 분해

하나의 m 행 n 열의 행렬이 있을 때 이를 어떻게 분해하는지 알아봅니다.

먼저 분해되는 첫 번째 행렬은 m행 m 열의 직교행렬입니다. 그 다음 행렬은 m 행 n 열의 대각행렬입니다. 이 대각행렬의 값이 특이값입니다. 마지막 행렬은 n 행 n열의 직교행렬입니다. 두 행렬씩 행렬곱 연산을 수행하면 최종 결과도 m 행 n열의 행렬입니다. 그림 **12-1**을 보면 두 개의 직교행렬과 하나의 대각행렬을 가지는 구조가 특이값 분해한 결과입니다.

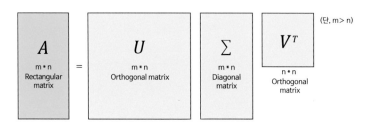

그림 12-1 특이값 분해의 구조

📌 예제 1 특이값 분해 알아보기

특이값 분해를 하려면 scipy 모듈을 사용합니다. 이 모듈에 선형대수를 구하는 linalg 모듈을 import 합니다.

```
import scipy as sp
```

```
from scipy import linalg as LA
```

하나의 2행 2열의 행렬을 만듭니다. 이 행렬을 svd 함수이 인자로 전달합니다. 매개변수 full_matrics에 True로 지정해서 분해하는 3개의 행렬 모두를 반환합니다.

```
A = np.array([[1,0],[1,2]])
```

```
U, S, V = np.linalg.svd(A, full_matrices=True)
```

반환된 3개의 행렬을 확인합니다.

```
U
```
```
array([[-0.22975292, -0.97324899],
       [-0.97324899,  0.22975292]])
```

```
S
```
```
array([2.28824561, 0.87403205])
```

```
V
```
```
array([[-0.52573111, -0.85065081],
       [-0.85065081,  0.52573111]])
```

보통 3개의 행렬을 확인하면 두 개의 특이값 벡터와 하나의 특이값인 것을 알 수 있습니다.

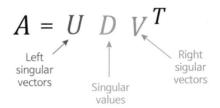

그림 12-2 특이값 분해의 구조

다시 분해된 것을 행렬곱으로 계산해서 원 행렬이 나오는지 알아봅니다. 먼저 특이값이 하나의 벡터입니다. 이 특이값을 대각행렬로 변형해야 합니다. 그래서 대각행렬을 하나 만들어서 특이값 벡터와 곱을 통해 대각행렬로 변환합니다.

```
E = np.eye(2)
```

```
SE = S *E
```

이제 뒤에 만들어진 직교행렬과 행렬곱을 구합니다. 다시 앞에 행렬과 행렬곱을 구합니다. 이 계산으로 구한 행렬과 원 행렬이 같은지 **np.allclose** 함수를 사용·해서 검증하면 같은 것을 알 수 있다.

```
np.dot(U, np.dot(SE, V))
```

```
array([[ 1.00000000e+00,  -4.24269734e-16],
       [ 1.00000000e+00,   2.00000000e+00]])
```

```
np.allclose(A, np.dot(U, np.dot(SE, V)))
```

```
True
```

3행 2열의 배열을 만듭니다. 이 행렬을 특이값 분해를 합니다. 이 행렬의 랭크는 특이값의 수와 같으므로 두 개의 특이값이 나와서 랭크도 2입니다.

```
B = np.array([[1,0],[1,2],[3,3]])
```

```
U_, S_, V_ = np.linalg.svd(B, full_matrices=True)
```

```
U_
```

```
array([[-0.1404708 ,  0.75576256, -0.63960215],
       [-0.44811108, -0.6245843 , -0.63960215],
       [-0.88287282,  0.19676738,  0.42640143]])
```

```
S_
```

```
array([4.80055841, 0.97705628])
```

```
V_
```

```
array([[-0.67433829, -0.73842256],
       [ 0.73842256, -0.67433829]])
```

특이값을 대각행렬로 바꾸려고 할 때 정사각행렬이 아니므로 대각 행렬도 **3행 2열**에 맞춘 대각선을 반영해야 합니다.

```
E3 = np.eye(3)[:, :2]
```

```
SE3 = S_ * E3
```

```
SE3
```

```
array([[4.80055841, 0.         ],
       [0.        , 0.97705628],
       [0.        , 0.        ]])
```

다시 행렬곱을 통해 원행렬을 만듭니다. 동일한 행렬인지 비교하면 **True**로 반환해서 두 행렬은 같습니다.

```
np.dot(U_, np.dot(SE3, V_))
```

```
array([[ 1.00000000e+00, -7.44777456e-17],
       [ 1.00000000e+00,  2.00000000e+00],
       [ 3.00000000e+00,  3.00000000e+00]])
```

```
np.allclose(B, np.dot(U_, np.dot(SE3, V_)))
```

```
True
```

CHAPTER **13**

희소행렬(Sparse Matrix) 알아보기

이산수학에서 특정 점들 간의 관계를 그래프 이론으로 배웁니다. 이 그래프 이론을 그래프로 시각화하는 방법을 알아봅니다. 희소행렬은 행렬내의 값을 가진 원소가 작을 때 만들어서 사용합니다. 그래프 이론과 같이 알아두면 이해하기 편합니다.

먼저 수학의 그래프 이론을 처리하는 모듈을 알아본 후에 희소행렬을 만드는 모듈을 알아봅니다.

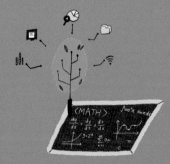

■ 그래프 이론
■ 희소행렬(Sparse matrices)

01 그래프 이론

주요 요소를 점으로 표시하고 그 점들 간의 관계를 선으로 표시해서 복잡한 구조를 단순하게 표현할 수 있는 방식입니다. 많은 관계를 표현하고 이를 다시 수학적으로도 계산이 가능하도록 변형도 가능합니다. 어떻게 그래프를 그리는지 알아봅니다.

1.1

무향 그래프

무향 그래프란 노드나 꼭지점의 집합과 변 또는 에지의 집합으로 만들어지면서 에지의 방향이 없이 그려지는 그래프입니다.

 ### 예제 1 무방향 그래프 그리기

이 모듈이 없을 경우에는 **pip install networkx** 명령어로 먼저 설치를 합니다. 설치이후에 그래프를 그리는 **network** 모듈을 **import**하고 별칭을 nx로 사용합니다.

```
import networkx as nx
```

그래프 이미지를 그리기 위해서 **matplotlib** 모듈도 **import** 합니다. 또한 주피터 노트북 명령어를 사용해서 내부에 출력하게 만듭니다.

```
import matplotlib.pyplot as plt
```

```
%matplotlib inline
```

그래프를 그리려면 **Graph** 클래스로 하나의 객체를 만듭니다. 만들어진 객체의 클래스를 확인하면 **Graph** 클래스라는 것을 알 수 있습니다.

```
G = nx.Graph()
```

```
type(G)
```

```
networkx.classes.graph.Graph
```

위의 그래프에 노드를 추가하지 않고 노드 간의 연결을 **add_edge** 메소드로 추가해도 노드가 만들어집니다. 이 그래프를 **draw** 함수로 그리면 두 개의 노드가 연결된 것을 볼 수 있습니다.

```
G.add_edge(1,2)
```

```
nx.draw(G)
```

이 그래프에 레이블과 사이즈, 그리고 색상을 추가할 수 있습니다. 색상은 #기호 다음에 **16**진수 표기법으로 나타낸 것을 알 수 있습니다.

```
nx.draw(G, with_labels=True, node_size=800,node_color='#00b4d9')
```

그래프를 하나 만든 후에 하나의 노드는 **add_node** 메소드로 추가합니다. 여러 개의 노드는 **add_nodes_from** 메소드에 리스트를 인자로 받아서 추가합니다.

```
G = nx.Graph()
G.add_node('apple')
G.add_nodes_from(['banana','kiwi','mango'])
fruits = ['_banana','_kiwi','_mango']
G.add_nodes_from(fruits)
```

노드만 만들어진 현재의 상태를 그래프로 그립니다. 노드만 표시되는 것을 볼 수 있습니다.

```
nx.draw(G,with_labels=True, node_size=800,node_color='#00b4d9')
```

하나의 에지는 **add_edge** 메소드에 두 개의 노드를 전달을 받아서 연결합니다. 여러 개의 경우는 **add_edges_from** 메소드에 튜플이 내포된 리스트를 받아서 연결합니다. 그래프를 그리면 노드와 에지가 연결된 것을 볼 수 있습니다.

```
G.add_edge('apple', 'banana')
G.add_edges_from([('apple','mango'),('apple','kiwi')])
nx.draw(G,with_labels=True, node_size=800,node_color='#00b4d9')
```

이 그래프의 노드와 에지를 nodes, edges 속성으로 확인해 봅니다.

```
G.nodes
```

```
NodeView(('apple', 'banana', 'kiwi', 'mango', '_banana',
'_kiwi', '_mango'))
```

```
G.edges
```

```
EdgeView([('apple', 'banana'), ('apple', 'mango'), ('apple', 'kiwi')])
```

노드의 좌표 위치를 spring_layout 함수로 확정합니다.

```
pos_nodes = nx.spring_layout(G)
```

```
pos_nodes
```

```
{'apple': array([-0.04187768, -0.04452236]),
 'banana': array([-0.15167557,  0.08149539]),
 'kiwi': array([ 0.12026778, -0.0113216 ]),
 'mango': array([-0.09346516, -0.20377446]),
 '_banana': array([-1.        , -0.22750537]),
 '_kiwi': array([ 0.7997075 , -0.49973549]),
 '_mango': array([0.36704313, 0.90536389])}
```

그래프를 그리면 노드의 좌표가 고정된 위치에 그려집니다.

```
nx.draw(G, pos_nodes, with_labels=True, node_size=800,
node_color='#00b4d9')
```

이 그래프의 각 노드에 대한 연결 개수를 **degree** 메소드로 확인할 수 있습니다.

```
G.degree()
```

```
DegreeView({'apple': 3, 'banana': 1, 'kiwi': 1, 'mango': 1, '_banana': 0, '
_kiwi': 0, '_mango': 0})
```

이 그래프를 배열로 변환은 **to_numpy_matrix**나 **toarray**로 가능합니다. 행렬은 **matrix**나 **ndarray** 클래스의 객체로 만들어주는 것을 볼 수 있습니다.

```
nx.to_numpy_matrix(G)
```

```
matrix([[0., 1., 1., 1., 0., 0., 0.],
        [1., 0., 0., 0., 0., 0., 0.],
        [1., 0., 0., 0., 0., 0., 0.],
        [1., 0., 0., 0., 0., 0., 0.],
        [0., 0., 0., 0., 0., 0., 0.],
        [0., 0., 0., 0., 0., 0., 0.],
        [0., 0., 0., 0., 0., 0., 0.]])
```

```
nx.to_scipy_sparse_matrix(G).toarray()
```

```
array([[0, 1, 1, 1, 0, 0, 0],
       [1, 0, 0, 0, 0, 0, 0],
       [1, 0, 0, 0, 0, 0, 0],
       [1, 0, 0, 0, 0, 0, 0],
       [0, 0, 0, 0, 0, 0, 0],
       [0, 0, 0, 0, 0, 0, 0],
       [0, 0, 0, 0, 0, 0, 0]], dtype=int32)
```

예제 2 방향 없는 그래프의 노드 꾸미기

새로운 그래프를 하나 만듭니다.

```
Gd = nx.DiGraph()
```

2개의 원소를 가진 튜플을 리스트에 넣어서 두 개의 노드 간의 관계를 만듭니다.

```
l = [('A', 'B'), ('A', 'C'), ('D', 'B'), ('E', 'C'), ('E', 'F'),
     ('B', 'H'), ('B', 'G'), ('B', 'F'), ('C', 'G')]
```

이 리스트를 **add_edges_from**에 인자로 전달해서 그래프를 만듭니다.

```
Gd.add_edges_from(l)
```

시각화 도구에는 다양한 색상을 지원하는 **map**을 제공합니다. 어떤 맵들을 가지는지 확인
할 수 있습니다.

```
len(plt.colormaps())
```

```
164
```

```
plt.get_cmap('jet')
```

```
<matplotlib.colors.LinearSegmentedColormap at 0x21c4cd17160>
```

이 중에서 **4**개의 색상의 맵을 가지고 **scatter** 그래프를 그려봅니다.

```
X = np.random.normal(0, 1, 100)
Y = np.random.normal(0, 1, 100)
C = np.random.randint(0, 5, 100)
cmap_lst = [plt.cm.rainbow, plt.cm.Blues, plt.cm.jet, plt.cm.RdYlGn]

f, axes = plt.subplots(2, 2, sharex=True, sharey=True)
f.set_size_inches((6, 4))
k= 0
for i in range(0, 2):
    for j in range(0,2) :
        axes[i,j].scatter(X, Y, c=C, cmap=cmap_lst[k])
        axes[i,j].set_title("cmap: {}".format(cmap_lst[k].name))
        k += 1
```

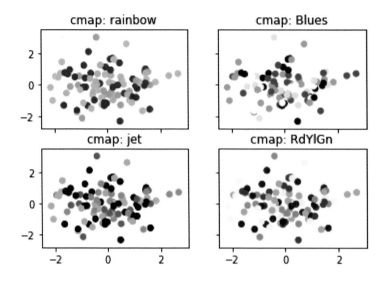

노드에 특정 색상의 값을 실수로 변환해서 값을 생성합니다.

```
val_map = {'A': 1.0,
           'D': 0.571,
           'H': 0.0}

values = [val_map.get(node, 0.25) for node in Gd.nodes()]
```

```
values
```

```
[1.0, 0.25, 0.25, 0.571, 0.25, 0.25, 0.0, 0.25]
```

그래프에 색상의 맵과 색상을 지정해서 그리면 각 노드별로 다른 색상이 들어가는 것을 알수 있습니다.

```
nx.draw(Gd, node_size=800,with_labels=True,cmap=plt.get_cmap('jet'), node
_color=values)
```

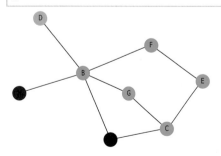

이번에는 노드의 사이즈와 노드의 레이블을 지정합니다.

```
nodes = range(10)
node_sizes = []
labels = {}
for n in nodes:
        node_sizes.append( 100 * (n+2) )
        labels[n] = 100 * n
```

```
node_sizes
```

```
[200, 300, 400, 500, 600, 700, 800, 900, 1000, 1100]
```

```
labels
```

```
{0: 0, 1: 100, 2: 200, 3: 300, 4: 400, 5: 500, 6: 600, 7:
 700, 8: 800, 9: 900}
```

노드들의 간의 관계를 에지로 구성합니다.

```
edges = [ (i, i+1) for i in range(len(nodes)-1) ]
```

그래프 객체를 하나 만들고 노드와 에지를 추가합니다. 노드 레이블과 노드 색상을 지정해서 그래프를 그립니다. 노드 레이블은 지정된 크기에 따라 표시되는 것을 알 수 있습니다. 노드의 색상은 #과 16진수로 지정하면 하나의 색상이 출력됩니다.

```
g = nx.Graph()
g.add_nodes_from(nodes)
g.add_edges_from(edges)
```

```
nx.draw_random(g, node_size = node_sizes, labels=labels, with_labels=True,
node_color='#00b4d9')
```

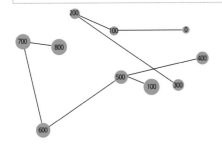

그래프를 사이파이의 희소행렬로 변환을 합니다.

```
A = nx.to_scipy_sparse_matrix(g)
```

```
A
```

```
<10x10 sparse matrix of type '<class 'numpy.int32'>'
        with 18 stored elements in Compressed Sparse Row format>
```

이를 다차원 배열 **ndarray**와 행렬인 **matrix** 객체로 변환합니다.

```
A.toarray()
```

```
array([[0, 1, 0, 0, 0, 0, 0, 0, 0, 0],
       [1, 0, 1, 0, 0, 0, 0, 0, 0, 0],
       [0, 1, 0, 1, 0, 0, 0, 0, 0, 0],
       [0, 0, 1, 0, 1, 0, 0, 0, 0, 0],
       [0, 0, 0, 1, 0, 1, 0, 0, 0, 0],
       [0, 0, 0, 0, 1, 0, 1, 0, 0, 0],
       [0, 0, 0, 0, 1, 0, 1, 0, 0, 0],
       [0, 0, 0, 0, 0, 0, 1, 0, 1, 0],
       [0, 0, 0, 0, 0, 0, 0, 1, 0, 1],
       [0, 0, 0, 0, 0, 0, 0, 0, 1, 0]], dtype=int32)
```

```
A.todense()
```

```
matrix([[0, 1, 0, 0, 0, 0, 0, 0, 0, 0],
        [1, 0, 1, 0, 0, 0, 0, 0, 0, 0],
        [0, 1, 0, 1, 0, 0, 0, 0, 0, 0],
        [0, 0, 1, 0, 1, 0, 0, 0, 0, 0],
        [0, 0, 0, 1, 0, 1, 0, 0, 0, 0],
        [0, 0, 0, 0, 1, 0, 1, 0, 0, 0],
        [0, 0, 0, 0, 0, 1, 0, 1, 0, 0],
        [0, 0, 0, 0, 0, 0, 1, 0, 1, 0],
        [0, 0, 0, 0, 0, 0, 0, 1, 0, 1],
        [0, 0, 0, 0, 0, 0, 0, 0, 1, 0]], dtype=int32)
```

예제 3 배열로 가져와서 방향 없는 그래프 그리기

임의의 난수 함수인 `random_integer` 함수를 사용해서 원소의 값이 **0**과 **1**로 구성된 **100**개의 원소를 가지는 다차원 배열을 만듭니다. 이를 **10** 행 **10**열의 형상을 가지는 배열로 변경합니다.

```
a = np.random.random_integers(0,1,size=100)
```

```
na = np.reshape(a,(10,10))
```

```
na
```

```
array([[1, 1, 0, 1, 0, 1, 0, 0, 0, 0],
       [0, 0, 0, 0, 0, 0, 0, 0, 1, 1],
       [1, 0, 0, 1, 1, 1, 1, 1, 1, 1],
       [1, 1, 0, 1, 1, 1, 0, 1, 0, 1],
       [0, 1, 0, 1, 0, 1, 0, 0, 0, 1],
       [0, 0, 1, 1, 1, 0, 1, 1, 0, 0],
       [1, 1, 1, 0, 1, 0, 0, 0, 0, 0],
       [1, 0, 1, 0, 1, 0, 1, 0, 0, 1],
       [0, 1, 1, 0, 0, 0, 1, 1, 1, 0],
       [0, 1, 1, 0, 1, 0, 1, 1, 1, 0]])
```

그래프를 그리면 **0**부터 **9**까지의 노드를 가진 그래프가 그려집니다.

```
D = nx.Graph(na)
```

```
nx.draw(D, with_labels=True, node_size=800,node_color='#00b4d9')
```

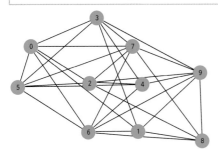

직접 **to_networkx_graph** 함수를 사용해서 그래프를 그릴 수도 있습니다.

```
D = nx.to_networkx_graph(na,create_using=nx.Graph())
```

```
nx.draw(D, with_labels=True, node_size=800,node_color='#00b4d9')
```

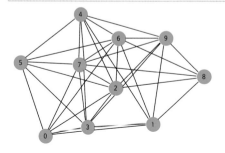

대각 행렬을 **diag** 함수로 하나 만듭니다.

```
di = np.diag([1,2,3,4])
```

```
di
```

```
array([[1, 0, 0, 0],
       [0, 2, 0, 0],
       [0, 0, 3, 0],
       [0, 0, 0, 4]])
```

그래프의 연결을 표시하기 위해 값을 **1**로 세팅합니다.

```
di[1,0] = 1
```

```
di[1,2] = 1
```

```
di[1,3] = 1
```

```
di
```

```
array([[1, 0, 0, 0],
       [1, 2, 1, 1],
       [0, 0, 3, 0],
       [0, 0, 0, 4]])
```

이를 그래프로 그리면 노드와 에지가 연결된 그래프가 그려집니다.

```
gdi = nx.to_networkx_graph(di,create_using=nx.Graph())
```

```
nx.draw(gdi, with_labels=True, node_size=800,node_color='#00b4d9')
```

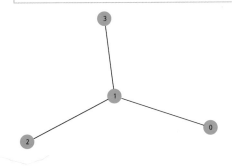

1.2

유향 그래프

특정 노드들을 경유해서 지나갈 때 동일한 방향에 노드에 여러 번 접근해서 지나갈 수도 있습니다. 방향 그래프는 하나의 노드에 여러 개의 에지가 올 수 있는 방법을 표시할 수 있는 그래프입니다.

예제 1 방향그래프

그래프를 그리기 위해서는 2가지 모듈을 import 해야 합니다. 주피터노트북에 그래프가 나오기 위해서는 %matplotlib 명령어를 실행해야 합니다.

```
import networkx as nx
```

```
import matplotlib.pyplot as plt
```

```
%matplotlib inline
```

방향 그래프를 하나 생성합니다.

```
Gd = nx.DiGraph()
```

여섯 개의 노드를 그래프에 추가합니다.

```
V = [1,2,3,4,5,6]
```

```
Gd.add_nodes_from(V)
```

에지를 표시해서 추가합니다.

```
e= [(1,2),(2,1),(1,2),(1,5),(3,2),(1,1),(2,3),(2,5),(3,4),(4,5),(4,6)]
```

```
Gd.add_edges_from(e)
```

방향 그래프를 그리면 에지에 화살표가 그려집니다.

```
pos_nodes = nx.spring_layout(Gd)
```

```
nx.draw(Gd, pos_nodes,node_size=1500,with_labels=True)
```

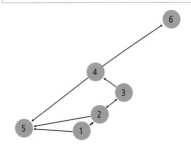

이 그래프를 행렬로 변환하면 인접한 부분을 표시하는 인접행렬이 만들어 집니다. 노드가 6개이므로 6행과 6열로 표시가 되는 것을 볼 수 있습니다.

```
nx.to_numpy_matrix(Gd)
```

```
matrix([[1., 1., 0., 0., 1., 0.],
        [1., 0., 1., 0., 1., 0.],
        [0., 1., 0., 1., 0., 0.],
        [0., 0., 0., 0., 1., 1.],
        [0., 0., 0., 0., 0., 0.],
        [0., 0., 0., 0., 0., 0.]])
```

함수 **adjavency_matrix**를 사용해서 인접행렬을 만들고 이 행렬의 데이터를 확인합니다.
.todense 메소드로 배열을 확인할 수 있습니다.

```
a = nx.adjacency_matrix(Gd)
```

```
a.data
```

```
array([1, 1, 1, 1, 1, 1, 1, 1, 1, 1], dtype=int32)
```

```
a.todense()
```

```
matrix([[1, 1, 0, 0, 1, 0],
        [1, 0, 1, 0, 1, 0],
        [0, 1, 0, 1, 0, 0],
        [0, 0, 0, 0, 1, 1],
        [0, 0, 0, 0, 0, 0],
        [0, 0, 0, 0, 0, 0]], dtype=int32)
```

예제 2 방향그래프 꾸미기

DiGraph를 사용해서 방향 그래프를 하나 만듭니다. 노드를 직접 정의하지 않고 에지의 쌍
으로 표시해서 처리합니다. 각 에지들에게 가중치를 부여했습니다.

```
G = nx.DiGraph()
```

```
G.add_edges_from([('A', 'B'),('C','D'),('G','D')], weight=1)
G.add_edges_from([('D','A'),('D','E'),('B','D'),('D','E')], weight=2)
G.add_edges_from([('B','C'),('E','F')], weight=3)
G.add_edges_from([('C','F')], weight=4)
```

이 그래프의 노드에 특정 값을 지정합니다. 그리고 에지의 색깔을 빨간색으로 처리하기 위한 순서쌍을 만들었습니다.

```
val_map = {'A': 1.0,'D': 0.5714285714285714,'H': 0.0}
```

```
values = [val_map.get(node, 0.45) for node in G.nodes()]
```

```
red_edges = [('C','D'),('D','A')]
```

이 그래프의 에지를 확인해서 흑색과 적색으로 색깔을 처리합니다.

```
edge_colors = ['black' if not edge in red_edges else 'red' for edge in G.edges()]
```

```
edge_colors
```

```
['black', 'black', 'black', 'red', 'black', 'red', 'black', 'black', 'black']
```

에지의 가중치를 실제 표시하도록 합니다.

실제 그래프를 그리면 노드의 색깔도 변경되고 에지의 색깔도 변경되고 가중치도 에지에 남겨져 있습니다. 이 그래프를 행렬로 변환하면 가중치가 행렬의 원소로 들어와 있는 것을 알 수 있습니다.

```
edge_labels=dict([((u,v,),d['weight'])
                  for u,v,d in G.edges(data=True)])
```

```
pos=nx.spring_layout(G)
nx.draw_networkx_edge_labels(G,pos,edge_labels=edge_labels)
nx.draw(G,pos, node_color = values, node_size=1500,edge_color=edge_colors,
with_labels=True)
```

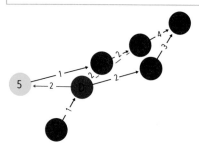

이를 행렬의 객체로 변환합니다.

```
nx.to_numpy_matrix(G)
```

```
matrix([[0., 1., 0., 0., 0., 0., 0.],
        [0., 0., 3., 2., 0., 0., 0.],
        [0., 0., 0., 1., 0., 0., 4.],
        [2., 0., 0., 0., 0., 2., 0.],
        [0., 0., 0., 1., 0., 0., 0.],
        [0., 0., 0., 0., 0., 0., 3.],
        [0., 0., 0., 0., 0., 0., 0.]])
```

희소행렬로 변환한 후에 다차원 배열의 객체로 변환을 합니다.

```
sp = nx.to_scipy_sparse_matrix(G)
```

```
sp.toarray()
```

```
array([[0, 1, 0, 0, 0, 0, 0],
       [0, 0, 3, 2, 0, 0, 0],
       [0, 0, 0, 1, 0, 0, 4],
       [2, 0, 0, 0, 0, 2, 0],
       [0, 0, 0, 1, 0, 0, 0],
       [0, 0, 0, 0, 0, 0, 3],
       [0, 0, 0, 0, 0, 0, 0]], dtype=int32)
```

02 희소행렬(Sparse matrices)

희소행렬은 배열 내부의 값들이 대부분 제로를 포함하는 행렬을 말합니다. 보통그래프를 가지고 행렬을 만들거나 자연어 처리할 때 각 단어를 기준으로 행렬을 만들면 대부분의 행렬에 값이 0으로 처리되는 행렬이 만들어집니다. 이런 큰 행렬을 전부 계산하면 속도가 느리므로 실제 들어있는 원소에 대한 정보와 값을 가지는 부분만을 저장해서 처리할 수 있는 방식이 행렬 처리입니다.

희소행렬 생성하기

희소행렬sparse matrix)을 관리하는 다양한 방식이 있습니다. 여러 방식으로 희소행렬을 만들어봅니다.

예제 1 희소행렬 알아보기

희소행렬을 처리하는 **scipy** 모듈 내의 **sparse** 모듈과 그래프를 그리는 모듈을 **import** 합니다. 그래프를 그릴 때 경고메시지가 발생해서 이를 무시하도록 **warnings** 모듈을 사용합니다.

```
from scipy  import sparse as sp
```

```
import networkx as nx
```

```
import warnings
```

```
warnings.filterwarnings('ignore')
```

배열을 행을 중심으로 압축해서 배열의 정보를 가지는 객체를 만드는 함수를 csr_matrix 함수를 사용합니다.

```
csr = sp.csr_matrix((3, 4), dtype=np.int8)
```

```
csr
```

```
<3x4 sparse matrix of type '<class 'numpy.int8'>'
    with 0 stored elements in Compressed Sparse Row format>
```

다차원 배열처럼 형상과 차원을 가집니다. 추가적인 속성은 0이 아닌 원소의 개수인 nnz 속성과 저장하는 방식을 관리하는 인덱스 정보 속성인 indeices, indptr 등이 있습니다.

```
csr.shape, csr.ndim
```

```
((3, 4), 2)
```

```
csr.nnz
```

```
0
```

```
csr.indices, csr.indptr
```

```
(array([], dtype=int32), array([0, 0, 0, 0], dtype=int32))
```

행 중심으로 희소행렬을 ndarray로 변환할 때는 toarray 메소드를 사용하고 matrix로 변환할 때는 todense 메소드를 사용합니다.

```
csr.toarray()
```

```
array([[0, 0, 0, 0],
       [0, 0, 0, 0],
       [0, 0, 0, 0]], dtype=int8)
```

```
csr.todense()
```

```
matrix([[0, 0, 0, 0],
        [0, 0, 0, 0],
        [0, 0, 0, 0]], dtype=int8)
```

이번에는 행과 열의 정보를 제공해서 희소행렬을 **csr_matrix** 함수로 생성해 봅니다. 하나의 튜플에 데이터와 행과 열의 정보를 전부 넣고 형상을 튜플로 지정합니다.

```
row = np.array([0, 0, 1, 2, 2, 2])
col = np.array([0, 2, 2, 0, 1, 2])
data = np.array([1, 2, 3, 4, 5, 6])
```

```
csr_ = sp. csr_matrix((data, (row, col)), shape=(3, 3))
```

```
csr_
```

```
<3x3 sparse matrix of type '<class 'numpy.int32'>'
        with 6 stored elements in Compressed Sparse Row format>
```

0이 아닌 원소의 개수가 **6**개입니다. 이 데이터들의 인덱스에 대한 열의 위치와 이 열들의 어떤 행으로 매핑 되는지 **indptr**로 구분합니다.

```
csr_.data
```

```
array([1, 2, 3, 4, 5, 6], dtype=int32)
```

```
csr_.nnz
```

```
6
```

```
csr_.indices, csr_.indptr
```

```
(array([0, 2, 2, 0, 1, 2], dtype=int32), array([0, 2, 3, 6], dtype=int32))
```

만들어진 희소행렬의 다차원 배열로 변환해서 위치를 확인할 수 있습니다.

```
csr_1 = csr_.toarray()
```

```
csr_1
```

```
array([[1, 0, 2],
       [0, 0, 3],
       [4, 5, 6]], dtype=int32)
```

현재 만들어진 희소행렬로 그래프를 그릴 수도 있습니다.

```
G = nx.from_scipy_sparse_matrix(csr_, create_using=nx.Graph())
```

```
nx.draw(G, with_labels=True, node_size=800,node_color='#00b4d9')
```

하나의 다차원 배열을 만듭니다.

```
x = np.array([[1,0,0,0],[0,3,0,0] ,[0,1,1,0], [1,0,0,1]])
```

```
x
```

```
array([[1, 0, 0, 0],
       [0, 3, 0, 0],
       [0, 1, 1, 0],
       [1, 0, 0, 1]])
```

이 다차원 배열을 **csr_matrix** 함수에 인자로 전달해도 희소행렬을 만들 수 있습니다. 원소들이 들어간 인덱스를 확인하기 위해 **for** 순환문으로 내부의 저장된 값을 조회합니다. 이 메트릭스에 들어가 있는 정보를 출력합니다.

```
a = sp.csr_matrix(x)
```

```
a
```

```
<4x4 sparse matrix of type '<class 'numpy.int32'>'
        with 6 stored elements in Compressed Sparse Row format>
```

```
for i in a :
    print(i)
```

```
  (0, 0)          1
  (0, 1)          3
  (0, 1)          1
  (0, 2)          1
  (0, 0)          1
  (0, 3)          1
```

이 매트릭스를 기준으로 다시 메소드를 사용해서 배열을 만들면 동일한 결과가 나오는 것을 알 수 있습니다.

```
a.toarray()
```

```
array([[1, 0, 0, 0],
       [0, 3, 0, 0],
       [0, 1, 1, 0],
       [1, 0, 0, 1]], dtype=int64)
```

현재 배열로 그래프를 그리면 아래와 같은 관계를 유지합니다.

```
GA = nx.from_scipy_sparse_matrix(a, parallel_edges=True,create_using=nx.Mu
ltiDiGraph())
```

```
nx.draw(GA, with_labels=True, node_size=800,node_color='#00b4d9')
```

이번에는 열을 기준으로 매트릭스를 만들어서 처리해 봅니다.

```
b = sp.csc_matrix(x)
```

```
b
```

```
<4x4 sparse matrix of type '<class 'numpy.int64'>'
    with 6 stored elements in Compressed Sparse Column format>
```

```
for i in b :
    print(i)
```

```
  (0, 0)        1
  (0, 1)        3
  (0, 1)        1
  (0, 2)        1
  (0, 0)        1
  (0, 3)        1
```

다시 배열로 **matrix**로 만들기 위해 **todense** 메소드를 사용합니다.

```
b.todense()
```

```
matrix([[1, 0, 0, 0],
        [0, 3, 0, 0],
        [0, 1, 1, 0],
        [1, 0, 0, 1]], dtype=int64)
```

LIL(List of lists) 방식은 리스트의 리스트인 링크드 리스트를 사용한 알고리즘으로 사용해서 저장합니다. CSR과 CSC에 비해 추가 삭제는 편하지만 메모리가 낭비되는 단점이 있습니다. **lil_matrix**함수를 사용해서 하나의 배열을 만듭니다.

```
c = sp.lil_matrix((4,4))
```

```
c
```

```
<4x4 sparse matrix of type '<class 'numpy.float64'>'
    with 0 stored elements in LInked List format>
```

매트릭스 정보에 값을 추가하고 이를 다시 배열로 변경해서 출력해 봅니다.

```
c[0,0] = 1
```

```
c[1,1] = 1
```

```
c[2,2] = c[2,1] = 1
```

```
c[3,3] = c[3,0] = 1
```

```
c.todense()
```
```
matrix([[1., 0., 0., 0.],
        [0., 1., 0., 0.],
        [0., 1., 1., 0.],
        [1., 0., 0., 1.]])
```

위의 관계를 그래프로 그려볼 수 있습니다.

```
Gc = nx.from_scipy_sparse_matrix(c, create_using=nx.Graph())
```

```
nx.draw(Gc, with_labels=True, node_size=800,node_color='#00b4d9')
```

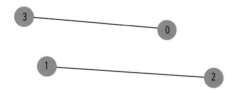

2.2

희소행렬을 행렬의 연산

희소행렬이 연산도 다차원 배열의 연산에서 지원하는 대부분 함수를 사용할 수 있습니다.
대표적인 몇 가지 함수에 대한 처리를 알아봅니다.

예제 1 희소행렬연산 알아보기

링크 리스트로 구성된 희소행렬 매트릭스를 하나를 만듭니다.

```
a  = sp.lil_matrix((5,5))
```

```
a
```

```
<5x5 sparse matrix of type '<class 'numpy.float64'>'
        with 0 stored elements in LInked List format>
```

내부 매트릭스에 들어갈 값들을 지정합니다.

```
a[0,0] = 2
```

```
a[1,1] = 3
```

```
a[2,2] = a[2,1] = 1
```

```
a[3,3] = a[3,0] = 1
```

이 희소행렬을 가지고 배열의 곱셈을 처리해서 다른 변수에 저장합니다. 저장된 결과를 배
열로 조회합니다.

```
b = a * a
```

```
b.todense()
```

```
matrix([[4., 0., 0., 0., 0.],
        [0., 9., 0., 0., 0.],
        [0., 4., 1., 0., 0.],
        [3., 0., 0., 1., 0.],
        [0., 0., 0., 0., 0.]])
```

일부 함수의 계산을 위해서는 다차원 배열로 변환해서 넘파이 모듈의 함수를 사용합니다.

```
np.exp(a.toarray())
```

```
array([[ 7.3890561 , 1.        , 1.        , 1.        , 1.        ],
       [ 1.        , 20.08553692, 1.        , 1.        , 1.        ],
       [ 1.        , 2.71828183, 2.71828183, 1.        , 1.        ],
       [ 2.71828183, 1.        , 1.        , 2.71828183, 1.        ],
       [ 1.        , 1.        , 1.        , 1.        , 1.        ]])
```

이번에는 닷연산을 수행해서 다른 변수에 저장합니다. 두 배열의 닷 연산에 해당되는 값을 곱해서 처리하는 것을 알 수 있습니다.

```
c = np.dot(a , a)
```

```
c.todense()
```

```
matrix([[4., 0., 0., 0., 0.],
        [0., 9., 0., 0., 0.],
        [0., 4., 1., 0., 0.],
        [3., 0., 0., 1., 0.],
        [0., 0., 0., 0., 0.]])
```

위의 계산이 맞는지 확인하기 위해 하나의 배열로 전환하고 실제 배열로 닷연산을 수행해서 결과를 확인해보면 동일한 것을 알 수 있습니다.

```
d = a.todense()
```

```
d
```

```
matrix([[2., 0., 0., 0., 0.],
        [0., 3., 0., 0., 0.],
        [0., 1., 1., 0., 0.],
        [1., 0., 0., 1., 0.],
        [0., 0., 0., 0., 0.]])
```

```
np.dot(d,d)
```

```
matrix([[4., 0., 0., 0., 0.],
        [0., 9., 0., 0., 0.],
        [0., 4., 1., 0., 0.],
        [3., 0., 0., 1., 0.],
        [0., 0., 0., 0., 0.]])
```

넘파이 모듈은 다차원 공간을 수학적으로 문제를 푸는 방식을 제공합니다. 다양한 수학과 컴퓨터 내부의 처리 방식이 혼합되서 알아 가는데 어려울 수 있습니다. 마지막까지 봐주셔서 감사합니다.